夜话酒店水浒

YEHUA JIUDIAN SHUIHU

黄鹏岳 ◎ 著

北京·旅游教育出版社

策　　划：郭珍宏
责任编辑：巨瑛梅

图书在版编目（CIP）数据

夜话酒店水浒 / 黄鹏岳著. -- 北京 : 旅游教育出版社，2018.6（2018.9）

ISBN 978-7-5637-3746-8

Ⅰ．①夜… Ⅱ．①黄… Ⅲ．①饭店－经营管理 Ⅳ．①F719.2

中国版本图书馆CIP数据核字(2018)第115838号

夜话酒店水浒

黄鹏岳　著

出版单位	旅游教育出版社
地　　址	北京市朝阳区定福庄南里1号
邮　　编	100024
发行电话	（010）65778403　65728372　65767462（传真）
本社网址	www.tepcb.com
E - mail	tepfx@163.com
排版单位	北京旅教文化传播有限公司
印刷单位	北京泰锐印刷有限公司
经销单位	新华书店
开　　本	710毫米×1000毫米　1/16
印　　张	19
字　　数	246千字
版　　次	2018年6月第1版
印　　次	2018年9月第2次印刷
定　　价	42.80元

（图书如有装订差错请与发行部联系）

一部夜话水浒，新的酒店名著

——为黄鹏岳《夜话酒店水浒》序

赵诣①

  《水浒传》成书的时代，大作家施耐庵绝对意想不到，几百年后的今天，人类社会竟然发生了天翻地覆的变化。

  白云苍狗，云卷云舒，卷成了百度云、云计算。

  大碗喝酒、大块吃肉、大秤分金银的生活，"活久见"到了共享单车、共享房屋的互联网时代。

  一百零八条好汉排定座次，人力资源管理无贵贱分、以情义结。而最近大火的人类信用机制，是去中心化的区块链技术。

  替天行道、除暴安良，中国千百年来朴素的均贫富思想，也进步到振奋人心的"建设富强民主文明和谐美丽的社会主义现代化强国"的宪法誓词。

  历史的对照总让人感慨万千又无限困惑，一边是斗转星移的沧桑巨变，一边却是依稀相似相承的文明脉络。再细读《水浒传》这部巨著，才猛然醒悟到，原来三十六天罡、七十二地煞，本就是中国上古神话里寓意的满天星辰。人类的肉体虽然不断湮灭，但人类的精神犹如天上的繁星，永恒不灭，迭代不息。

---

① 万创控股集团董事长。

一切的思维闭合了，水浒已经不只是历史的水浒、文学的水浒、政治的水浒……也应该是人性的水浒、哲学的水浒、科技的水浒、商业的水浒、管理的水浒……水浒博大浩瀚，以古论今，时空交错，无所不包，无所不容。

于是，我开始懂鹏岳了，甚至带着崇敬的心情，来看《夜话酒店水浒》这部酒店管理学作品。

有人的地方就有江湖，有江湖的地方就有客栈。从车马店、客栈、宾馆到酒店，虽然不同的年代叫法不同，但酒店早已成为人类社会中上万亿产值的宇宙级行业。但凡有些折腾劲儿的新技术、新思想、新模式都想和酒店行业的管理发生些关系。

浏览过一些酒店管理专家的观点，站在中国看省域，站在国际看中国，站在月球看地球，在理论攀比浮夸的背后，总感觉不接地气，甚至有穿凿附会之嫌。

而鹏岳的《夜话酒店水浒》，却是研究管理本质，研究人性，研究文化。夜读《夜话酒店水浒》，就像时空穿越，翻看着那些英雄的微信大号、小号、朋友圈，水浒那些事儿，管理那些事儿，酒店那些事儿，宋江的义薄云天的情义和执念，林冲的上品气质和悲情，李逵的一片天真烂漫到底和简单粗暴……古人的哲学思想和酒店的现代管理相融相汇，新鲜生动，扑面而来。

当标准化已被人工智能减值，当特色服务已被大数据取代，管理的内涵就尤其显得稀缺和弥足珍贵，这也是为什么所有人读这部作品时都会感受到贴切和洞悉。

因为夜话的是酒店管理，永恒的却是人和文化啊。

之前我只是知道鹏岳是酒店管理界的奇才，身兼数职，多元跨界，诗工词丽，线上线下著作等身。岁月让人从理论走向建设，今朝《夜话酒店水浒》的问世，除了对文化传承和酒店管理的卓越贡献，也让我们感受到作者深邃的历史观和社会价值观。我们可以想象，《夜话酒店水浒》或许也会像《水浒传》一样，历久弥新，永远流传。

一部夜话水浒，新的酒店名著。

栉风沐雨成栋梁

——为弟子黄鹏岳《夜话酒店水浒》序

陈锡畴[①]

鹏岳是我们学校1996年酒店管理专业的一名优秀毕业生。

1993年夏天,他从商丘的一个偏僻农村考入我们学校。入校后不久我就认识了他,当时他是96管理1班的班长。这个农家子弟能吃苦,有办法,团结人,把班级管理得有条不紊,那时我就认定他一定是个有前途的好苗子。二十多年来我一直关注着他,经常保持着联系。

鹏岳能从一个普通的中专毕业生成长为一个优秀的酒店职业经理人,这与他个人的勤奋学习、刻苦努力是分不开的。还记得当年不论是在学校上课,还是到广东实习,他从不懈怠,不偷懒,利用一切机会学习积累。记得有次我去顺德的仙泉酒店看望实习学生,酒店经理告诉我说鹏岳两个月穿坏了一双鞋,工作一丝不苟,还主动向外国客人学习外语,向当地员工学习广东话……参加工作以后,在勤勤恳恳做好本职工作的同时,他还利用一切机会学习,向同行学习,向专家求教,从书本里学,在实践中领悟……这就是他成功的秘籍。我为我们郑州旅游职业学院有这样的优秀毕业生感到自豪和骄傲。

---

① 郑州旅游职业学院原院长,享受国务院政府特殊津贴专家。

让我非常欣慰和佩服的是，鹏岳二十多年来如一日地笔耕不辍，勤奋写作。众所周知，酒店管理工作本身就非常忙碌，在繁忙的工作之余，鹏岳还在新浪网和酒店专业网站迈点网开设了自己的博客——酒店人生黄鹏岳，从自己的工作经历切入，结合时政热点、足球股票、文学名著等，写心得体会，每晚必写。因为用心，加上切入点独特，文章很快被推荐到各大网站首页，慢慢其他酒店专业网站也给鹏岳开设了专栏，酒店杂志也开始向鹏岳约稿。自媒体盛行时代，鹏岳创办的《酒店经管参阅》和《黄鹏岳读酒店水浒》也积累了大量读者。鹏岳的努力让他自然而然地成为今天人们广为追捧的"网红"青年。这是当今社会十分难能可贵的。

《水浒传》是我国古典文学的四大名著之一，鹏岳的这本《夜话酒店水浒》把水浒故事人物与现代的酒店管理结合起来，应说是一个独到的创举，这是他长期读书学习与实践相结合的结晶。鹏岳的这本角度新颖、内容独特的《夜话酒店水浒》，一定能为从事酒店管理的朋友们带去有益的启迪，也能为所有有缘看到这本书的朋友们带来阅读的愉快和收益。

栉风沐雨成栋梁，相信鹏岳同学会有更多的著述问世、会取得更大的成就。我们期待着。

酒店管理诀窍来自于艺术启发

——为友黄鹏岳《夜话酒店水浒》序

赵焕焱[①]

黄鹏岳总经理《夜话酒店水浒》将于旅游教育出版社出版，我觉得这是响应文化自信号召的具体表现。《水浒传》与《三国演义》《西游记》《红楼梦》并列为"中国古典四大名著"之一，金圣叹先生还将之与《离骚》《庄子》《史记》《杜诗》《西厢记》合称为"六才子书"。虽然《水浒传》在思想内容表达方面一直有不同的看法，但对它的艺术性是没有争议的。

黄鹏岳总经理在酒店管理之余，用七年时间深读《水浒全传》，对梁山一百一十人的故事经历进行剖析，结合时代特点、酒店现状，以酒店人的眼光揭示《水浒全传》中蕴藏的管理、营销、团队建设、做人、处事等哲理，文章诙谐幽默、热点并集、古文今说、通俗易懂。

艺术作品对于企业管理有着重要的意义。通用公司董事会曾给总经理下达一项指令，要求阅读《莎士比亚全集》并写出心得报告。通用公司董事会的这个决议实在是十分高明，这也说明了通用公司之所以能够出类拔萃的原因所在。企业成功与否，一靠科技，二靠管理，科技是全社会的结晶，而管理只能靠企业自己。管理界人士一致认为，管理是技术，但更是艺术，是艺

[①] 华美顾问集团首席知识官，高级经济师。

术就是相通的，其精髓存在于文学、音乐、美术，也同样存在于军事、体育、企业，从个体中抽象出共性，再用共性来指导个体，这正是极其有效的途径。然而，为什么在文学中独独挑选《莎士比亚全集》呢？是因为莎士比亚的语言具有独特的魅力，这种独一无二的风格，可以在企业竞争中克敌制胜、所向无敌。所以，企业管理的奥妙"工夫在诗外"，这就要求企业家具有广泛的兴趣、渊博的知识、良好的修养，要博览群书、博采群长。

孔子曰："益者三友，损者三友。友直，友谅，友多闻，益矣。友便辟，友善柔，友便佞，损矣。"我与黄鹏岳总经理自网络相识，以后在多次会议论坛上见面交流，黄总是一位乐于助人、善于鼓励朋友的益友，他会为朋友的好事而高兴。2017年11月，我在普吉岛考察期间，忽然收到他发我天津卫视播放采访我的视频和照片，我一下子感受到来自朋友的温暖辐射。

祝贺《夜话酒店水浒》问世，预祝中国酒店人事业兴旺、生活丰富多彩！

源于《水浒》智慧而不止于智慧

——为黄鹏岳先生《夜话酒店水浒》序

易钟[①]

很高兴获知黄鹏岳先生新书即将面世。在阅读《夜话酒店水浒》书稿时,觉得书中充满智慧,内容章节丰富,人物故事寓意丰富,读来让人茅塞顿开。

黄鹏岳先生是我多年好友,他是一位资深酒店职业经理人,对酒店经营管理有自己的独特见解。黄鹏岳先生《夜话酒店水浒》专著历经七年写就,本书通过讲述梁山一百零八将,另外加上晁盖、王伦,共计一百一十人的出身、经历、故事,并结合酒店业的现状,阐释其中包含的管理、做人及处事哲理,为酒店经理人、管理者提供思考和启示。

《夜话酒店水浒》这本书,通过讲述《水浒传》中的人物故事,总结智慧,并结合酒店管理予以透彻的分析。可以看出,所有成功人士都离不开智慧。《孙子兵法》说:"知己知彼,百战不殆。"知己知彼就是取得信息,取得大量有用的信息,而后转化为理性的决策,取得战争胜利,这就是大智大慧。佛家也说,"觉行圆满",是指修行到高层,其觉性甚灵,可以获取足够的信息,且悟性极强,行动处事圆满无漏,即是大智大慧。正是如此,《夜话酒店

[①] 浙江华博酒店教育集团联合创始人,知名酒店管理专家。

水浒》这本书从酒店经营管理中的智慧里,全面解读酒店管理的真谛,并结合酒店经理人关注的核心问题进行深入剖析,全面帮助酒店经理人在做好经营管理上有的放矢、游刃有余。

我相信,酒店领导者及管理者只要认真阅读本书内容,并融会贯通,灵活运用,就一定可以给我们酒店经营管理工作带来更大的变化。

积铢累寸，聚沙成塔

——为友黄鹏岳《夜话酒店水浒》序

曹立东[①]

22年前鹏岳初离校园，我们相识共事，从校园踏入社会，从前途迷茫到满怀理想，从青春年少到霜染双鬓，他一向都是把自我的苦与乐灌注在笔尖，与纸和笔相依相伴；所有的记录，都是心灵的对话，日子长了，不知不觉就攒了这些宝贵的精神财富。

偶尔在工作之余，喜欢和鹏岳对对联，当上联一出，鹏岳总能敏捷地对出得体的下联，现在想想，甚是值得记忆的一件趣事！

鹏岳平时喜欢读古书、古诗词，在这方面的见解颇有独到之处！无论是五绝、七律，豪放派、婉约派，还是藏头诗，他都玩得娴熟无比！谈起三国、水浒，滔滔不绝，很有见地。

这才有了《夜话酒店水浒》的面世！

翻阅一页页的文字，上面记录的都是充满情趣的思绪，鹏岳很喜欢用这种方式来诠释自我的心灵。很喜欢翻看他的作品，很平静，很恬淡，总能把我的心境带入一片宁静的世界。

鹏岳写的《夜话酒店水浒》，每一个人物都给予了全新的理解和诠释，

---

① 郑州海容大酒店总经理。

生动有趣,时尚通俗,简洁易懂,充满智慧!

  此刻有机会把这些文章编在一本叫书的集子里,信手翻开,才发现辑文成册很有必要。当我们在虬枝中攀折,试图将杂乱不堪的枝条理顺,让枯木能够逢春,让干涸大地能够沐浴,于是,有了自悟,有了自我,有了一本实现自我梦想的书!

  期待鹏岳能有更多更好的作品呈现!

目 录

001	白衣秀士王伦	1
002	托塔天王晁盖	4
003	及时雨宋江	6
004	玉麒麟卢俊义	9
005	智多星吴用	11
006	入云龙公孙胜	13
007	大刀关胜	15
008	豹子头林冲	18
009	霹雳火秦明	20
010	双鞭呼延灼	22
011	小李广花荣	24
012	小旋风柴进	27
013	扑天雕李应	30
014	美髯公朱仝	33
015	花和尚鲁智深	36
016	行者武松	39
017	双枪将董平	42
018	没羽箭张清	44
019	青面兽杨志	46

020	金枪手徐宁	49
021	急先锋索超	52
022	神行太保戴宗	54
023	赤发鬼刘唐	56
024	黑旋风李逵	59
025	九纹龙史进	62
026	没遮拦穆弘	64
027	插翅虎雷横	66
028	混江龙李俊	68
029	立地太岁阮小二	70
030	船火儿张横	72
031	短命二郎阮小五	74
032	浪里白跳张顺	76
033	活阎罗阮小七	79
034	病关索杨雄	82
035	拼命三郎石秀	85
036	两头蛇解珍	89
037	双尾蝎解宝	92
038	浪子燕青	94
039	神机军师朱武	103
040	镇三山黄信	106
041	病尉迟孙立	109
042	丑郡马宣赞	113
043	井木犴郝思文	116
044	百胜将韩滔	118
045	天目将彭玘	120
046	圣水将单廷珪	122
047	神火将魏定国	124

048	圣手书生萧让	126
049	铁面孔目裴宣	128
050	摩云金翅欧鹏	131
051	火眼狻猊邓飞	134
052	锦毛虎燕顺	136
053	锦豹子杨林	139
054	轰天雷凌振	142
055	神算子蒋敬	145
056	小温侯吕方	147
057	赛仁贵郭盛	150
058	神医安道全	152
059	紫髯伯皇甫端	155
060	矮脚虎王英	157
061	一丈青扈三娘	159
062	丧门神鲍旭	161
063	混世魔王樊瑞	163
064	毛头星孔明	165
065	独火星孔亮	167
066	八臂哪吒项充	169
067	飞天大圣李衮	171
068	玉臂匠金大坚	173
069	铁笛仙马麟	175
070	出洞蛟童威	177
071	翻江蜃童猛	179
072	玉幡竿孟康	181
073	通臂猿侯健	183
074	跳涧虎陈达	185
075	白花蛇杨春	187

076	白面郎君郑天寿	189
077	九尾龟陶宗旺	191
078	铁扇子宋清	193
079	铁叫子乐和	196
080	花项虎龚旺	198
081	中箭虎丁得孙	200
082	小遮拦穆春	202
083	操刀鬼曹正	205
084	云里金刚宋万	208
085	摸着天杜迁	210
086	病大虫薛永	212
087	金眼彪施恩	214
088	打虎将李忠	217
089	小霸王周通	220
090	金钱豹子汤隆	222
091	鬼脸儿杜兴	225
092	出林龙邹渊	227
093	独角龙邹润	229
094	旱地忽律朱贵	231
095	笑面虎朱富	234
096	铁臂膊蔡福	237
097	一枝花蔡庆	240
098	催命判官李立	243
099	青眼虎李云	246
100	没面目焦挺	248
101	石将军石勇	251
102	小尉迟孙新	255
103	母大虫顾大嫂	258

104	菜园子张青	261
105	母夜叉孙二娘	265
106	活闪婆王定六	269
107	险道神郁保四	272
108	白日鼠白胜	275
109	鼓上蚤时迁	278
110	金毛犬段景住	281

后 记······284

001　白衣秀士王伦

白衣秀士王伦作为开篇，是有原因的。

夜话水浒英雄一百零八将，王伦是绕不过去的，虽然大部分人对他的看法有争议，觉得他不应该在英雄之列，但是王伦作为开山第一人，梁山的发展离不开他的基业开创，说他是英雄，也不为过。英雄也不是十全十美的，都有缺陷，时迁和白胜之流都可以称为梁山英雄，王伦为何不可呢？

王伦的绰号很有意思，它代表的不是一个人，而是一个团体、一类人的总称。

"白衣秀士"，原指尚未及第的士子，就是现在的高考落榜者。就是这么一个高考落榜生王伦，在求学无望、报国无门的情况下，只得走自由创业的途径了！他和其他三位合伙人——摸着天杜迁、云里金刚宋万、旱地忽律朱贵就组建了一个公司，把办公地点选在了水泊梁山，凸显了王伦的战略眼光。

梁山西近首都开封，东临海滨，南向江淮，北上燕北，这是一个进可以攻、退可以守的富饶之地，为以后梁山成为一个好平台夯实了发展的基础。

从这可以看出，王伦还是一个有战略眼光的知识分子。知识就是力量。在刚开始的梁山公司董事会四个成员中，王伦的武功应该不是最高的，但是文化水平应该是最高的，所以他做了董事长！

后来，公司的发展出现了转折，如果没有小旋风柴进推荐的林冲的到来，王伦的生活绝对是有滋有味的。

接下来的故事和结局大家都知道了，随着林冲、晁盖、吴用等人上山，王伦心胸狭隘、处事不当，终究死在林冲之手，演绎了一出强龙偏压地头蛇的好戏！

有诗评论道：

未同豪气岂相求，纵遇英雄不肯留。

秀士自来多嫉妒，豹头空叹觅封侯。

王伦之死，给酒店人带来了很多思考：

首先来讲，梁山这个平台所处位置，是其他山寨如清风山、二龙山、白虎山等不能比的，用酒店业术语来形容它起码也算个五星级。

作为开山第一任老板的王伦，自己辛辛苦苦建立的公司，最终被自己的小弟联手外人给干掉，王伦绝对够衰的！

这么好的平台，掌舵人却不能继续发展壮大，最终走向被别人吃掉的结局，的确值得深省。

正所谓：不集细流无以成江海，不依奇石无以成名山。

在这方面，王伦的心胸和容人之量，一直被指责：心胸狭隘，排斥异己，自以为是，无法容人这些帽子都戴在了他的头上。

仔细分析这大概是王伦的自卑心理造成的！

科考落榜者遇到了一个原朝廷高级官员林冲，又陆续来了一帮貌似比自己强的人，有当保正（相当于现在的乡长）的晁盖、秀才吴用、会道术的宗教人士公孙胜，还有三个渔夫和异形赤发鬼刘唐等，貌似哪一个都比自己厉害，出现排斥心理在所难免。

林冲的加盟，王伦采取了相当苛刻的面试门槛进行考验。

恩人柴进的推荐信不好使，先送盘缠推辞，后要投名状考验，再到最终留用，王伦的面试门槛和程序要求得够严的。

可想而知，在林冲之前不知道有多少人才已经被他拒之山门外了，如果以后的晁盖、宋江也采取这种招募人才的方法，哪来的人才济济的梁山盛世啊！

结果是不懂变化的董事长王伦在面试晁盖、吴用、公孙胜、刘唐、阮氏三兄弟时，又把对待林冲的面试三部曲，重新实施一次的时候，第一步骤还未完成，豹子头林冲就把刀拔出来，将王伦咔嚓一声给结果了。

估计林冲当时是这样想的：我自己面试时很落魄，又单枪匹马，任你羞辱，如今有这么多一条战线上的人撑腰，还怕你做甚。

施耐庵老爷子在王伦被杀以后，引用了一句古语来作评价："量大福也大，机深祸亦深。"

这是种因果关系，不是绝无道理的。

现实中，能容人者，必为强者。

正所谓：大人不计小人过；宰相肚里能撑船，将军胳臂上跑死马。大人、宰相、将军都是大人物啊！量小、心机重的人十之八九成不了大事。

像王伦这类资历浅、学问少、本领差、智商低、能力弱、心胸窄、人缘薄、名望逊的人物，在现实酒店生活中，是不乏见的，而且这类人爱计较，常排挤胜过自己的同事，这种人一旦坐上了高位，有能力的同事和朋友是少见的！

延伸至酒店人来讲，酒店人如果在好的平台，请珍惜，因为成就一番事业，靠自己是不行的，好的酒店平台需要大家共同发展和能力展示才能更强大！

酒店业虽说闻道有先后，但也是术业有专攻。

高星级的酒店需要的人才是形形色色的，我们如果是 GM 或者 HR，更应该以王伦为戒，一定放开胸怀，否则酒店肯定搞不好，自己的结局也不好。

另外，酒店在人才招聘上随机应变才是王道啊！

在吸纳一些高级人才时，绝对不可循规蹈矩。

反过来再看看宋江：个子不高，谈不上魁伟帅气；面皮很黑，说不上风流潇洒；会一点刀枪棍棒，也就吓唬吓唬人；有一点墨水，也就是领导秘书之类，比王伦高不到哪里去；论计谋不如军师吴用、朱武；论武艺在山寨里甚至敌不过女将母大虫顾大嫂，更不要提一丈青扈三娘；论力气比不上打虎的行者武松、李逵；论仪表，哪是玉麒麟卢俊义、小李广花荣的对手；论肤色，这黑三郎也不能与浪里白跳张顺、玉面郎君郑天寿相比；至于偷鸡摸狗也没有鼓上蚤时迁、白日鼠白胜那两下子。但后来，他被众头领尊让于忠义堂上的第一把交椅，就因为他善于团结，善于容人，善于谦让，善于选贤任能。江湖人称他为"及时雨"，正说明他是多么地被人所需要、所期盼，这才形成水泊梁山百川归海的兴旺局面。

所以：不兼收并蓄，无以成大家。

不要再在酒店里或者酒店行业里画地为牢，自成一派了！有些酒店人，你懂得！排斥他人、断了自己！

最后用施老爷子一句话结尾吧！量大福也大，机深祸亦深。

酒店人是否该牢记呢！

002 托塔天王晁盖

说完梁山第一任CEO王伦，接下来咱来聊聊水泊梁山第二任总经理晁盖。晁总原来是山东郓城县东溪村的"村支书"。做村支书的基本上都比较有钱，算是个本乡的小财主。晁总有钱但不抠门，平生仗义疏财，舞枪弄棒，为人豪爽，专爱结交天下好汉，闻名江湖。因与邻村争抢辟邪青石塔，展现力大本领，获得了托塔天王的绰号！这个绰号和哪吒他爹李靖的绰号相同，可惜是一个天上一个地下；一个天上神仙，一个地下屈死的冤魂，可谓生死两重天。为开辟梁山公司的繁荣局面尽心尽力，可惜至死都没有讨得一个封号！真是悲催到家！为何这样讲？请听我一一道来。

晁盖，从一个保正到一个社团的总经理，纯属机缘巧合。因为经不住公孙胜忽悠，合伙劫了生辰纲，犯了弥天大案，亡命天涯时想加盟梁山，被第一任总经理王伦拒绝，亏了吴用的激将法，挑拨林冲火并了王伦，仗着人多势众，稀里糊涂地被推上总经理的宝座。可以说是一把手的宝座来得相对较为容易。可惜晁盖做了总经理后就做了两件大事，就是这两件事毁了他的一生，了结了他的性命。第一件：亲自率领属下闹江州救了自己日后无法驾驭的小弟宋江；第二件：因为一匹照夜玉狮子马亲自率军攻打曾头市，遭了暗算。到底死在谁手，至今都是一个谜！刻有"史文恭"三字的毒箭是如何在背向撤退时，被射中面门的，的确很蹊跷！死得不明不白，岂不悲催！

仔细读过《水浒传》的朋友对晁盖的情节可以说耳熟能详，笔者不在此一一赘述！作为酒店人，我们通过一些情节来解读一下晁盖作为总经理一直到生命的终点给了我们什么启示。

作为一个大公司的总经理，对公司的发展走向没有一个目标，这是一个最大的软肋。虽然制定了不可滥杀无辜等具体的管理制度，但是对公司大的战略目标和具体实施规划不清晰。可以说是施政纲领不清晰。不如宋江一开始就把招安作为自己的终极目标而去逐步实施。这是总经理晁盖的一大失误！如果你是酒店总经理，从成为总经理的那一天起，就应该确定一个长期的或者说任期内的目标，然后按照目标制定实施计划。

作为总经理，晁盖对自己的下属，尤其是副总经理宋江，过于信任和放纵，什么事都撒手让其去操作；自己落得清闲，当了甩手掌柜。结果呢，下属都被宋江给拉拢走了，连新加盟的小弟郁保四都不把总经理晁盖放在眼里，弄匹马要献给副总宋江。当发现失控时，为时已晚，连自己最信得过的出生入死的小弟吴用都站到了副总宋江那里。晁盖的驾驭能力值得商榷。酒店总经理适当地放权是必须的，但是，有些事情必须要自己亲自掌控；否则，自己被小人联手做掉也是有可能的。除非自己真的不想干了！

另外，晁盖作为总经理，其交际能力相比宋江差了很多个段位。对宋江而言，招安刷白身份是其终极目标，梁山只不过是一处暂栖之地。宋江需要大批人才来助他实现人生抱负，所以他经常纡尊降贵，拉拢人心。无论梁山好汉的出身如何，他都能够包容，且委以重任，换作晁盖就做不到了。晁盖太光明磊落了，无论是对人，还是对事。晁盖喜结英豪，却拙于交际。面对杨雄、石秀来投，因为时迁偷鸡败坏了梁山的名声，晁盖和宋江的双重表现就可以看出晁总的情商有多低！在任何时代，欲要稳掌重权或成就大事，良好的人际关系永远是最坚实的后盾。酒店总经理，你记住了吗？

总经理每天总会遇到一些意想不到的事情，但是遇事要心中有底，不可匆忙下结论或者作出决定。简单说，遇事要沉得住气。可是，我们的总经理晁盖就没有做到，结果断送了自己的性命。随着梁山势力的日益壮大，宋江的心腹越来越多，晁盖不是冷静下来思索挽回危险局面、重振雄风的方案，而是急躁不安，干一些自以为是而适得其反的事。为了一匹送给副总宋江的马就不假思索去亲征，去打曾头市。可能心中有憋气。可是你也要考虑周详啊！准备不足，率兵太少，点将不妥，不带参谋，误信谗言，草率出军。结果中了埋伏，命丧黄泉。三思而后行，预则立不预则废。这是给酒店人多好的启示啊！

晁盖，一个光明磊落、胸襟宽阔的总经理，其结局是这样的令人扼腕叹息！作为酒店人，我们难道仅仅只有一声叹息吗？

003 及时雨宋江

说起梁山集团公司第三任总经理宋江，不喜欢他的人比较多，但是还不得不佩服他。宋江的故事大家耳熟能详，不在此多啰唆。先简要看看他的履历吧！

宋江原本是郓城县人，因"刀笔精通，吏道纯熟"，做了押司，也就是县法院的秘书、书记员之类的小吏。虽连个九品小官都算不上，但是家庭条件不错，颇有钱财；面相虽砢碜点，黑不溜秋的，但很孝顺；平时仗义疏财，好结各路江湖好汉，总喜欢雪中送炭，人送他三个绰号："孝义黑三郎""及时雨""呼保义"。前两个绰号好理解，宋江排行老三，老四是宋清。"呼保义"我个人理解是他经常把保护国家社稷的忠义及做人要讲兄弟义气挂在嘴边的缘故。

这么砢碜的一个人，晁盖死后，能被群雄推为CEO，可见宋江很不简单。值得酒店人思索。在酒店用人荒的今天，酒店人员流失率这么高的现状下，学习下宋江是如何把形形色色的各路英雄好汉聚在他身边，跟他出生入死是很有必要的。宋江能做总经理领导群雄，跟他的影响力和个人魅力是分不开的。有影响力和魅力不是一蹴而就的，需要平时的作为一点一滴累积起来。想当年宋江还在山东郓城给人家做跑腿小秘书的时候，已经声名在外。提起及时雨宋公明，江湖豪杰尽人皆知。检验自己影响力的标杆，是在自己遇到困难时，身边朋友的表现。宋江在江州问斩时，许多英雄就自发前去劫法场。这就是影响力的威力。影响力是不同于权力的一种控制力。尽管宋江不是强制性的，但是他用潜意识的方法来改变人们的行为。

晁盖死后尸骨未寒，吴用、林冲等直接变脸，把前任老大的遗嘱抛到九霄云外（干掉史文恭者做老大），力举宋江为山寨之主，而且理由相当充分：一是"四海万里疆宇之内，皆闻哥哥大名"，难道这就是品牌的效应？二是"若哥哥不坐时，谁人敢当此位"。有点威胁其他人的意思了，有我们支持，谁敢跟你抢老大的位置？其实，最关键的还是自从宋江上山以来，一直担任着常务副总经理职务，主持日常管理工作。晁盖不过只是名义上的一把手。这有点像目前酒店业个别现状，酒店管理公司筹备完成酒店后，因各种原因，团队除保留冠名和总经理外，其他都撤退大吉，留下的总经理也只是扮演顾问的角色，具体业务全由当地管理者（常务副总经理）来操作，这样的人就是"宋江"。因此，晁盖死后，由宋江继位，不但天经地义，而且大得人心。

宋江做了带头大哥后，给梁山兄弟树立了一个终极梦想："招安梦"，这也是培养梁山群雄的一个终极信仰。关于招安的问题，也是宋江千百年来挨骂最多的原因——连累了梁山兄弟们横尸沙场，悲剧收场。其实，从另外一个角度来看，宋江这样的带头大哥的做法和出发点还是值得欣赏和尊敬的。姑且不讨论宋江招安的其他外部原因，从内心深处讲，宋江应该是想让跟随自己的兄弟们过上荣耀的好日子，刷白身份，给子孙后代留一个好的名声和社会地位。这一点上，大家不知可否赞同？悲剧在于，当时的环境把这样的一件好事搞成了悲剧，真实的错误不在于宋江的想法，而是在于宋江没有清醒地认识到大环境给他的理想带来的变化是他不能左右的。其实，宋江这个老大还是值得酒店人玩味的。

来看我们酒店人的发展曲线你就会明白，带头大哥对我们的影响。同样一块出道的酒店人，N年以后，每个人的发展成就是不一样的。有的酒店人事业红红火火，有的酒店人平平淡淡，发展各不相同。我觉得发展好的酒店人，除自身努力之外，自有一位贵人提携。说白了，跟对了带头大哥，自己的上升渠道也打开了。一个人有能力，必须有人欣赏，而且自己真正能帮大哥做一些事情，方有人去提携你。好的带头大哥，会感激兄弟们的付出，会想办法带给对方各类收益。这样的带头大哥，就是宋江。

能配做带头大哥的，一定会为下属着想；否则，他也做不长。宋江率领那么多兄弟，好多跟他出生入死，营造了梁山的大好局面。在那个小世界里，是安逸的。但是从长远来看，前景并不看好。怎么样带领兄弟们开拓大场面，给大家带来丰厚的回报，诸如封妻荫子、高官厚禄，这也是带头大哥所想的。酒店人，如果要尽快得到提升和发展，选对带头大哥也是一条捷径。在修炼自身内功的同时，跟对潜力股的带头大哥也是很重要的！

如果你现在已经是别人的带头大哥，请你一定不要辜负下属对你的信任！请在自身发展的同时，考虑下属，为下属带来更大的收益是你的职责和义务之一。但是，我们要有宋江的心，也须谨慎行事。不能盲目被"招安"，造成团队七零八落，令人心寒。从宋江、方腊、王庆、田虎这四个带头大哥的结局来看，都是悲剧收场。所以，酒店人在四处跑江湖时，虽然会得到短暂的丰厚回报，但是从长远来看，找一个好的带头大哥，好的发展平台才是正统。

所以，及时雨宋江还是一位值得尊敬的大哥！

004 玉麒麟卢俊义

梁山集团的二把手玉麒麟卢俊义,在梁山英雄中是典型的高富帅。

高,指两方面:一是身材高。因他"身躯九尺如银。威风凛凛,仪表似天神"。身高相当于2.07米,放在当今,也是打NBA的一块好料,估计成就也不低于姚明和易建联。二是武功高。他"棍棒天下无双",练就了"一身好武艺""丈二钢枪无敌手,独骑战马侵寻。人材武艺两绝伦。"

富:卢俊义生于北京,长在豪富之家,财富大名府第一,即北京首富,与今天的京城四少相比决不逊色,也可以说是大名府的李嘉诚。

帅:因为卢俊义相貌丰伟,双目有神,威风凛凛,仪表如天神,加之武艺高超而得到"玉麒麟"的雅号。够帅吧!放在现在,黄晓明恐怕也不抵他。

可就这么一个高富帅,为什么会屈居于其貌不扬的草根宋江之下呢?

宋江,论身材不足七尺,面相黑,其貌不扬;论武功,稀松平常;论家庭条件更不能与大名府第一富豪相比;而且梁山第二任总经理晁盖留下遗嘱,诛杀史文恭者做继承人,卢俊义做到了,从遗嘱法的角度来看,卢俊义应该是梁山第三任总经理。可是就这么一个人,甘愿在宋江手下做个副职,干得有声有色,忠心耿耿,屡次为宋江立下战功。

试问:卢俊义的心态怎么这么好呢?

如果你是卢俊义,把宋江和你二人放在酒店中,你能像卢俊义一样做好副职吗?

作为副职,可能在某些方面会胜过你的上司、你的老大。但是,很多事情要放在一个大环境里来看待。

我们来看一下,卢俊义初上山时宋江起身要推卢为一山之主,卢俊义急忙退让。

为何?因为你初来乍到,没有根基啊,谁服你啊。

卢手下只有一个亲信——燕青。而宋江手下有多少亲信啊？吴用、花荣、武松、李逵等。

在一个团队里你没有根基或者根基不稳，想做老大，还是三思吧！能做一个副职，已经很不错了。所以，在一个酒店中不管你是初来乍到，还是空降部队，都应认清形势，摆正位置，而不是急于上位。即使自己是空降一把手，也要从心理上放低姿态，择时而动！

另外老大之所以能成为老大，作为副职的人员一定要搞清楚他为什么会是老大。观其长处或优势，少拿自己的长处和老大的短处比；否则，你的心态就会失衡，不利于自己工作和事业的发展。

卢俊义到了梁山，他就明白了，自己虽然是高富帅，宋江是草根，但是草根的个人魅力、影响力、领导力、拉拢人的手段、驾驭团队的能力是自己所不能比的。得了，安心做老二吧！

梁山的鼎盛，始终是围绕一个核心在发展，那就是宋江。

如果梁山进入双核时代，团队有杂音，那么不等着被招安，已经内讧，早被剿灭了！

卢俊义明白这个道理，作为副职，始终要顾全大局，维护老大的权威才能健康发展。

虽然最终在招安的时候，李逵、武松、林冲提出反对意见，但作为队伍中的老二卢俊义默许了招安的提议，稳定了队伍的统一和团结，才有了抗辽国、扫王庆、剿田虎、灭方腊的壮举，成就了一段英雄传说！

作为酒店的副职，在关键的时候要站对位置，在酒店的决策中要始终和上级做好沟通，保持政策的统一性和可行性。如果各自为战，将会两败俱伤，影响整体。

卢俊义最终被朝廷封为庐州安抚使兼兵马副总管，放到现在也是副部级的官员。

卢俊义虽然最终因政治斗争，死在同僚之手，但也算是功德圆满。

由此可见，做好酒店的副职，关键要心态平和，替老大分忧，和老大目标一致，方可达到双赢。

以上几点，值得在酒店做副职的朋友思索！

005 智多星吴用

　　智多星吴用，梁山群雄的三当家，总经理助理。他和老大的关系很密切，疑似有激情，否则也不会在宋江坟前上吊而死！虽然是助理，但绝对是梁山集团的实权派！实际上已经比副总经理卢俊义有话语权，绝不是一般的权力小三。

　　施耐庵老先生对吴用的描写可以说大多是正面的赞扬，赞其："胸中藏战将，腹内隐雄兵。谋略敢欺诸葛亮，陈平岂敌才能。"他本人也自诩为诸葛亮一般的人物，道号加亮先生。你听听，还加亮先生呢，自以为能运筹帷幄之中，决胜千里之外，比诸葛亮还亮，比孔明还明。可事实上呢，他和诸葛相比，差距还是蛮大滴。在某些方面来讲，吴用的才能还是有的，如智取生辰纲、智取大名府、智取文安县、巧用双掌连环计等。但是作为"天机星"，吴用这个人心机不是一般的重。施老先生为何会塑造吴用这个人物？看看最终的结局就会知道为什么会叫吴用，而不是叫尤用！

　　吴用作为三把手，绝对不可小瞧，梁山的三位总经理的命运都是被他左右的，但是三人的结局都是一个字：死！王伦、晁盖、宋江哪一个人的死，跟他没有关系呢？吴用挑拨林冲火并王伦；晁盖失去理智怒打曾头市，吴用不极力劝阻不跟随，导致晁盖中毒箭而死；在招安这件事上，宋江受吴用影响最大，导致众兄弟血染沙场，自己被朝廷毒死。仔细回味，吴用这个人多么可怕！

　　其实，在现实酒店中，每个酒店都有一个或几个类似智多星吴用的人物，他们多多少少都有吴用的影子！这些人具体表现为：只要老大在，马上像蜜蜂采花一样飞奔过去！就像宋江征战到哪儿，吴用寸步不离跟到哪儿。乐于在老大面前闲谈各部人事的长短是非，谈人事，大多不办人事。如在人员调度上，加上自己的观点。大家留意宋江和卢俊义出兵时的人员配置，你就会明白吴用的心机了！在酒店团队里，搞小帮派，会利用别人的优缺点成就自己的目的。比如：利用林冲火并王伦；吴用原本是晁盖的心腹，可是后来宋江上山后，发现宋江的魅力更大，吸引人的能力更强，死忠队伍更多，马上转换风向！更是在晁盖打曾头市时，不参加或者说晁盖不想看到他小人嘴脸，征战冒进，结果间接害死晁盖！吴用这类人在酒店中，平时善于搞些小建议、小活动。在大的营销上面有时也提些建议，有时也能有所成效！不可否认，吴用前期在梁山队伍的建设和业绩拓展上立下了不可磨灭的功绩！在重大决策时，唯老大意见为准。出了问题，老大负责，关我何事？酒店在作出大的决策或者是风险系数较大的举动时，不愿承担责任，不敢发出自己的心声，唯老大是从。可以说，招安是改变梁山命运的关键时刻，此时吴用退缩了！其实，以吴用的头脑，是能看到朝廷招安的真实用意和政治环境的恶劣的，可是在老大一意孤行的时候，却不去阻止，任其发展，结果连自己一起都走上了一条不归路！

  笔者也知道这样评论智多星吴用，也是有失偏颇的，毕竟吴用还有一点值得学习的。那就是对宋江的义。请看网友评论：吴用找到宋江这个领导者，可谓十分珍惜。天魁星（宋江）与天机星（吴用）生来就是一对强强组合，宋江的领导方式颇能给予吴用施展军事才华的空间，而宋江的领导才能也极被吴用钦佩与肯定。吴用不愿侍奉他主，也显示了他们之间经历重重生死之劫后的彼此相惜之情义。不过，笔者认为，吴用的义在某些方面是建立在利的基础之上的。他不是因为个人利益的发展，而站在了宋江一边的吗？跟随宋江招安赌了人生最大的一把，也是想获得更多的利益而为之，最终把命押在了上面！酒店职业经理人的职业选择，好多也掺杂了个人感情的成分，这就是江湖上的义。可是在面对利和义的角逐和选择时，酒店的智多星大多会考虑前者。

  酒店有智多星，关键是我们怎么用，这是我们考虑的重点！

006 入云龙公孙胜

入云龙公孙胜,是个半仙级别的人物,真正的魔法师,梁山集团难得的奇才。梁山集团能发展壮大,公孙胜功不可没。梁山泊忠义堂上坐第四把金交椅,身份仅次于宋江、卢俊义和吴用。山寨中的"副总参谋长"兼"空军总司令"。属于梁山集团领导层核心成员,四大常委之一。说公孙胜是梁山上的"副总参谋长",大家应该都理解,毕竟副军师嘛!说他是"空军总司令",有些人可能不理解。不过,深读《水浒传》的朋友,应该记得好几个桥段,展现了公孙胜的空中打击能力的强悍。让我们看看公孙胜的手段吧!

公孙胜在二仙山拜罗真人为师,学得许多道术,"能呼风唤雨,驾雾腾云";在高唐州破高廉妖法;在芒砀山摆下八阵图,破了混世魔王樊瑞的妖法,收樊瑞、李衮、项充,并为梁山培养了混世魔王樊瑞这个空军副司令;他在梁山攻打田虎时,破了乔道清的妖法,并收其为徒,为剿灭田虎立下首功。这让我们知道,梁山之所以所向披靡,是水陆空全面发展的结果。

除此之外,公孙胜是个具有大智慧的人,淡泊名利。他反对招安,但是却不能实行一票否决,故不能左右大局,最终在剿灭王庆后,即离开梁山人马,回到家乡出家修道。他虽为国立下大功,却不重名利,看透世俗纷扰、名利浮华,回蓟州潜心修道。他最终功成身退,退隐山林,过着闲云野鹤的生活!

公孙胜,作为出家人,却富有正义感,面对世道不公,敢取不义之财,与晁盖等七人智取了生辰纲,上了梁山;为朋友,愿意相助,协同梁山好汉劫江州法场,救出宋江。同时,他是个尊师孝母的典范,并保持了人格的相对独立。他第一次离开梁山泊是宋江上了梁山并接父亲和宋清上山之时,这也勾起了他的尽孝之心,他因思念母亲而下山回乡。他对财物也是有分寸的,不贪财。他第一次离开梁山,晁盖要送他一盘黄金白银,他说只要这盘中的三分足矣,礼让之后,收了一半。自此返回家乡蓟州，一去不回，期间曾推荐锦豹子杨林到梁山入伙。直到宋江攻打高唐州，却败于太守高廉的妖法时，吴用让戴宗、李逵去蓟州寻求公孙胜的相助。二人在蓟州机缘巧合遇到公孙胜的邻居，得知公孙胜居住在九宫县二仙山。戴宗赶赴二仙山，让李逵假意伤害公孙胜的母亲，将公孙胜激出相见。但公孙胜却不肯出山，称师傅罗真人不肯相放。戴宗苦苦哀告，又去拜见罗真人，请他放公孙胜下山。罗真人传授公孙胜五雷天罡正法，让他下山辅助宋江"保国安民，替天行道"，又送八字真言，命他"逢幽而止，遇汴而还"。公孙胜到高唐州后，与高廉斗法，以五雷天罡正法破了高廉的妖术。高廉欲要驾云逃走，结果被公孙胜用法术从云中打落，最终被雷横砍死。梁山军得以攻破高唐州。

征辽期间，公孙胜曾带宋江去蓟州二仙山，参拜罗真人。罗真人让公孙胜随宋江"去干大功"，并请求宋江在"奏凯还京"时能放公孙胜归山。

平定淮西后，宋江班师回朝，驻扎在东京城外陈桥驿。公孙胜想起罗真人"遇汴而还"之语，便向宋江辞行，返回蓟州二仙山，这次他是彻底地脱离了这个群体。他是第一个离开梁山群雄，又是位居第四的人物，梁山好汉个个都以金帛相赠，他推却不受，众弟兄只顾打栓在包里，公孙胜还是收了。可见，公孙胜做事有分寸，知进退，并且居功不自傲，不贪虚荣。这些都是值得酒店人学习效仿的。

公孙胜的结局是相当完美的，"从师学道，侍养老母，以终天年"，真正做到忠孝义三全。

作为有特殊能力公孙胜式的人物，在酒店中也会时隐时现。他们就像公孙胜一样：平时低调沉隐，沉默是金，关键时刻显身手，为酒店排忧解难。这个人会是谁？也许他是董事会成员之一，平时不露面，在酒店遇到财政困难会力挽狂澜；也许他是网络部的一个四眼哥哥，当酒店网络瘫痪时，他就出现了；也许他是工程部的一个万能工，该出手时就出手；也许他在酒店的职位没有梁山集团公孙胜高，可能就是一个有一技之长的普通员工，但是他会出现在该出现的时候；也许……

酒店是一个整体，请相信自己，只要你有技能和态度，你就是酒店不可或缺滴！你就是入云龙公孙胜！这和酒店职位大小高低是无关滴！从另一个角度来讲，酒店的发展壮大，需要形形色色的人才，做酒店的入云龙，你准备好了吗？

007 大刀关胜

大刀关胜，是三国名将"武圣"关羽的后人，也使一把青龙偃月刀，骑赤兔马，精通兵法。梁山泊英雄三十六天罡星中坐第五把交椅，排马军五虎将第一位，竟在梁山开山功勋林冲之前。

关胜出道之前本是蒲东巡检，放在今天也就是一个公安局派出所所长，平常管管治安。因梁山英雄为救卢俊义而攻打大名府，朝廷需要派将率兵救大名府之困。关胜好友丑郡马宣赞把他的简历转给蔡京，蔡京闻听是名人之后，就提出要面试一下。此场景犹如我们的酒店行当欲觅合适的酒店职业经理人，先过面试关。结果一看关胜本人，果真是一表人才，而且还骑着一匹浑身上下没一根杂毛的赤兔马，大刀耍得也不错。放在今天也是开着宝马车、带着AK47去面试啊，首先在气场上占了上风，排气量大啊！个人颜值是绝对没问题啦！

面试官蔡京就问了：谈谈你的经营思路吧？

如下：当蔡京提出"梁山泊草寇围困北京城郭，请问良将，愿施妙策，以解其围"这样的问题时，关胜胸有成竹地禀道：

久闻草寇占住水洼，侵害黎民，劫掳城池。此贼擅离巢穴，自取其祸。若救北京，虚劳神力。乞假精兵数万，先取梁山，后拿贼寇，教他首尾不能相顾。

此话一出，蔡京心中就有数了，这是熟读《孙子兵法》之人啊！这是典型的"围魏救赵"啊！蔡京就激动了：中！是个可用的帅才！立即破格提拔为领兵指挥使，拨一万五千名精兵，命其即日征讨梁山。领兵指挥使放在现在就是正师级官衔啊！美国的轻步兵师和空中突击师也就是一万五千人的配置！从一个派出所所长直接晋升为正师长，这是连升多少级啊！正可谓：乱世出英雄啊！事实证明，关胜绝不是浪得虚名、纸上谈兵。宋江立即回师救援大本营，大名府的危机立即解除。

接下来的故事大家看过《水浒传》的都知晓了，宋江分别用呼延灼演的诈降计、自己演烂的假惺惺磕头让位计、连哄带骗，感动得关胜唱着《感恩的心》就背叛了他的伯乐蔡京，加入梁山泊。在整个上山过程和一生征战中，的确表现得很突出：关胜一人大战林冲、秦明，用计擒住水军头领张横、阮小七，收服圣水将军单廷珪、神火将军魏定国。梁山众将受招安后，关胜随宋江出征，冲锋陷阵，刀斩辽国都统军兀颜光；在扫田虎、平王庆过程中，屡立战功；征方腊战常州刀斩方腊手下名将钱振鹏，数战逼死击败梁山战将多人的南军大元帅石宝，最终功成回京，金殿受封为大名府正兵马总管，甚得军心，众皆钦服。一日，操练军马回来，因酒醉失脚落马，得病而亡。

英雄的一生就这样璀璨和短暂，但是我们作为酒店读者从关胜的故事中可以得到很多启示：

关胜的遗传基因比林冲强吗？这托其先祖关菩萨之福啊！尤其是在那个崇尚义字的草莽英雄群中，关胜绝对沾了光。武功比林冲高吗？一个八十万禁军教头出身，一个小小的巡检，理论上应该分出伯仲，可是在座次上，关胜却可以压林冲一头，说明什么？由此，想到当今酒店的招聘资历审查，如果你在国际知名名牌酒店混过几天，那么PK你的草根对手时就占了上风。即使是你做的是部门经理，而草根对手是总经理，能力像林冲一样强，可以统帅八十万禁军。在酒店招聘时，那些所谓的酒店高管也会重名不重实，这是不是酒店发展的悲哀哪？所以，奉劝那些刚入道酒店行的朋友，先到品牌酒店镀镀金吧！哪怕仅仅是个马后卒！因为有时候真的会出现出身决定你的发展高度这么狗血的事情。

关胜之所以压过林冲，什么原因？林冲是求着加盟，主动去找个饭碗，还受到面试者王伦的种种考察。而关胜属于被专门聘请的，有烫金聘书的。尽管能力差不多，但是待遇立见高下！酒店何尝不是如此？说明一点：加盟形式决定你受重视的程度。

关胜从埋没乡间的一个派出所所长（蒲东巡检），最后做了军区司令员（大名府正兵马总管），最应该感谢的是丑郡马宣赞。郡马，可是王爷的女婿，其人脉资源自不必说；否则，他也够不上跟蔡京说上话啊！所以真金也要有人识，正应了人成功的三步骤：首先自己行，其次有人说你行，最后说你行的这个人也必须行。关胜具备了三个成功的条件，所以他成功了！类似情况酒店中何尝不是经常发生呢！这说明有个人脉过硬的朋友是很有必要的。

关胜的死很蹊跷，一个军区司令员自驾车喝点酒出车祸死了（一日，操练军马回来，因酒醉失脚落马，得病而亡）。至少说明两点：第一，酒后驾车是绝对不可取的，尤其酒店人每天酒场不断，更应该注意这一点。第二，他得罪了老板（皇帝）身边的小人（蔡京），当年蔡哥赏识你，升你的官，你随便就背叛了他，投靠了宋江。你说他心底会怎么想？骑个马喝点酒就摔下来了，估计死因十之八九和卢俊义一样，酒食中被下了水银。所以得到领导破格提拔的时候，千万不要让对方大失所望，尤其注意不能反其道而行。可见，得罪老板身边的小人，是多么可怕！酒店中总有那么一些人在老板耳边哼哼哈哈，在背后捅刀子，绝对会影响自己的前途。所以，与人为伴，与人为善是很有必要的！所以宁得罪君子，别得罪小人，尤其老板身边的。

总之，关胜的故事给酒店人的启示是很多的！让我们再仔细回味一下，从中汲取点营养吧！

008 豹子头林冲

小时候听大人讲《水浒传》时，印在脑海里最深的一句话：马上林冲、马下武松。

说的是马上功夫比较犀利的就是林冲，步将很牛的就是武松。水泊梁山一百零八将真正被逼上梁山的人，豹子头林冲绝对是最突出的一个。

林冲，也是梁山中最悲情的一个英雄人物，从一个前途不错的中级军官，沦落到一个江湖草寇，最后出师方捷身却瘫（风瘫：半身不遂）后而死。

林冲在《水浒传》的笔墨可以说相当多，这也是我比较喜欢的一个人物，可惜，他和武松先后在杭州六和寺身殁。

每个人对林冲都有不同的看法，角度不同，评价不同，总的来讲正面的较多，诸如：忠厚老实、武艺高强、善良、临危不乱、忍辱负重等；负面的大体是：懦弱隐忍。

作为酒店人来看，林冲具备了酒店职业经理人的特质，可以说是一个绝对优秀的酒店职业经理人。

作为八十万禁军教头，武功自不必说，梁山多次大的战役都充分体现了其专业水平的高超。自上梁山后立了很多功劳，取得了较大业绩，诸如：三打祝家庄生擒扈三娘，击败祝龙；大战呼延灼、关胜；曾头市拼死救晁盖；活捉郝思文、龚旺等。所以，专业娴熟也是考核酒店职业经理人能力的一个方面，这是为酒店创造业绩之根本。林冲比较符合这一点。

林冲不贪功，不计较名利，心态较好。主要体现在英雄排座次时，林冲作为梁山集团元老、开山之功臣，甘愿位列刚入伙没多长时间、业绩并不如他的关胜之下，仅仅坐第六把交椅。其心态之平和淡定令酒店人佩服。酒店人你能平和地面对身边那些空降兵团业绩不如你的人而地位比你高吗？

作为一个禁军教头，他曾得到高俅的提携，他对他的顶头上司毕恭毕敬。即便是刺配沧州，言及高俅，仍称之为高太尉。即使是高衙内调戏林娘子，林冲也没有直接暴打其一顿，可谓把尊重上级演绎到极致。

还有一个小的细节，林冲在看守草料场时，往市井买酒之前，先将草屋里火炭盖了；而当他回到草屋时，发现两间草厅已被雪压倒，林冲"恐怕火盆内有火炭延烧起来，搬开破壁子，探半身入去摸时，火盆内火种都被雪水浸灭了"。这充分体现了他即使干的是一个不被重视的小工作，也很负责任，细心入微。酒店人你能做到吗？

在棒打洪教头这一节，面对洪教头的傲慢和咄咄逼人，几度谦让。最终林冲迫不得已和洪教头比武。开始林冲让着洪教头，不用兵器和之争斗，但是洪教头不领情，结果林冲轻松击败了他。洪教头羞愧地离开了。可见，其修养之高，怎不令我等酒店人学习！

与倒拔垂杨柳的花和尚鲁智深一见如故，结拜为兄弟；又交往了小旋风柴进。这二人都在关键的时候帮了他大忙。酒店人广交朋友，最终会有帮助的。但是，交友一定要提防陆谦之流啊！

林冲的忍，在《水浒传》中被刻画得较多。其实很多酒店人频繁跳槽和脱离该行业，均是做不到隐忍才未能成就大事。这些压抑可能来自酒店的规章制度、客人的刁蛮、上级的批评、同事的排挤等。林冲遭受的迫害和磨难，不仅来自高俅这个身居高位的小人，还来自各色人等：先是受高俅的陷害，几乎被问成死罪；死里逃生，发配上路，又被董超、薛霸两个人渣百般折磨，然后捆在野猪林，差点给一棍当头打死；到了柴进庄上，虽有柴进热诚相待，但仍不免一度得面对趾高气扬的平庸之辈洪教头，需赔着笑脸；到了沧州牢城营，因拿银子稍慢，就被差拨骂得一佛出世。这一切，林冲都逆来顺受，忍了！我们能做到吗？

当然，笔者撰写此文的最终目的，并非是让大家都不分青红皂白地隐忍不发。只是作为酒店人，我们在修心上还是可以从林冲身上得到一些启迪的，不过，忍无可忍时，就无须再忍。

前提是先想想最差的后果是什么？也许你会说一句：大不了逼上梁山！

"梁山"真的是你的目的地吗？

009 霹雳火秦明

秦明上梁山之前是青州指挥司总管本州兵马统制，开州人氏。开州属巴蜀之地，秦明算是正宗的四川人。

秦明出身于军人世家，善使一条狼牙棒，有万夫不当之勇。

因性格急躁，说话像打雷，故而有"霹雳火"的绰号。当然，也含有头脑简单、行为粗暴的意思。

霹雳火秦明，在梁山三十三位"公务员"出身的好汉中，级别是最高的。青州兵马统制，放到现在那可是军分区司令员啊！

可是，就这么高级别的一个人物，由于性情急躁，有勇无谋，结果却为一个县长秘书宋江效劳。

缘由大致如下：宋江怒杀阎婆惜后，到青州辖区清风寨找好兄弟花荣，结果生出许多乱子来。清风寨文武二位当权者失和，花荣协同清风山的燕顺、王英、郑天寿结果了花荣的死对头刘知寨夫妇二人性命，并击败秦明的爱徒镇三山黄信。作为青州的最高军事长官秦明率领五百人马前往青风山捉拿宋江等人时，中了宋江的诱兵之计，被水淹三军，大半人马被淹死，不但自己连人带马陷入挖好的陷阱，被活捉了，而且带去的人一个都没逃脱宋江之手。接下来宋江又用了离间计，血洗瓦砾场数百人口，逼迫青州守军杀了他的妻子老小。走投无路的秦明被宋江用美人——花小妹笼络到其麾下。秦明不去找害死自己全家的真正幕后黑手宋江算账，反过来给自己的仇人效劳，并且从军分区司令员变成了社团组织梁山的一个高级头目，还干得有声有色，不知道这是秦明的悲哀，还是宋江的高明！

秦明自上梁山后，表现蛮拼的，凭手中狼牙棒，气势威猛，棒法狠辣，战场上纵横，在一系列战斗中砸碎过许多对手的脑壳，屡立头功，扬威了梁山锐气。

书中记载秦明单挑对手一共十八战，战绩为十三胜四平一负。当然，秦明唯一的败绩是败在超一流高手史文恭之手，二十回合速败，确是技不如人。秦明作为梁山群雄中数一数二的大将，虽不及史文恭，但和林冲实力相差无几，排名五虎将第三实至名归，完全是靠自己的能力拼出来的，相比其他个别好汉的座次纠纷，秦明可以说坐得心安理得。三打祝家庄、两攻大名府、攻陷高唐州、血洗曾头市、战华州、破青州等到处都留下了秦明的身影和战功。

酒店中总有那么一类人，做事风风火火，业务娴熟，实诚，与世无争，做好自己本分的工作，靠能力获得自己应得的位置。这些人是否就像梁山英雄霹雳火秦明呢？酒店中如果有秦明这样的员工，我们该如何使用呢？

关键时刻要舍得给予。俗话说：舍不得孩子套不住狼，舍不得女人套不住色狼。可是，无耻的宋江舍得别人家的女人（花荣妹妹嫁秦明，扈三娘嫁王英）去招募手下是不可取的。遇到秦明这样的实力派的员工给他个高位吧！招募有能力的人不放点血是不行的！

秦明从"军区司令员"成为梁山泊之一员，思想的转变之快跟宋江的思想教化是分不开的。这样的人思想单纯，不善于钩心斗角和工于心计。宋江正是利用了他这些特点，拿住了他。思想工作一旦做通再辅以高位厚禄，这样的人将会是一个忠诚度很高而且用起来得心应手的好人才。当然，美人相许就免了。最终，秦明纵横沙场，死于征方腊的途中，终显职业军人的本色，继承了军人世家的传统。

不过，秦明这样的人是可遇不可求的，如果身边真有这样的人，一定要好好抓住，充分利用使其发挥自己的能量，那将是酒店之福啊！

010　双鞭呼延灼

梁山好汉群雄辈出，"马军五虎将八骠骑"威震江湖。

名列天罡星第八位、五虎将之四的天威星双鞭呼延灼，更是星光璀璨。

呼延灼，宋朝开国名将铁鞭王呼延赞嫡派子孙，祖籍并州（今属山西太原），上梁山之前为汝宁郡都统制（军分区司令？）。其武艺高强，杀法骁勇，有万夫不当之勇。因其善使两条水磨八棱钢鞭，故人称双鞭呼延灼。

呼延世家在北宋可是声名赫赫，呼延赞的父亲原是后周大将呼延琮，后来归顺北宋。呼延赞戎马一生，其后代也个个英勇，后人根据其家门事迹整编了《呼家将》一书，演绎了呼延家的故事。呼延灼作为呼延世家的代表，其武功修为绝非浪得虚名！而且，呼延灼在汝宁郡为国家培养了一批特种部队：铁甲连环马。

呼延灼的亮相，跟国防部长高俅有关。高俅的叔伯兄弟高廉在高唐州做省长。高廉的小舅子殷天锡倚仗高的势力，要强占先朝柴世宗嫡系子孙柴皇城的花园住宅，柴以有朝廷发的"丹书铁券"为由，与其论理，竟被他殴打。柴皇城召其侄柴进回来，继续与之论理时，殷又欲殴打柴进。李逵在旁愤极，将其打死。高廉就拿下了柴进。柴进对宋江、林冲等有恩，为救柴进一家，梁山好汉攻打高唐州，经几番周折，救了柴进，破了城，杀了高廉，将高廉一家三四十人处死，其家私、府库财帛、粮食等全都收获到梁山。高俅本来对梁山都看不顺眼，叔伯兄弟又惨死在宋江之手，国仇家恨集聚在一起，于是他请奏徽宗，公报私仇派特种部队去剿灭梁山。点了汝宁州都统制呼延灼的将，于是天子宣呼延灼面圣，并因其仪表非凡而龙颜大喜，御赐了一匹踢雪乌骓马给呼延灼当坐骑。呼延灼又保举了陈州团练使韩滔和颍州团练使彭玘做助手。高俅安排这三路兵马，杀奔水泊梁山。

同梁山第一次对阵，呼延灼和林冲交锋，五十个回合不分胜负，两人武功相当。乱战中呼延灼虽失了彭玘将军，随后他使出了铁甲连环马，简直是第一次世界大战坦克的横空出世啊！梁山队伍中林冲、雷横、李逵、石秀、孙新、黄信六位头领皆被射伤，首战告捷！

正当宋江一筹莫展的时候，金钱豹子汤隆站出来说他表哥徐宁有独门暗器"移动地雷"——钩镰枪，可以破连环马。于是吴用设计派时迁去东京偷了徐宁的"防弹衣"——雁翎锁子甲，骗徐宁到了梁山。徐宁的钩镰枪果然破了呼延灼的连环马，连韩滔、彭玘二将和能使炮的专家轰天雷凌振都被梁山俘了去，皇帝赐他的踢雪乌骓宝马也被桃花山的强盗李忠和周通偷了。呼延灼单枪匹马逃到青州，青州知府让他带人继续剿匪攻打桃花山、二龙山、白虎山。梁山泊人马赶到三山救援，用计把呼延灼骗到陷坑里活捉。呼延灼无奈投降梁山。他忠于宋王朝，上梁山后支持宋江被招安。

梁山全伙受招安后，呼延灼参与了平定辽国、田虎、王庆、方腊的全过程，曾力擒辽帅兀颜光之子兀颜延寿，平南归京后被授予"皇帝的总保镖"——御营指挥使，每日随驾操练。后领大军，破金国四太子金兀术，出军杀至淮西阵亡殉国。一说为救宋高宗，八十岁与金兀术大战，不敌，马陷吊桥被金兀术斧劈马下（《说岳全传》）。

呼延灼的一生是战斗的一生，他也是梁山英雄中最长寿的。呼延灼的职场人生告诉我们酒店人：作为知名品牌酒店的一员虽很自豪（呼延家族），但是也要有自己高人一等的独特技能（铁甲连环马）。除此之外，还要学会借助别人的强项（凌振及他的风火炮）来帮助自己。当然，优秀的人总会有人妒忌，要学会保护自己的一切（御赐踢雪乌骓宝马被偷）；胜不骄、败不馁，大不了从头再来，东方不亮西方亮（借兵青州攻打三山）！即使在事业上受到临时挫折（陷坑里活捉），也要坚定信念，知道我们是做什么的，我们应该坚持什么。呼延灼最值得我们酒店人学习的是：无论他经历过怎样的挫折和辉煌，忠于自己的职业、把职业当作事业，无论身在何处、跟谁干——皇帝老儿也好（大平台）、梁山老大也好（小平台），知道自己是干什么的！

努力自有出头之日。在职一天，努力一天，充分展现职业经理人的职业性。做到活到老、学到老，奋斗到最后一刻才是我们酒店人的追求！想把酒店作为一辈子事业的朋友，呼延灼就是我们的楷模、偶像！

011 小李广花荣

梁山泊英雄大多长相粗鄙，但是也不乏帅哥。看这位：使一杆银枪，一张弓射遍天下无敌手；生得一双俊目，齿白唇红，眉飞入鬓，细腰宽膀；银盔银甲，善骑烈马，能开硬弓，被比作西汉"飞将军"李广，人称"小李广"。他是谁？梁山马军八骠骑兼先锋使之首天英星花荣。

花荣乃将门之后，原为清风寨武知寨，大约相当于现在县级的武警大队或武装部大队长。在宋朝崇文抑武的时代，武将只能做副职；文知寨刘高，政委性质的却做了一把手！这都是赵匡胤夺小旋风柴进祖宗柴荣的江山，害怕历史重演搞了"杯酒释兵权"留下的后遗症。

帅哥花荣何时跟"黑三"宋江交上的朋友，书中没有交代，但是花荣一出场就展现了其仗义的一面。宋江因杀自己的情人阎婆惜，上级和同事包庇，并没有治他死罪，而是偷偷放掉，黑三踏上了逃亡之路。花荣听说后便屡屡捎信希望宋江前来清风寨度假。明明知道宋江是杀人逃犯，还要邀请宋江来找他避难，这不是引火烧身吗？可见，花荣是个重朋友义气，勇于担当之人。这一点，值得酒店人学习。自己身边酒店朋友也有落魄之时，比如失业，在关键时候，力所能及为朋友牵线搭桥，助朋友一臂之力，你也一定会做的！但是，如果朋友是杀人犯，你还是不要包庇了！

宋江逃亡之路，有三处居所。一是小旋风柴进家。宋江虽同柴进有书信往来，算是相互仰慕的笔友，那时没有网络，否则也算是网友。由于从未见过面，交情一般。但柴进广交天下英雄，给杀了个把人而且是江湖有点名气的宋江一个栖身之所，还是小意思。后来为宋江反过来搭救柴进埋下了伏笔，这也是知恩图报的演绎。不久，宋江被自己徒弟孔明孔亮的老爹孔太公接了去，住了一段。花荣的邀请函接着就来了。宋江在清风山救了被王英掳上山的花荣的上级刘高之妻。不料这个坏女人恩将仇报，在元宵夜观灯时唆使其夫将宋江抓住拷打。花荣大怒，为救宋江，不惜与刘高闹翻，舍弃自己的锦绣前程和安逸生活，显神箭威风吓跑刘高军士并抢回宋江。刘高告上青州，知府派都监镇三山黄信来做假调解，设计将花荣擒拿，与宋江一并押解青州，路上被清风山三雄救下，并杀了刘高夫妇。随后宋江设计收降秦明、黄信，最终二人与花荣等清风山人马一同投奔梁山。中间还有个桥段是宋江为拉拢秦明，借刀杀了秦明一家，最后却把花荣的妹妹许配给了秦明。为了朋友，花帅哥不仅押上了自己的前程，还搭上了自己如花似玉的妹妹，为了宋江可以说付出极大!

  初上梁山，花荣梁山射雁，威震群雄。凭借自己的百步穿杨射箭术屡立奇功，花荣坐稳了马军八骠骑兼先锋使之首的位置。虽说宋江没有把他排在五虎将，但是宁为鸡首不为牛后，在集团排行第九位，证明宋江没有亏待兄弟。不过，花荣在沙场上的确很拉风：随梁山众人江州劫法场，智取无为军，三打祝家庄中射掉指路红灯，攻打高唐州中射死薛元辉，攻打大名府射杀李成副将，攻打曾头市射伤曾涂。朝廷第二次招安时，当花荣听见不赦免宋江时，当场射杀了天使。征辽中，花荣射中琼妖纳延；战兀颜光时，花荣放箭协助关胜砍死兀颜光。征田虎时，花荣一箭射死董澄；打盖州时，花荣见张翔用箭射中孙立的马，便一箭射中方琼，再一箭射张翔以振军威，杨端想要报仇，射出的箭却被花荣接住反被射死；伏击卞祥军的时候，花荣一箭射死冯翊。征王庆时，花荣、林冲杀了阙翥、翁飞二将。征方腊时，花荣一箭射死王仁；宋江为夺回解珍、解宝的尸体，在乌龙岭中伏；幸好花荣一连射死王绩、晁中，让敌军不能向前，为援军到来争取了时间才让宋江脱险；后又在乌龙岭射杀方腊国师宝光如来邓元觉。

  征方腊后，花荣因功被封为应天府（今商丘）兵马都统制，也当上了小军区司令员。在应天府履职的某一天，忽然梦见了宋江说自己已被朝廷赐饮药酒鸩死，葬在蓼儿洼，希望花荣来探望他。花荣到了蓼儿洼后，看见做相同梦的吴用，二人为了义气，双双吊死在蓼儿洼上。人们深感其义气，便将宋江、李逵、花荣、吴用四人合葬于蓼儿洼。

  以酒店人的眼光来看花荣的经历，的确很纠结。花荣对宋江是忠义双全的，他为宋江丢了官位；为达到宋江的阴谋，将妹妹嫁给秦明；他从不反对招安，只要是宋江决策的，他都是忠实地去做。当宋江被皇帝的御酒毒死，身为应天府兵马都统制的花荣，弃官别妻，同吴用一起，为宋江同尽忠义，更说明了花荣是宋江最忠心的粉丝。这样的人在酒店业中可以说根本无从寻觅。作为一个花样美男，能力水平又超群不凡，对朋友两肋插刀，殉义而死，可以说演绎了《水浒传》要表达的核心思想：忠、义。反过来看，酒店人是应该对企业忠诚，还是对带自己过来的老大忠诚呢？这的确是一个现实问题。很多酒店人的成功都是有自己的大哥提携，有时候跟随大哥东奔西走，大哥去哪家酒店，自己就跟随到哪里，无论待遇如何。这样的酒店人，在圈内是比较招人喜欢的。不过，理性的老大不会只考虑自己，也会考虑忠诚兄弟的利益，会给予他一个好的建议，尽量给兄弟一个好的前程。另外，英俊的花荣扭转了一个人认知的常识：小白脸靠不住。

花荣的义举告诉我们酒店人在选才时记住：人不可貌相，海水不可斗量。帅哥照样很仗义，很靠谱！其实，不管是对人，还是对酒店，忠诚有可能是你的立足之本。

012 小旋风柴进

小旋风柴进这样的人在目前的酒店行业中是无可寻觅的，毕竟他的头上有"铁帽子王"的光环。如果非要找酒店业的柴进的话，也只有希尔顿集团继承人，有着挪威、德国、爱尔兰、意大利四国血统的混血儿的帕丽斯·希尔顿（Paris Hilton）了。柴进是何许人也？他是后周世宗柴荣的嫡派子孙，拥有着纯正的皇室血统。柴荣在位五年，三十九岁病死之前传位给他第四子，时年只有七岁的柴宗训。结果归德节度使、检校太尉赵匡胤玩了陈桥兵变、黄袍加身等游戏，让七岁孩子下诏，说自己太小主持不了国政，让给赵叔叔做皇帝吧！于是赵匡胤登上皇位，这就是宋朝的来历。因柴家让位有德，宋太祖敕赐丹书铁券在家中，这相当于免死金牌，并在沧州横海郡搭建世袭皇家风范园林封地，全家族享受国家俸禄和补贴。这就是为何柴进能广交天下英雄豪杰的基础。我们很多酒店人也喜欢广交业内好友，可惜是你没有资本来运作这样的事，有足够的钱你才能风光！什么仗义疏财，想疏财交友，作为草根的酒店打工者你可以做做"疏财梦"。

作为官N代高富帅的贵族小旋风柴进，人长得帅："龙眉凤目，皓齿朱唇，三牙掩口髭须。"对坐骑及仪容仪表也是十分讲究：

骑一匹雪白卷毛马……头戴一顶皂纱转角簇花巾，身穿一领紫绣团龙云肩袍，腰系一条玲珑嵌宝玉绦环，足穿一双金线抹绿皂朝靴，带一张弓，插一壶箭。

柴进喜欢舞枪弄棒，家中就养了个洪教头，见林冲是东京八十万枪棒教头，就将这两人拿来玩一把。他拿二十五两花银为赌注，要林冲和洪教头比武就是一例。可见，纨绔子弟的本性不变：有钱就是任性！但是，柴进跟其他有钱人玩的不同，不跟政治官僚玩，只爱玩于江湖。爱结交江湖豪杰、英雄好汉，为人仗义疏财，尤其喜欢救助遭朝廷发配或者惹祸的犯人，被称为"现世的孟尝君"，曾经帮助过林冲、宋江、武松、杜迁、王伦、李逵等人，因此很为梁山好汉所敬重。柴进这么玩，证明他是很有远见的一个人。作为酒店人，仪容仪表是职业体现之本，不可随意。酒店人有自己的圈子，挤不进去的圈子就不要硬挤了。在力所能及的情况下帮助一下别人，总会树立好的口碑的！

以柴家的家世来看，你越是玩得堕落，皇帝就越放心，历史上功臣求小贪保性命的例子比比皆是。在江湖玩安全，同官僚玩反而风险很大。在北宋后期，社会动荡，民不聊生，柴进依仗丹书铁券护身，有意识地结交一些黑道人物，关键时刻可以获得救助。当柴进被新贵殷天锡所欺凌，正是李逵这样的好汉解救了他。但是近朱者赤，近墨者黑。柴进从贵族沦落到"草寇"，导火索就是黑旋风李逵。小旋风遇到黑旋风，不被黑才怪。李逵帮小旋风的叔叔柴皇城出气，打死了高唐州知府高廉的小舅子殷天锡，引发了梁山大破高唐州并把柴进弄到了梁山社团做了财务部总监。宋江给小旋风柴进忽悠了个天贵星的称号实至名归！柴进以举家之财贡献给了梁山，换得了梁山第十把交椅，超出了很多能征善战之将。这也应了那句话，资本决定话语权，决定地位。柴进付出那么多钱财，也算是梁山集团的合伙人了吧！酒店业想把有才能的人留住，捆绑在一起，适当投资入伙，利益共存是一个不错的法门。

笔者有句名言：金子总会发光，人才总会被抢！柴进上了梁山后，其综合能力得到了充分展现。柴进靠着他的仪表和上层生活经历，起着他人所不能起的特殊作用。结果证明，宋江用人的眼光绝对独到！柴进虽然做了梁山的财务总监，掌管了山寨钱粮大权，但是具体的业务还是由副总监飞天雕李应和神算子蒋敬打理。所以出个差风光玩乐的事还是非柴进莫属，毕竟是见过大世面的人。为了保全卢俊义性命，柴进到北京用金银贿赂刽子手蔡福、蔡庆兄弟。宋江为了招安，要潜入东京进行摸底打点，自然是少不了要带上柴进，贵族出身的柴进论玩自然是要高过宋江一头的。当然，少不了有另一个玩家燕青相伴，燕青的专长是对付美女。柴进施计骗取了王班直的信任，簪花入禁院，从睿思殿的御屏上剜下了御书四大寇中"山东宋江"四字。柴进最出彩的是，他带着燕青，化名柯引，燕青化名云壁，潜入方腊的首府清溪。他的才华不但被方腊所认可，还娶了金芝公主，成了驸马，官至主爵都尉，燕青也被封了个奉尉之职。在破方腊的首府清溪时，后来杀死方杰，他发挥了至关重要的作用。可见，柴进的身世决定了他是做公关经理或无间道的出色人选。酒店人的眼界会决定自己发展的格局，所以多去高端酒店就业会改变你的境界，在为人处世、待人接物上会有新的突破。尤其是刚入道的酒店年轻人，阅历丰富会改变你的酒店人生。

在梁山集团以武为先的座次排行中，柴进算是另类。酒店中有时会遇到类似柴进这样的落魄豪门，这类人曾经辉煌过，风光过。有的是曾经的政界红星，有的是曾经的商界名流，他们可能是离休的，可能是一时落魄的。如果酒店业主或者总经理有幸遇到这类人才，不要计较他的酒店专业知识寡陋，把他招募过来吧！关键时刻他会利用自己的综合能力、人脉关系为酒店创造很多利益，并减少费用的支出。正所谓：不拘一格用人才，方能财源滚滚来！

征方腊平安归来，看透世间冷暖的聪明的柴进，想起自己做过方腊的驸马，为免受奸臣之辱，推称风疾病患，纳还官诰，回沧州为民，无疾而终，算是一个难得的结局。

013　扑天雕李应

北宋末年，治安混乱。富贵之家为求自保，自养家丁，防御强盗。梁山附近独龙岗上就有这么三家土豪庄园：从东往西分别是李家、祝家、扈家。三家成犄角之势，共有军马一二万人。为提防梁山上的强盗来抢粮，三家结下了生死誓书，成为盟友，相互照应。类似于今天的美英法，又如区域内单体酒店结盟共同应对市场变化！结盟真的能解决突发的问题吗？显然不能！三家自认为固若金汤的联盟，却因为一只鸡被打破了，而且引发了一场独龙岗大屠杀血案。

蓟州两院押狱兼充市曹行刑刽子杨雄之妻潘巧云，与和尚裴如海私通，并挑拨杨雄与其结义兄弟石秀之间的关系，后被杨雄识破剐于翠屏山。之后杨雄、石秀与鼓上蚤时迁相遇，三人相约投奔梁山。途经祝家庄，贼心不改的时迁偷吃了祝家一家酒馆报晓的大公鸡，结果被发现，双方打了起来。杨雄和石秀又打伤了人家十几位伙计后逃跑了，犯事的时迁却被祝家抓了。走脱了的杨雄和石秀遇到鬼脸儿杜兴。这杜兴当年在蓟州做买卖时，打死同伙的客人吃了官司，杨雄偶尔救了他的性命，算是杜兴的恩公。此时的杜兴已今非昔比，做了独龙岗三大土豪之一李家的大总管，深得庄主李应的信任。

李家庄庄主李应是个不简单的人物。李应，原是中山府郓州人氏，经过自己多年在江湖上的打拼，并加上自己出色的经商理财能力，在独龙岗上置办了李家庄偌大的产业，也算是富甲一方。李应不仅在经商理财上有一套，而且形象威猛，长的是燕颔猿臂狼腰，并且仗义疏财，具备了英雄豪杰的基本品质。平时爱骑白马，喜穿红袍，善"使一条浑铁点钢枪，背藏飞刀五口，百步取人，神出鬼没"，堪称小李飞刀李寻欢的先祖。再加上他目似鹞鹰，性如烈火，故江湖上都称其为"扑天雕"。

当杜兴得知恩公杨雄的兄弟因为偷吃一只鸡被盟友祝家给捉住了，就自告奋勇地说：不就一只鸡吗？小意思，我让庄主修书一封我亲自去要。李应是个讲义气的人，加上杜兴兢兢业业为他效劳这么多年，也是自己的好兄弟、好下级。自己也觉得偷吃一只鸡也不是什么大不了的事，凭盟友的关系，搞定这件小事应是手到擒来的。当然，他不知道这三人是准备投奔假想敌梁山的。于是，先让门馆先生修书一封，让家中的副总管前往祝家要人。他没有想到，不好使。李应觉得很没面子，亲自修书一封，让杜兴亲自去要人，可祝家呢，不但不放人，扯碎了修书，杜兴也被辱羞了一把，还扬言要拿梁山强盗和李应一并交官府。出现这个局面，我推测有两种可能。一是时迁怕挨揍，拉梁山做虎皮吓唬人家，先自称梁山人，如果揍我，梁山宋公明哥哥要灭你祝家庄，惹恼了祝家。二是杜兴要不到人，感到没面子，在李应面前添油加醋。结果是很没面子的李应不顾一切地同祝家发生了冲突，被祝彪暗箭伤了臂膀，只得躲在家中养伤。无奈之下，石秀和杨雄离开李家庄，去梁山求援了。

梁山攻打祝家庄，表面上是救时迁，实际上是以此为借口抢粮食。但是在江湖上宋江又落了个美名，为了一个素昧平生的兄弟大动干戈，这对宋江来讲是一个稳赚不赔的买卖，而且收获了杨雄、石秀的心。宋江三打祝家庄颇费周折，好在本为盟友之一的李家因为一只鸡的缘故没有出手，无意之中帮了宋江，否则胜负真的很难说。可以说，李应立了不战之功。

宋江率梁山兵马，不但灭了祝家和扈家，还为请李应上山，派人假装知府等人捉拿李应问罪，半道上又派人劫持李应。李应上山后方知此乃梁山之诡计，事已至此，识时务的李应也就带着家人和财产入伙当了强盗，并坐了梁山第十一把交椅，担任了水泊梁山社团的财务副总监，协助柴进掌管钱粮。

李应照说是一个功夫高手，但入了梁山后，除了在平定方腊之时，用飞刀杀死方腊手下大将伍应星外，基本不怎么在镜头面前晃，低调得令人生疑！表面的解释是这样的：因为李应是财主出身，善于理财，故很得宋江器重，在梁山与柴进一起共同做掌管钱粮的头领，因而出阵较少。把一个能征惯战之将放到后勤部门，不知是宋江的意思还是李应本人的意思。柴进吧，武功稀松，管后勤没话可说，李应做财务副总监有点意思了。众所周知，李应理财应该离不了一个人——鬼脸儿杜兴，他的大管家。让李应在梁山做理财高手有点屈才，估计是自己的家产被宋江充公，宋江怕其心中不爽，而故意安排他当"守财奴"吧？并且还忽悠他做了天富星！

不管怎样，李应加入梁山后，表现得相当低调，兢兢业业地辅佐柴进管好梁山钱粮，不争宠，不出风头，不炫耀武功，自己的独门暗器——"老李飞刀"，百步取人性命的本事平常从不显露。不像花荣射雁、张清玩石子那样夺人眼球。由此来看，李应的城府在梁山群雄中绝对排在前列！

李应随宋江平定方腊回京后被授予中山府郓州都统制，相当于地方军区司令员，可以说光宗耀祖，毕竟封地在自己老家。在过了半年风光生活之后，听说柴进等人辞官回乡，于是也假称风瘫，上报朝廷，纳还官印后回到发迹地独龙岗李家庄，与杜兴一起东山再起重做富豪而善终。

李应从土豪—"草寇"—"公务员"—土豪，起点又回到了起点。中间的故事历程给我们酒店人诸多启示：结盟可以成就大事，但必须用心去沟通，小不忍则乱大谋。一只鸡弄得三家盟友土崩瓦解，直至破产实在是得不偿失。另外，过于看重面子，容易引起冲动，带来负面后果。在这个浮躁的社会，低调方能行得万年船！李应受祝彪暗箭中伤后，终于明白了这个道理，最终保全了自己性命。

014　美髯公朱仝

梁山群雄行走于江湖，把义字顶在头上是首选。从聚义厅到忠义堂的演变，虽是从义字开头变为忠字开头，但都离不开个义字。这说明当时"义"在行走江湖中的地位。梁山群雄中把义字演绎得最为淋漓尽致的一位好汉，便是美髯公朱仝。

朱仝，山东郓城县人，上梁山前为本县马兵都头，估计在现在也就是县公安局的刑侦科长。朱仝原是本地富户，小康人家。朱仝具有梁山好汉大部分人的优良传统：为人仗义疏财，专爱结识江湖好汉。从古至今来看，钱这个东东绝对是结交朋友和扬名的一个好物件。不仅如此，朱仝学得一身好武艺，善使刀、枪，估计也是刻意学习了关二爷的青龙偃月刀。他"身长八尺四五，有一部虎须髯，长一尺五寸，面如重枣，目若朗星，似关云长模样"，因此，大家都称他作"美髯公"。以现在酒店行业标准来看，是不符合酒店仪容仪表中不得留胡须的要求的。不过，在当时来看，朱仝也算是梁山几大帅哥之一。

朱仝是个有情有义的好汉，他帮人无数。他帮的第一群人是晁盖、吴用等七星，如果不是朱仝从中周旋，晁盖等人是难以逃离东溪村投奔梁山的。他帮的第二个人是宋江。宋江同他交往最深，最机密紧要的事宋江都不避讳他。例如，宋江家藏人的机关，外人只有朱仝知道，宋江为吏所做的恶事，朱仝自然是知道的。宋江杀阎惜婆后，幸有朱仝疏通关系，上下打点，才使得宋江全家渡过难关。他帮的第三个人是插翅虎雷横。雷横是他的同事，是郓城县的步兵都头，因杀了郓城知县的情夫白秀英而获罪，朱仝在押送途中放了他。朱仝因放了雷横而获罪，落得个刺配沧州的下场。沧州知府见朱仝是个人物，就要朱仝在他身边。朱仝会为人，对知府内的押番、虞候、门子、承局、节级、牢子等都送了人情，加之朱仝为人和气，这沧州府上下都喜欢他，朱仝在此的处境还不坏。朱仝在工作岗位上不仅如鱼得水，而且在生活上也得到领导及家人的喜欢。沧州知府四岁的儿子就比较喜欢跟他玩，而且最喜欢揪他的长须。就这样，朱仝兼职做了知府家的男保姆。不过，有句古话说得好："祸兮福之所倚，福兮祸之所伏。"当朱仝的日子过得有滋有味的时候，他曾经救过的兄弟们联手害了他。

七月十五盂兰盆会，朱仝带着知府仅四岁的儿子去看河灯，结果这小衙内被吴用设计、李逵给砍死了。为此，朱仝要和李逵拼命。原来这是晁盖、宋江、吴用、柴进、雷横、李逵共施一计，为的是逼朱仝上梁山。这几件事虽说是为义所为，但是作为马兵都头，堂堂朝廷官差犯下了不可饶恕的罪行，在现在是不提倡的。时代不同，各位看官要分清。朱仝是个透明的好汉，他为人善良，乐于助人，没有恶习。他同雷横比，这些特点就更鲜明了，更有一个义字了得。正是他对晁盖、宋江、雷横有救命之恩，才使得梁山好汉不顾一切地要他上梁山，陷他于小衙内被杀的不义之中而不顾。

朱仝的义气当然在后来给他带来了一些好处。《水浒传》也充分肯定了朱仝眼光的独到。朱仝做了一笔很好的感情投资。梁山排座次时，朱仝排在第十二位之高。论武艺、论上山前的社会地位、论战功，朱仝表现得很不突出，其身后的几位高手都比他厉害。但朱仝最大的资本是：他是梁山两代寨主晁盖和宋江以及身在"四大常委"的吴用、公孙胜的救命恩人，仅凭这两条，他就足以在梁山获取高位。说到朱仝，有件事是一定要提的。朱仝上山的欢迎仪式很排场，这是其他任何加入梁山者所没有的。"晁盖、宋江引了大小头目，打鼓吹笛，直到金沙滩迎接。"并把朱夫人，安排临时住在宋太公处。从这场欢迎仪式与住处的安排看，晁盖与宋江是将朱仝当作亲兄弟般看待的。

朱仝上梁山后，深得众兄弟敬重，在两破童贯、三败高俅等大战中屡立战功。梁山受招安后，参加了平定辽国、河北、淮西、江南的征战。在苏州城下，作为梁山八员上将之一，与南军八将捉对厮杀，率先将南军大将苟正枪挑马下，尽显神威。平南归来后，被封为保定府都统制，上任后管军有方，后来，随同名将刘光世出战金兵，屡破强敌，因战功直至升任到太平军节度使。正可谓：好人有好报！结局相当圆满！

朱仝留给酒店人的思索：在利和义之前，我们先选择什么？很多组团去外地接酒店项目的团队，不讲团结，不讲义气，为了老板给的一点小利，背叛老大，驱逐同道，不能共进退，令人不齿。另外，朱仝和同事宋江、雷横的情谊，也充分说明其为人之道值得我等学习。朱仝的义是彻底的，特别是对朋友的义，为他人树立了榜样，谁的人生能有朱仝这样的朋友，是可以以生命相托的，那是可遇不可求的。朱仝也有不义，那是被人陷于不义之中的，这里特指小衙内被杀。但这一事件不会影响朱仝的"义"。朱仝的"义"是彻底的江湖之义气，因为他的义是从来都不考虑忠的问题，只针对人，却没有考虑组织，这一点需要我们斟酌。最后一条，朱仝能屈能伸，从刑侦科长到男保姆；从保定府都统制到最终的太平军节度使，都表现出了他的真正胸怀和内秀，不仅仅是外表长得帅，内功的修为也是值得敬仰和学习的！

015　花和尚鲁智深

　　水浒英雄绰号跟本人行为不相符的有很多位，比如从没见打过老虎的打虎将李忠、八臂哪吒项充等，不过最出名的却是花和尚鲁智深。名为花和尚，仅仅在身上做了刺绣。据笔者分析，鲁智深是结识了九纹龙史进，看着史大郎刺绣龙比较好看，自己出家后就也刺了一身花。虽身上花但心却一点都不花，不近女色。除此之外，佛家所有的清规戒律都犯了。但是，深读《水浒传》中鲁智深的章节，你会感觉到鲁智深不仅仅是个英雄好汉，他身上已经有大侠的影子，可以说是一个真正的侠之大者，是酒店人效仿的楷模！

　　鲁智深，原名鲁达。智深，是他出家做和尚后的法名。出家前又称鲁提辖，此名因他职位所称，也就是现在的武警中队长，所以现在的称呼也可以叫作鲁中队。花和尚是他出家后，做了一身刺绣混的江湖绰号。鲁达慧根很深，与佛有缘。如果他没有慧根和佛缘，救了金翠莲时还没出家，还是职场上的单身狗，完全可以纳为内人，如果这样，故事就改了，笔者也不会称他为侠之大者了。仅仅因为他爱饮酒而非嗜酒，且该出手时就出手，不是人们眼中传统的僧人形象，也许把他唤作花和尚倒有一点亲近的意味！

　　鲁智深是延安府前提辖，因为听说镇关西郑屠欺侮金翠莲父女，三拳送郑屠归了西。随后被官府追捕，逃到五台山削发为僧，法名智深。鲁智深忍受不住佛门清规，醉打山门，毁坏金身，被长老派往东京相国寺。在相国寺看守菜园时，与偷菜的众泼皮玩起了猫捉老鼠的游戏，并收服众泼皮、倒拔垂杨柳等；在相国寺与林冲一见如故，结拜为兄弟。后鲁智深得知林冲被高俅所害，于野猪林救起林冲，将他护送到沧州后离去。高俅怀恨在心，派人捉拿鲁智深，鲁智深在二龙山落草，并集聚武松、杨志等六人。后被水泊梁山收编，做了十员步军头领（陆军司令员）第一名，梁山排名第十三。宋江攻打方腊，鲁智深活捉了方腊，立了头等大功。之后参透人事,放弃还俗享乐,与林冲、武松在杭州六合寺颐养并圆寂。鲁智深在杭州六和寺圆寂前,是这样评价自己的:"平生不修善果,只爱杀人放火。忽地顿开金枷,这里扯断玉锁。咦!钱塘江上潮信来,今日方知我是我。"人到最终终大悟!

  鲁智深之所以被笔者推崇,尊之为侠之大者,皆因为《水浒传》中开篇的精彩之作:拳打镇关西。面对被当地恶霸镇关西欺侮的金家父女对其的哭泣控诉,别的人最多表示一下同情或者袖手旁观,现在的社会可以说屡见不鲜,事不关己高高挂起,躲都来不及,谁愿意惹祸上身哪?而鲁智深却主动向金氏父女赠送银两,亲自保护他们逃离虎口;等到金家父女逃远后,他才来到镇关西肉铺前略施计策消耗了郑屠的体力并激怒郑屠,形成一个貌似买卖纠纷的情形让其对自己动手,自己利用法律知识"正当防卫"而非"主动杀人",以打架斗殴的形式、"过失杀人"的结果最终为民除害!这一章节的描写可以说把鲁智深大侠的风范刻画得淋漓尽致:爱憎分明,刚爽豪迈,见义勇为,扶危济困,疾恶如仇,慷慨大方,重义疏财,勇而有谋,粗中有细。接下来和林冲的交往描写可以说更体现了他的侠义心肠,重情重义。纵观《水浒传》全书,鲁智深可以说没有无辜滥杀一个人,不像其他的梁山英雄乱杀一气,比如李逵。这是难能可贵的,就像《射雕英雄传》中洪七公,他杀了很多人,但是他杀的每一个都是十恶不赦之徒,这就是英雄!就是侠!

  英雄豪侠和普通人的区别在于:他们有勇气敢于做那些别人不敢为之事来改变现状,也许他们做的事受诸多因素影响,不能成功,但他们有过人的勇气和一种高尚的情操。生活中有懦夫,也有英雄。而英雄的作用就是给人带来了希望,让人们感觉到未来是充满希望的。鲁智深就是这样的英雄,他的出现就是给人们带来希望。他不受任何的约束,遇到不平的事就会拔刀相助,比如救林冲而得罪高太尉,这就是不畏权贵,重情重义。他想做什么事就做什么事,不管这事有多危险,这就是我们社会推崇的见义勇为。因为鲁智深他不把生命放在第一位,他觉得有很多的事比生命还要重要,一个人有越多东西比生命重要,就越说明这个人的情操高尚。他是我们酒店人学习的榜样,他的精神值得酒店人敬佩。

  我们做不了鲁智深,我们可以交鲁智深这样的朋友,用鲁智深这样的人!曾经多少酒肉穿肠过的酒店人,到了一定层次的时候突然做起了修佛悟禅,但是真正参透人生的又有几人?能无私帮人助人有侠心的又有几位呢?多少酒店人敢用鲁智深这样有"劣迹"的人哪?酒店用人不要计较他曾经做过什么,可能他不拘小节,也许他爱喝酒,爱惹事,我们可以抓大放小,因为我们要看到他能给酒店带来什么正面的影响,关键时刻他会挺身而出为酒店真正效力,这就足矣!

016 行者武松

没有读过《水浒传》不是你的错,不知道武松你肯定是OUT了。不错,正是这个武二杀了你心中臆想自己被她的晾衣杆砸中的女神——潘金莲。

武松原是河北邢台清河县人,排行老二,父母早亡,靠侏儒哥哥武大养育成人。都说长兄如父,武松与大哥的感情相当不错。想必武大对自己比较苛刻,在饮食上比较照顾二弟,不仅让武松长成了一表人才,而且学的一身武艺,在江湖上闯出了名声。有诗为证:

身躯凛凛,相貌堂堂。一双眼光射寒星,两弯眉浑如刷漆。胸脯横阔,有万夫难敌之威风;语话轩昂,吐千丈凌云之志气。心雄胆大,似撼天狮子下云端;骨健筋强,如摇地貔貅临座上。如同天上降魔主,真是人间太岁神!

看诗就可以感觉到武松是个惹不起的主。这种缺乏父母关爱,又会点功夫的愤青,一般都会喜欢两件事:一是饮酒,二是打架斗殴。

武松的一生几乎都是伴随着这两件事度过的。

武松的出场白就是酒后在清河县打架斗殴重伤他人,被迫离家出走去柴进庄上避难。

在柴进庄上也是经常酒后伤人,柴进庄丁也干不过他,众人就疏远他,因此,柴进也是不怎么待见武松,碍于江湖面子,没有赶他走而已。可见,控制不住自己的酒瘾的确是做人的一块短板。经常跟酒打交道的酒店人一定要饮酒有分寸。

武松在柴进庄上最大的收获抑或是悲哀,就是遇到了同样避罪的宋江。

宋江是利用人的高手,一看武松是个人才,不仅主动与武松结拜为兄弟,而且还送盘缠给他,鼓励他回家看哥哥。

于是武松的精彩故事拉开了帷幕。

最精彩的一幕当数景阳冈醉酒打老虎。接下来的故事大家耳熟能详，我就一点而过吧！为兄长报仇怒杀潘金莲与王婆、斗杀西门庆、义助金眼彪、大闹快活林、醉打蒋门神、结义十字坡、恶战飞云浦、血溅鸳鸯楼、恶战蜈蚣岭、二龙山聚义、大战包道乙等。这些故事让武松成为水浒英雄中知名度最高、粉丝最多、最受施老笔墨青睐的人。《水浒传》中用十回来描写武松，所以又称：武十回。

武松武二郎的事迹，甚至改变了一个字的含义，那就是"二"。现在如果有人说你"二"，那就是一种损人的话，意思就是二愣子或愣头青的意思。

因为武松，这个字在山东一带成为一种尊称，"二哥"成为一个乐于助人、行侠仗义人物的代名词。

在港粤人人喜欢做"大佬"，在齐鲁"二哥"偏偏最吃香！

武松这么多故事中，值得酒店人去思索的有一个桥段，就是"血溅鸳鸯楼"。武松为给大哥报仇，先杀潘金莲再杀西门庆，因此获罪被流放孟州。在孟州，武松受到别有用心的金眼彪施恩照顾，为报恩，武松醉打蒋门神，帮助施恩夺回了快活林酒店。不过，武松也因此遭到蒋门神勾结官府以及张团练的暗算，被迫大开杀戒，血溅鸳鸯楼。

事情到此，由于他没有留下活口，他完全可以一逃了之。可他做了什么？在墙壁上血书"杀人者打虎武松也"。这就是英雄的行为：敢作敢当！

想想在酒店行业中的一些人，遇到荣誉就上、麻烦就躲的那些管理人员，是不是自惭形秽呢？酒店中总有一部分人，遇到事情，只会推诿扯皮，不敢或者不愿承担责任，一推了之。其实，多承担点责任会改变自己的格局。

武松的一生被两个人影响了，而且这两个人都是他义结金兰的兄弟。一是及时雨宋江，二是金眼彪施恩。这两个人与武松结拜的目的都不单纯。可以说都是本着利用他的目的，宋江是放了长线，他是个战略家；施恩做了短线，赤裸裸地要求：打败蒋门神，夺回快活林。所以说，施恩是无耻的。是他，直接并彻底断送了武松在正常社会生存的条件和理由，不得不流亡江湖，落草为寇。宋江几两银子，利用了武松的后半生，武松为他南征北战，立下赫赫战功，甚至失去了左臂，成为"神雕大侠杨过"的前世，最终应了宋江给予他"天伤星"的诅咒。

当征方腊凯旋班师回朝时，武松拒绝随宋江回汴京。武松对宋江说道："小弟今已残疾，不愿赴京朝觐，尽将身边金银赏赐，都纳此六和寺中陪堂公用，已作清闲道人，十分好了。"而宋江看武松虽然未死，已成废人，对武松的请求只说了四个字："任从你心。"

当别人去讨功劳封妻荫子时，武松选择了退却。武松这样的选择，也许是武松的顿悟，被朋友利用的感觉，终归是不爽的。

最终在六和寺，戎马半生的假出家人成为真正的行者，封号为清忠祖师。

从嗜酒斗殴的古惑仔到打虎英雄，从知恩必报到杀人无数，从落草为寇到被动招安，从假和尚到真行者，传奇一生的武松最后陪着林冲走完了各自人生的最后一程。

八十岁终老，青史留名。

017 双枪将董平

梁山诸多英雄之中，董平是一个比较有争议的人物。

论相貌，俊朗，仪表堂堂，可以名列梁山四大帅哥之一（花荣、董平、史进、燕青）。

论才艺，"三教九流，无所不通，品竹调弦，无有不会"（如参加电视台的选秀，成绩估计不会差）。

论本领，有着一身惊人的好武艺，善使双枪，冲锋陷阵，英雄盖世，有着万夫不当之勇；归顺梁山后，成为梁山上第一员猛将，常打头阵，屡立头功，满山皆称"董一撞"，名列梁山五虎上将第五。

论人品，就值得我们商榷一下了。我们来看看董平出场时的介绍："英雄双枪将，风流万户侯。"

英雄归英雄，董平的"风流"，我们做酒店的人要敬而远之，谨慎"学习"了。

我们来看看董平的风流事吧！

东平府太守程万里（董平的上级领导）有一个女儿，十分大有颜色。（又一出红颜悲剧啊。）董平无妻，累累使人去求为亲，可程万里不肯答应这门亲事。（估计觉得太有才艺的人靠不住？还是看透了董平的本质？也不知道程小姐是否喜欢董平。）

当宋江与卢俊义为了梁山第一把交椅推让时，吴用出主意让二人各自率兵攻打东平府和东昌府。宋江抽到了东平府，于是率军攻打东平府。屡次求婚不成的董平，当晚又去找上级程万里求亲。（为人"心灵机巧"，这是乘人之危啊！要挟，严重的要挟。）这正是领导用人之际，需借重董平守卫州府，程太守不敢得罪他，可心里又实在不甘，就托词："只是如今贼寇临城，事在危急，若还便许，被人耻笑。待得退了贼兵，保护城池无事，那时议亲，未为晚矣。"（缓兵之计。）董平见此怀恨在心。

第二天与宋江对阵，一战中计被俘就投降了梁山。（也是个没骨气的主，直接加入了梁山。）投降了梁山的董平，念念不忘程小姐的美色，完全忘了自己刚才还是一个有守城之责、有组织的朝廷官员，现在马上就向宋江积极请战："若是兄长肯容董平，今去赚开城门，杀入城中，共取钱粮，以为报效。"（满嘴胡说八道，抢美女是真。）董平协助宋江攻打东平府开始并不是为了向宋江邀功和为上梁山积累资本的，此时完全被色欲熏心，这时他完全想的就是要报复上级领导程万里，借刀杀人，夺得他的女儿。所以"董平径奔私衙，杀了程太守一家人口，夺了这女儿"。

看到此，作为酒店人，笔者对董平的行为可以说是相当鄙视的。在斩杀了他的岳父大人之后，在获得他的梦中情人程小姐之后，他真的享有爱情了吗？！杀害自己的上级，霸占上级的女儿，怎么看都不是英雄所为，难道这就是"风流"的代价？最替程小姐忧心的是：面对自己的杀父仇人，你过得幸福吗？

天立星董平，作为梁山泊第十五条好汉，在征辽、破方腊的历次战斗中，都受到宋江重用，实际都是跟他的英勇善战和"董一撞"的性格有着莫大关系的。然而，他这种"董一撞"的性格，虽成就了他的赫赫战功，但他最终也死在这种性格上。在征方腊攻打独松关时，梁山好汉损失惨重。先是欧鹏、邓飞、李忠、周通四人上山探路，周通被厉天闰一刀斩死。董平见了，很是焦躁，"董一撞"的性格马上发作，就要去复仇，不提防被炮打伤了左臂，不能使双枪。怎奈他急于替战友报仇，用夹板绑了臂膊就和张清两人私自出战，最后在救张清时却被张韬从背后拦腰一刀，剁成两段。

董平是五虎将中最先牺牲的，死得很悲壮，因为他是战死沙场的；死得也很惋惜，因为他原本是不应该这样死的，假如他能养好伤再出战。为救中枪倒地的战友没羽箭张清而牺牲，董平也算成就了梁山英雄的一个"义"字！

人无完人，金无足赤。董平的战死大概可以掩盖他为爱情屠杀岳父一家的恶吧！

毕竟这程万里太守是童贯的门馆先生，也许也是个坏人吧。

人不风流枉少年，风流过度出麻烦！酒店人谨记之！

018 没羽箭张清

梁山英雄中河南籍的好汉比较厉害的一个是谁？没羽箭张清！祖籍彰德府（河南安阳）人氏，虎骑出身，上梁山前为东昌府守将。

有《水调歌》赞曰：

头巾掩映茜红缨，狼腰猿臂体彪形。绵衣绣袄，袍中微露透深青。雕鞍侧坐，青骢玉勒马轻迎。葵花宝镫，振响熟铜铃。倒拖雉尾，飞走四蹄轻。金环摇动，飘飘玉蟒撒朱缨。锦袋石子，轻轻飞动似流星。不用强弓硬弩，何须打弹飞铃。但着处，命归空。东昌马骑将，没羽箭张清。

这首《水调歌》赞的是张清的英勇，说明了他是东昌府的马军将领，更是交代清楚了他的独门功夫：用飞石打人，百发百中。石头好比弓箭的作用，箭有羽才飞得平稳，石头是无羽的，所以人称没羽箭张清。

张清这哥们是最后一个上梁山的三十六天罡星的战将，而且是宋江和卢俊义打赌而赚上山的。虽然刚上梁山且寸功未立，但却坐了第十六把交椅，排号天捷星。这貌似不合常理，但又在情理之中。为什么呢？就是他的一手绝招：飞石打人，百发百中。

在卢俊义、宋江攻打东昌府时有十五名好汉着了他的道，包括排名比他高的大刀关胜、双鞭呼延灼、美髯公朱仝、花和尚鲁智深、双枪将董平五人；除此之外，青面兽杨志、金枪手徐宁、急先锋索超、赤发鬼刘唐、插翅虎雷横五人也是天罡星的人物啊！更不用提丑郡马宣赞、井木犴郝思文、百胜将韩滔、天目将彭玘、锦毛虎燕顺了！要论综合的武功来看，张清打败的十位天罡星高手除了朱仝、雷横、刘唐以外，其他七位绝对不会输于他。

难道这就是传说中的：一招鲜，吃遍天？

张清这样的人物，在酒店行业中你是否觉得有点似曾相识？他也许是餐饮部的厨房大佬，凭着几道拿手的好菜奠定了老板心目中的地位；他也许是财务部的做账高手，会为酒店节省很多税收；他也许是工程部的高工，为酒店的节能减排、降低能耗献计献策。这些人靠着自己独特的一招在老板心目中立足，就像张清之于"老板"宋江。他们可以坐高位，拿高薪，有时真让人羡慕嫉妒恨。可是谁又知道练成自己的独门绝招，花费了多少心血啊！

酒店的发展离不开专业的人才，但是在学精一招的同时，千万不要忘了综合发展，全方位提高。说不准哪一天，你那几道菜不吃香了，你的做账手段被软件代替了，节能降耗被科技顶了。你就出局了，结局很悲惨！

张清的马上飞石功夫天下无双（他老婆琼英不算），可惜步下功夫和枪法稍逊一筹！在征讨方腊时，董平在独松关下叫阵，被火炮伤了左臂，绑了夹板，次日偷偷去报仇，张清受董平邀请步行上独松关，没有报告上级卢俊义，私自行动付出了沉重代价！为援助董平，张清与江南名将厉天闰交战，一枪搠在松树上，一时又拔不出，被厉天闰一枪刺中腹部，与董平一同殒命独松关。

张清终于死在"义气"二字上。张清死了，名震大江南北的没羽箭死了，他死在自己的弱项上。

这再一次证明：头脑冲动害死人；不通过上级安排，私自行动后果很严重；一招鲜，并不能吃遍天，综合发展是王道！

酒店人，你应该明白的哦！

019　青面兽杨志

杨志，可以说是梁山上最郁闷的人。为什么这样讲呢？从杨志一出场到征讨方腊时在途中病故，大部分的时光都是在郁闷中度过。让我们来看看他的郁闷人生吧！

杨志的出身，可谓是名门望族。请看杨志的自我介绍：

  洒家是三代将门之后，五侯杨令公之孙，姓杨名志。流落在此关西。年纪小时，曾应过武举，做到殿司制使官。

杨家将后人，杨宗保的兄弟或堂兄弟。所谓的制使，是殿司派出办理公务的官员。官虽然不算很大，日子却过得安心，有稳定的工资。可是流落在此关西，一出场就很落魄，郁闷吧？继续说道：

  道君因盖万岁山，差一般十个制使，去太湖边搬运花石纲赴京交纳。不想洒家时乖运蹇，押着那花石纲来到黄河里，遭风打翻了船，失陷了花石纲，不能回京赴任，逃去他处避难。

十个制使其他九个都没事，偏偏他失陷了花石纲？天为还是人为？真郁闷！再看：

  如今赦了俺们罪犯。洒家今来收得一担儿钱物，待回东京，去枢密院使用，再理会本身的勾当。打从这里经过，雇请庄家挑那担儿，不想被你们夺了。

好不容易碰见天下大赦，攒了点钱财想送礼继续做"公务员"，还被劫了。碰见劫道的林冲还是个高手，累计斗了四十多回合，不分胜败。真是点背到家了！怎不让人郁闷？接下来杨志一心想到东京（开封）找个官做，不肯受王伦邀请入伙梁山。到了东京（开封）后，寻个客店安歇下。过数日，央人来枢密院打点理会本等的勾当，将出那担儿金银财物，买上告下（开始行贿了），再要补殿司府制使职役。把许多东西都使尽了（分文没有了，砸锅卖铁在此一搏），方才得申文书，引去见殿帅高太尉，书中写道：

  来到厅前，那高俅把从前历事文书都看了，大怒道："既是你等十个制使去运花石纲，九个回到京师交纳了，偏你这厮把花石纲失陷了，又不来首告，倒又在逃，许多时捉拿不着。今日再要勾当，虽经赦宥所犯罪名，难以委用。"把文书一笔都批倒了，将杨志赶出殿司府来。

  杨志闷闷不已，回到客店中，暗骂："高太尉，你忒毒害，恁地刻薄！"心中烦恼了一回。一个本领超群的英雄，有真才实学的武将，有名门望族光环笼罩的官三代，为了一个小小朝廷官员的差事，千方百计花光所有去行贿，竟落得被赶出来的境地，令人唏嘘。简直郁闷无敌！可见，从古至今，公务员是多么地令人向往和吃香，多少人挤破头往里钻！

  杨志在东京花光了身上的钱，只好去卖祖传宝刀。（一分钱难倒英雄汉啊！）郁闷！与小流氓牛二发生争吵。（真是：虎落平阳被犬欺，龙游浅滩遭虾戏啊！）郁闷！不得已杀了牛二，（不够淡定。）被发配到大名府充军。（林冲买刀引来祸害，杨志卖刀卖出官司，难道这就是英雄遭遇略同？）太郁闷！刚有转机，当上了地方的"公务员"，为梁中书护送生辰纲去东京，又被晁盖等所劫。（先是花石纲，又是生辰纲，同样的石头绊倒了两次。）相当郁闷！杨志无奈和鲁智深打上二龙山，杀了邓龙，做了山寨二当家的。终于爽了一把！好景不长，三山聚义归了梁山泊，在众多英雄中找不着了。郁闷又开始了！征讨方腊时在途中病故。（出师未捷身先死，长使英雄泪满襟。）郁闷终于结束了！

  天暗星杨志的一生，是灰暗郁闷的一生！作为梁山排名第十七位的好汉，梁山马军八骠骑排行第三的先锋使，可以跟林冲战四十多回合不分胜败，与索超战五十回合打平，其本领绝非浪得虚名！但是，杨志除了有一身好武艺，还有什么？作为任何时代都必须有、可以有的团队精神他一点儿也没有。从失陷生辰纲事件中，我们来看看杨志的性格缺陷吧！

  第一，走不出失败的阴影。丢了一次花石纲，再也不敢接手生辰纲了。他的大恩人梁中书让他押送生日礼物，杨志道："非是小人推托，其实去不得。乞钧旨别差英雄精细的人去。"养兵千日用兵一时，领导用到你的时候，你怎么能这样干呢？遇到困难不是直接提出来，而是动不动就想撂挑子？

第二，不体恤下属。杨志只顾了生辰纲的安全，行军路上全然不让禁军歇息，"赶着催促要行，如若停住，轻则痛骂，重则藤条便打，逼赶要行。""动不动老大藤条打来"。连虞候的面子也不给，骂他们"好不晓事"，甚至连蔡小姐的奶公老都管的面子都扔得远远的，一路上基本成了孤家寡人，光杆司令。

杨志拿着藤条喝道："一个不走的，吃俺二十棍。"众军汉一齐叫将起来。数内一个分说道："提辖，我们挑着百十斤担子，须不比你空手走的。你端的不把人当人！便是留守相公自来监押时，也容我们说一句。你好不知疼痒，只顾逞办！"杨志骂道："这畜生不呕死俺，只是打便了。"拿起藤条，劈脸便打去。

这样对待下属，不依靠下属齐心协力，杨志怎能顺利把生辰纲押送到东京！从这里我们也可以想象，十个制使官押送花石纲唯独他在黄河出了事，恐怕和他没与下属做好工作有很大关系。笔者读到此，也对杨志的做法持保留意见了！

第三，不会处理人际关系。一同押送生辰纲的老都管是梁夫人的奶公，应该是在梁中书、蔡京面前能说上话的人，一句话可能就会改变杨志的前程和发展，但杨志却没有认识到。一路上杨志殴打军健，老都管实在看不下去了。

老都管喝道："杨提辖且住，你听我说。我在东京太师府里做奶公时，门下官军见了无千无万，都向着我喏喏连声。不是我口浅，量你是个遭死的军人，相公可怜，抬举你做个提辖，比得草芥子大小的官职，直得恁地逞能。休说我是相公家都管，便是村庄一个老的，也合依我劝一劝，只顾把他们打，是何看待！"杨志道："都管，你须是城市里人，生长在相府里，那里知道途路上千难万难。"老都管道："四川、两广也曾去来，不曾见你这般卖弄。"杨志道："如今须不比太平时节。"都管道："你说这话该剜口割舌，今日天下怎地不太平？"

俗话说得好："听人劝，吃饱饭。"尤其是老人的劝，更应该放在心上。杨志如此一意孤行，分不清周围同事在老板面前的分量，集权欲太重，不懂得礼貌协商，与大家共谋划策，完成终极任务，如此而为如何能够封妻荫子、光耀祖辈？他不断遭遇人生挫折有客观原因，更有他的性格上的原因！

性格决定命运，酒店人又怎么能不记得呢？

020　金枪手徐宁

记得小时候在农村过年，两扇大门上贴门神，除了秦叔宝和尉迟恭之外，还有一对梁山好汉，那就是金枪手徐宁和急先锋索超。

到现在我都没搞明白，为什么选徐宁、索超两个做门神？难道是因为徐宁的钩镰枪和刀枪不入的雁翎金甲能驱鬼？

金枪手徐宁，梁山上坐第十八把交椅，马军八骠骑兼先锋使第二名。徐宁在上梁山之前是大宋国家警备司令部特种部队金枪组的警备司令，军委的高级干部，也就是京师御林军金枪班教头。

在京师时和豹子头林冲也是惺惺相惜，较量武艺，彼各相敬相爱。徐宁是梁山好汉中装备最精良的人：钩镰枪法变幻莫测，雁翎金甲刀枪不入。

在当时，冷兵器时代的战场上自己配置这么精良，基本可以算是保命无忧，可以说是万无一失。

不过，即使是这样，倒霉的金枪手，征方腊时还是被毒箭射中脖项，神医安道全刚好被皇帝召回，真是不怕一万，就怕万一，天祐星徐宁苍天也没有保佑，最终还是命丧秀州（浙江嘉兴）。

金枪手徐宁在京师位高权稳，妻贤子聪，谁愿意去梁山上做"草寇"头子啊！可惜的是，自己的家传宝贝害了他，自己的亲戚老表出卖了他！有时候，人的命运就是这么改变的，可以说徐宁是躺着也中枪。

呼延灼奉命剿匪，率领百胜将韩滔、天目将彭玘，加上大宋第一炮手轰天雷凌振，兵容鼎盛，浩浩荡荡，铁甲连环马无坚不摧，（好似坦克第一次出现在世界大战战场上。）轰天雷无所不破，所向披靡，第一战就将宋江群雄杀得丢盔弃甲溃不成军，可以说是宋江遭到开山第一败仗。

正当宋老大束手无策时，李逵收编的铁匠小弟金钱豹子汤隆刚上梁山急于表现，立功心切，把表哥出卖了，直接说表哥有家传的钩镰枪法，对付区区连环马，不在话下！并夸下海口说，只要把他们家祖传的宝贝雁翎甲偷来，就有办法让他加入社团！

接下来，吴用就安排了梁山的特技人物鼓上蚤时迁下山去偷徐家祖传四代之宝：赛唐猊——雁翎砌就圈金甲，简称雁翎甲。唐猊甲据说是三国第一猛将吕布的贴身宝甲，雁翎甲竟然犹胜三分。这一副甲，披在身上，又轻又稳，刀剑箭矢急不能透。估计和《射雕英雄传》中黄蓉的软猬甲差不多。真正的刀枪不入？

徐宁的上司王太尉出三万贯钱购买，徐宁愣是不卖。如果徐宁知道雁翎甲会改变自己的命运，不是宝，是祸害，他不知道会不会后悔没有早点出手呢？

徐宁祖传的钩镰枪法对付连环马可谓是：一物降一物，卤水点豆腐。

钩镰枪法真正在战场上单挑发挥的威力感觉还是有限。

"年刀月棍十年枪"，除了祖传的钩镰枪，徐宁的绰号是"金枪手"，靠枪出名，说明他平时也是常练金枪的。

林冲在京时多与徐宁较量武艺，称徐宁的两种枪法都是天下独步，虽有夸张的成分，他还是表现出了让林冲佩服的技术。

徐宁上了梁山第一功就是大破连环马，一举奠定了徐宁在梁山上天罡星之列的地位！除此之外，徐宁在八骠骑中露脸是比较多的，立功也不少，总体表现尚可。除了两场战斗之外，一是攻打东昌府，第一个和张清交手，被张清石子打中眉心，翻身落马，在奇门兵器对决中，单挑时钩镰枪不敌飞蝗石；第二是在征方腊途中，攻打杭州北关门，为救被活捉的郝思文，项上中了一药箭，七窍内流血，神医安道全又被取回京师，调治半月无效，病死于秀州（今浙江嘉兴）。

徐宁的一生给酒店人验证了几个道理：

宝贝不外露，亲戚也不行，老表更不靠谱；宝贝有时也是祸，也是烫手的山芋。

再好的装备也无绝对的安全，不怕一万，就怕万一，酒店消防更甚之！

多年不见、平常又无联系的亲朋好友突然造访并送礼，有时并不是福，必有事相求，正所谓：无事不登三宝殿。

有个医生朋友在身边是多么的重要啊。

表面来看，虽然有时候事不关己，但是点背时躺着也会中枪。

徐宁临死时会不会埋怨谁呢？呼延灼？汤隆？还是自己会使钩镰枪抑或是自己钟爱一生的宝贝雁翎甲？

021 急先锋索超

上篇说了左门神金枪手徐宁，今天我们来看看右门神，梁山第十九条好汉，排马军八骠骑兼先锋使第四名的天空星急先锋索超。

索超，为人性急，凡事只肯争先，不让他人，故称急先锋，惯使两把金蘸斧。

笔者的阅读经历告诉我，凡是使斧头做兵刃的人基本都是愣头青，直来直去，善战无谋之猛人，例如：程咬金、孟良、徐晃、李逵……我们的急先锋索超也不例外！

其实，有时候，酒店人也很喜欢索超之流，毕竟关键时刻我们也需要这些人冲锋陷阵，解决问题！说实话，这种人结局大部分都是好的，都是善终，而索超是例外！其实，心急也不见得都是坏事。

一、心急能升官。

索超原是大名府梁中书手下的正牌军。杨志杀了牛二被发配到大名府后，梁中书叫副牌军周谨和杨志比武，杨志打败周谨，气坏了周谨的师父急先锋索超。索超挥动大斧和杨志大战五十几个回合不分胜负，梁中书便将索超、杨志同时升做管军提辖使。由此来看，有时候心急有真本领也能得到领导赏识！

二、心急能坏事。

宋江、吴用设计招募卢俊义，反而使其受害，梁山人马攻打大名府救卢俊义、石秀。梁中书命索超、李成为先锋出战。索超立功心切要雪天捉宋江，结果偷鸡不成蚀把米，掉进了吴用设计的陷坑，最终归顺了梁山泊。从一个地方高级军官沦为"草寇"，人生从此发生了变化，别的梁山"公务员"降将由白变黑再变白最后都不同程度地高升，而索超却越混越差，招安后的索超根本无官无职，比原先的正牌军还不如！更不要提和关胜、呼延灼这些同样的降将相比了！

三、心急骂、打、杀同事？

投降梁山之前跟秦明打架时骂："你这厮是朝廷命官，国家有何负你？你好人不做，却去落草为贼！我今日拿住你时，碎尸万段，死有余辜！"投降梁山后，攻打东昌府时急急忙忙大战张清，被张清的石子打得灰头土脸；在童贯率大军征讨梁山时，又亲手将昔日的同事、邓州兵马都监王义砍死。对同事尚且如此，结局可想而知！

四、心急怎吃热豆腐？

英勇善战的索超，时刻准备着战斗的索超，命运坎坷的索超，为事业和梦想而甘愿洒热血付青春的索超，一辈子被别人利用而不求回报的索超，痴心无悔的索超，跟着大佬宋江南征方腊攻打杭州城时，和南军元帅石宝交战，被石宝一锤打落马下，之后又被石宝一刀砍做两段。

天空星索超没有死在无名之辈之手，也算死得其所！只可叹英雄的用武之地让人遗憾和唏嘘！当一切都成空的时候，天空星的称号是不是上天注定的呢？

当英雄归西的时候，他会不会也长叹一声：心急真的吃不了热豆腐啊！

022　神行太保戴宗

梁山英雄中有特异功能或者有独特技术的高手真不少，前面写过的入云龙公孙胜是一个，天速星神行太保戴宗可以说也是一个神奇人物。

戴宗，江州（今江西九江）人。戴宗与吴用是旧交，自幼练就了一身行走如飞的功夫，人称"神行太保"。戴宗的武功一般，但是凭借自己的专长和宋老大、吴老三的关系，尤其是为救宋老大差点丧命，也算和宋老大共患难一回，可以算是宋老大的嫡系，在水浒英雄榜上排在第二十位。

戴宗在公司的官位是：总探声息头领。这相当于酒店中掌管弱电的信息部经理抑或是中统的情报局局长。

戴宗原来是江州两院押牢节级，人称他"戴院长"，也就是现在的监狱长。戴宗有一惊人道术，"把两个甲马拴在两只腿上，作起神行法来，一日能行五百里；把四个甲马拴在腿上，一日能行八百里"。真是："神州行，真行！"在宋朝没有奥运会，如果有，估计就是当时的刘翔、罗伯斯、肯尼亚那帮长跑名将估计也会甘拜下风。不过，不知道甲马算不算兴奋剂？

戴宗在水浒中一露面给人的感觉极差，新来的犯人宋江没有主动给他"上供"，他就要把宋江干掉，而且说像打杀一只苍蝇。可见，自古天下乌鸦一般黑啊！手中有一点点权力，就可以中饱私囊，草菅人命。幸亏宋江报出吴用吴学究的名字方化解此难，由此来看吴用关键时刻还有点儿用。宋江借此机会收买了日后成为自己两个嫡系的戴宗和李逵。

戴宗结识宋江之后，自己的命运也是跌宕起伏。宋江酒后发癫在浔阳楼写下"反诗"，蔡九令戴宗前去捉拿宋江。戴宗让宋江披乱头发，把屎尿泼在地上，倒在里面，装疯以逃过捉拿。可见，戴宗还是有点心机的。但是，最终还是没逃过宋朝"忠臣"黄文炳的眼睛，宋江被知府下令打了五十下就招道："自不合一时酒后，误写反诗，别无主意。"宋江也不是什么硬骨头，屎尿也白白地浪费在自己身上，这真是戴宗的馊主意啊。

戴宗被蔡九派往京城给父亲蔡京送礼和送交捉拿宋江的处理意见请示书，却在梁山好汉朱贵开的酒店中，被下蒙汗药麻翻，要不是他的腰牌身份证，早被扛去剥皮了。

闯荡江湖经验不足啊，太粗心了！真是：人在江湖漂，差点挨一刀！

在梁山，戴宗和吴用商议用计让人模仿蔡京笔迹写成假家书来救宋江，不料一时疏忽，在图章上出了纰漏，连累自己也被陷在狱中，后被梁山好汉从法场上救出。

戴宗上了梁山，因为其出色的奔跑能力，在梁山上担任"总探声息头领"。

戴宗管理的下属是最多的，可见在当时，宋江多重视信息收集工作。这个举措使戴宗管理的手下有骨干员工十二人。四方酒店的接待人员，共八人：孙新、顾大嫂夫妻，张青、孙二娘夫妻，朱贵，杜兴，李立，王定六。走报机密步军头领四人：乐和、时迁、段景住、白胜。这十二人有个共同的特点：地位卑微。除了乐和作为孙立的小舅子，名次偏高外（排七十七位），其余的全部在八十九位以后，而第一百名这个分水岭以后的人物，除了扛大旗的郁保四，全部都是戴宗的部属。这些人地位虽然卑微，是不入流的小职员，但是还是有些特殊技能的人，不可小视！比如时迁，那是相当有水平；还有乐和，那是宋朝好声音的四强人选！

一个"草寇"老大对信息都那么重视，让我们现代酒店管理者情何以堪？

在现代的酒店商战中，我们需要信息的快速传达，更需要竞争对手的确切情报，方能知己知彼，百战不殆！

所以，如果我们有戴宗这样的信息管理人才，就让我们吸纳进来，人尽其才吧！

天速星戴宗的结局相当不错，受招安后，自己的特长少了很多发挥的空间，不过也算因祸得福，没有战死沙场，平方腊成功后被封为兖州府都统制。聪明的戴宗不接受，到泰安岳庙陪堂悟道，了此一生，成为梁山为数不多的善终之人！

023　赤发鬼刘唐

梁山英雄多异士，并非全部是帅哥。梁山上坐第二十一把交椅的天异星赤发鬼刘唐就不是一个帅哥。如果只看刘唐的外号：赤发鬼，感觉肯定是天生一头红发，放在现在来讲，绝对省去一大笔焗油的费用，也算是一个时尚新新人类抑或是一个混血的孩子。

可今天我们的主角刘唐祖籍却是东潞州人氏，长了个紫黑阔脸，因鬓边一搭朱砂记，上面生一片黑黄毛，故人称"赤发鬼"。这跟混血儿和满头赤发貌似不搭界，这个外号的确有点牵强。

你说这人的命运跟长相是否有关系呢？以笔者来看，这是有很大关系的，要不怎么会有这么多人去整容呢。因为整容死在整容床上再没有起来的也大有人在。

酒店在招聘时，也脱不了俗。君不见我们酒店的招聘广告上写道：五官端正，相貌气质俱佳者优先等。可见，爱美之心人皆有之，都想找个帅哥美女养养眼，"眼球经济"一词就孕育而生了。

古语说得好：人不可貌相，海水不可斗量。可是，自古以来有几个人真正做到了呢？我们的主角刘唐先生一出场亮相，就因为自己的长相不佳，被官府的哥们——郓城县步兵巡捕都头雷横安排人直接给绑了，可以理解为直接上了手铐。你说这刘唐冤枉不？自己就喝醉酒了，找个破庙睡个觉，也没招谁惹谁，就给当流窜犯抓了。雷横这治安队长当得也够嚣张的，也不查看一下"身份证"，核对一下身份，就因为凭一个感觉，一个好笑的理由：这人赤条条地睡着，且长得丑陋，一张紫黑阔脸，鬓边还有一搭生着一片黑黄毛的朱砂记，不是贼是什么？

刘：难道长得丑是我的错？

雷：长得丑不是你的错，你错在不该出来吓人！

哎呀，这是什么逻辑！

刘唐啊刘唐，长得丑不可怕，只要我们有真本领，照样叱咤风云，江湖英雄榜上自有我们的英名！

刘唐自幼飘荡江湖，专喜结交好汉。专使一口朴刀，武艺过人。他曾对晁盖说："休道三五个汉子，便是一二千军马队中，拿条枪也不惧他。"可见，刘唐的武功颇有底子，而且实战经验丰富。

刘唐因气不忿插翅虎雷横的所作所为：因貌取人，吊了他一夜，又拿取了晁盖十两银子，追过去和插翅虎雷横一场恶战。两人都用朴刀，徒步斗了五十余合，雷横虽然未败，但已经落了下风，连旁观的吴用也看出刘唐"端的非凡，是好武艺……这个有名惯使朴刀的雷都头，也敌不过，只办得架隔遮拦。若再斗几合，雷横必然有失性命"。这一战，雷横想必也心怯不已，也算给他长个记性，以貌取人是不行滴。一战分高下，刘唐的武功高过雷横，在后来宋江和吴用联手炮制的英雄排座次中，刘唐一直压制住雷横排在他的前面。其实，吴用是很清楚刘唐的实力的，至少在二流的中前列，雷横想必也无话可说。刘唐的本领非常全面，由于社会经验足，江湖阅历深，所以也常常从事情报和特工的工作，在战场上也屡有建功，比如烧官军战船等。后来排定为步军第三把交椅，而雷横正好在他屁股后面坐了步军第四把交椅。

通读《水浒传》全书的人都知道，真正引起群雄齐聚梁山造反的一个关键人物，就是天异星赤发鬼刘唐。他探听得大名府梁中书将生辰纲运往东京为其岳父蔡京祝寿，便投晁盖报信。后与吴用、公孙胜等一同智取生辰纲，为避官府追缉而上梁山，开创了梁山第二代的领导时期。受招安后，随宋江、卢俊义四方征战。打方腊随卢俊义攻打杭州候潮门时，坠下闸板而亡。书中写道：

见城门不关，下着吊桥。刘唐要夺头功，一骑马，一把刀，直抢入城去。城上看见刘唐飞马奔而来，一斧砍断绳索，坠下闸板。可怜悍勇刘唐，连马和人，同死于门下……宋江闻之，痛苦道："屈死了这个兄弟……"因作诗一首哭之：

百战英雄士，生平志未降。

忠心扶社稷，义气助家邦。

此日枭鸣蠹，何时马渡江！

不堪哀痛意，清泪逐流淙。

丑汉刘唐以自己的优秀表现征服了领导，能让宋老大写诗悼念，刘唐也算唯一的一个！这也给我们酒店用人者提了一个醒：人真的不可貌相，有真才实学的人才是我们最需要的！

024　黑旋风李逵

水泊梁山一百零八将让人又爱又恨的是谁？天杀星黑旋风李逵。

在《水浒传》中，李逵是着墨最多、性格最为鲜明丰满的人物形象之一。这样的人物家喻户晓，对人物的理解、看法各有千秋，一如大家对武松、林冲、鲁智深、宋江等的熟悉。写不好，很容易遭板砖。板砖，来吧！

先说李逵的排名，在一百零八将中排在第二十二位，也不知是施老爷子刻意为之，还是有先见之明，"二"这个字在多年后竟然流行起来而且还特别符合李逵的性格。

通读《水浒传》后，觉得李逵的确像个傻汉，可爱但是让人无语。为什么这么说呢？看看李逵的性格吧：生性粗鲁爽直、脾气暴躁，勇敢忠诚、疾恶如仇、敢作敢为，举动缺乏理性，总是头脑发热爱冲动，不断地惹麻烦，要么是闹场误会，要么是好心办坏事。再来看看李逵的爱好：赌博、抢劫、打架、嗜血嗜杀成性，地痞流氓习气较重。

李逵的身上具有的可贵品质和难以控制的行为总是让人又爱又恨！

有时候他就像一头失控的怪兽铁牛。

手持两把板斧。当宋江因题反诗被打入死牢而戴宗被差往京师送信时，李逵向他表示道："你自放心东京去，牢里谁敢奈何他！我好便好；不好，我便老大斧头砍他娘！"

只见那人丛里那个黑大汉，轮两把板斧，一昧地砍将来。晁盖等却不认得，只见他第一个出力，杀人最多。

火杂杂地轮着大斧，只顾砍人。晁盖便教背宋江、戴宗的两个小喽罗，只顾跟着那黑大汉走。当下去十字街口，不问军官百姓，杀得尸横遍野，血流成渠。推倒撷翻的，不计其数。

这黑大汉直杀到江边来，身上血溅满身，兀自在江边杀人。百姓撞着的，都被他翻筋斗都砍下江里去。晁盖便挺朴刀叫道："不干百姓事，休只管伤人！"那汉那里来听叫唤，一斧一个，排头儿砍将去。

　　由此看出，李逵的确是一个杀人狂。除此之外，我们再来分析一下他身上具备的其他品质，看看如果李逵是一名酒店员工，酒店敢用吗？

　　一、忠。

　　李逵的忠只是体现于对宋江本人的忠诚，而不是对朝廷抑或是梁山。宋江和李逵初次见面时，便用十两银子就收买了李逵的一生。换句话说，他只认对他好的人，什么规章制度、条例框框统统不认。当柴进受到殷天锡欺负而幻想靠条例打官司时，他说："条例！条例！若还依得，天下不乱了！我只是前打后商量。"所以，一个眼里没有规章制度的酒店员工，你敢用吗？

　　二、孝。

　　上梁山后，李逵看到宋江父子团聚、公孙胜下山探母，思母心切，就想回沂州接老母到山上快乐几时。此时其老母双眼已瞎。李逵背母翻越沂岭时，老母被老虎吃了，李逵怒杀四虎。自己风光时，依然想着自己的老母亲，这样有孝心的酒店员工，我们愿意给他个工作的机会吗？

　　三、仁。

　　上山之后，回乡迎母，路上遇见剪径的假李逵李鬼，愤而欲杀他，但李鬼谎称家中有九十老母，他又放了他，并给他十两银子。这是一种仁。不过后来他知道真相后，又割下了李鬼的头。一切都是那么简简单单、无偏无党，好恶分明。这样的酒店员工，酒店敢用吗？

　　四、义。

　　宋江因题"反诗"入狱的那一次，李逵怕贪酒误了宋江饭食便"真个不吃酒，早晚只在牢里服侍宋江，寸步不离"，这是何等情分，须知粗鲁的黑李逵能做到这种地步也是绝无仅有，这只怕要比他后来劫法场救宋江还难得得多。李逵跟随宋江立功无数，但结局却很有悲剧意味，耐人寻味，如此一条勇猛刚烈的汉子没有轰轰烈烈地战死沙场，最后却死于自己最崇拜、最信任的大哥宋江之手。李逵的悲剧从他追随宋江之日起就开始了。为了一个"义"字献出了一生，这样的酒店员工你敢用吗？

五、直。

李逵无论做什么事，说什么话，都毫无虚假，无论想什么，都心口如一。他该爱则爱，该恨则恨，该怒则怒，该骂则骂。在赌输了钱想赖的时候，在为了招待宋江而去强讨鲜鱼的时候，是那样的质朴、天真烂漫。他的公平和无私，就是这种坦率性格的必然结果。因为他把一切都袒露于外，毫无隐藏，当然也毫无私心。一个做事直来直去的酒店员工，你敢用吗？

六、狠。

为了赚朱仝上梁山，劈死天真可爱无辜的小衙内；为给柴进出气，打死殷天锡；请公孙胜不得，劈了罗真人；三打祝家庄，误杀了扈太公一门老小；等等。一个心狠手辣的家伙，酒店敢用这样的员工吗？

……

李逵的身上是有一些可贵的品质，比如他的率真、豪爽、敢作敢为等，但其言谈举止中也暴露出明显的性格缺陷，从其身上可以看到一些人性的阴暗面，唯其率真，才暴露得特别明显。他的很多举动缺乏理性的思考，没有明确的目的，只是其个人鲁莽草率的性格所致，只能说是一种冲动和宣泄，因而也是容易失控的，很容易成为一种破坏力量。

铁牛这厮真的像极了热播片《人再囧途之泰囧》上的王宝强，憨直可爱，但有时实在是成事不足败事有余，他的负能量有时会远远大于他的正能量。还好的是，这天杀星也有制服他的人也就是天敌——没面目焦挺和浪子燕青燕小乙。尤其是那浪子燕青虽身轻如燕，却端的是精通相扑之术，让这头发作起来谁都无可奈何的铁牛也服服帖帖，任那铁牛粗莽，却也最怕这同样对自己老大忠心耿耿的人。故而铁牛这样的酒店员工并非不可用，而是看怎么用。作为酒店老总，有这样一位忠心耿耿又刚烈勇猛、天不怕地不怕的兄弟亦属幸事，就看你能否同时找到能牵住牛鼻子和对你忠心而且更能办成事的燕小乙。但是注重团队建设，依照规章制度办事的酒店大概不会用李逵这样的酒店员工吧？！

025　九纹龙史进

提起九纹龙，不读古典小说《水浒传》的年轻人，估计首先想到的是，香港电影古惑仔系列的《九龙冰室》中郑伊健扮演的九纹龙。

今天我们说的是在梁山好汉中排名第二十三位、马军八骠骑兼先锋使第七名的天微星九纹龙史进。因身上文有九条青龙，人称"九纹龙"，是《水浒传》中出现的第一位好汉。

史进是一个高富帅，是宋朝京西华阴县史家庄史太公之子。在宋朝能称为太公的人，基本上是很有钱或者说有地位的。和现在的"老史"和"史老"的区别无异。史太公属于"史老"级别。由此可见，史进的家庭条件不错，应该是小康偏上；否则，家里也不好请很多家庭教师来教他练武。"当日因来后槽看马，只见空地上一个后生，脱膊着，刺着一身青龙，银盘也似一个面皮，约有十八九岁，拿条棒在那里使。"从这里我们可以看出：第一，史进皮肤不错，脸若银盘，说明至少不比小李广花荣、浪里白跳张顺、浪子燕青逊色多少，笔者封他们为"梁山四帅哥"；第二，年轻有活力，当时也就二十岁不到，正是血气方刚的少年小伙；第三，有漂亮的纹身。以当时的审美观点来看，史进确实是一个帅哥，因为宋代以有花绣为美，浑身有刺青在当时是比较酷的，金庸小说《天龙八部》的丐帮帮主萧峰胸口，便刺着一个青郁郁的狼头，让美女们感觉特男人。水浒好汉里面身上有刺青的大有人在，除了史进，还有鲁智深、燕青、解宝等人。

在今天看来，身上有刺青的人，酒店大抵是不喜欢用的，总给人不务正业、流里流气的感觉，客人有一种莫名的抵触，再说给客人的审美感觉貌似不雅。可是，风水轮流转，刺青现在又时尚起来了，不说NBA的球星麦迪、英超前球星贝克汉姆等，我们国家有个性的运动员林丹、张继科、李娜、朱芳雨貌似都有纹身。

通过九纹龙史进的一生表现也给我们提了个醒：如果是酒店员工纹身，我们用还是不用？

史太公道："老汉的儿子从小不务农业，只爱刺枪使棒。母亲说他不得，呕气死了。老汉只得随他性子，不知使了多少钱财，投师父教他。"看看史进这个败家子吧，气死老母，史老也是爱子心切啊，继续支持史进的爱好！

东京八十万禁军教头王进遭高俅陷害，携老母逃往延安府，途中母病留宿史家庄。由于史进家不仅留宿王进母子，而且治好了王进老母的心疼病，因此感恩图报，王进在一棍搠倒史进之后，正式成为史进的师傅——王进之前的七八位"有名师傅"，尽是吹牛之徒，教的招式都是花拳绣腿，中看不中用。其中，还有他的启蒙武术老师，一个走江湖卖狗皮膏药的小气鬼打虎将李忠。经过王进尽心指教，点拨得件件都有奥妙，史进一一学得精熟。史太公病逝后，留下好大一份遗产，再也没人管束史进，结果他就和少华山的神机军师朱武、跳涧虎陈达、白花蛇杨春有了不打不相识的瓜葛。世上没有不透风的墙。由于手下的疏忽和猎户李吉的告密，中秋佳节之晚，华阴县县令命县尉率领大批衙役和官兵，将史进住宅包围了。后来史进亲自烧了他老爸留给他的家产，浪迹江湖去了！败家子啊！活脱脱的败家子！接下来就是认识鲁智深，然后又逼上少华山，之后又被宋老大收编，上了梁山。

史进上了梁山以后，做了两件大事：一是去收伏芒砀山樊瑞、项充、李衮三人，结果大败，险些儿中了飞刀；二是攻打东平府，进城当卧底，结果被窑姐儿她妈告发入狱。

被朝廷招安以后，史进随大军南攻方腊，夺取润州（今江苏镇江）城，一刀剁了擎天神沈刚，算是立了大功。一路披肝沥胆打到方腊大本营，于睦州昱岭关死于小养由基庞万春之箭下，令人唏嘘感叹不已啊！

一个人有纹身并不见得品质坏，用或不用还是因人而异吧！

026 没遮拦穆弘

天究星没遮拦穆弘，排梁山英雄第二十四位，是马军八骠骑兼先锋使，排第八位。绰号"没遮拦"的穆弘，是穆家庄的大少爷，与弟弟穆春称霸揭阳镇，在江湖黑道上极有名望，是宋朝古惑仔的优秀代表和黑社会老大，靠收保护费为生。

"没遮拦"的意思很有意思，到底是什么意思呢？难道是猛得挡不住的意思？穆弘的武艺之高是否真的让对手挡不住呢？《水浒传》有诗赞他："武艺高强心胆大，阵前不肯空还。攻城野战夺旗幡。"但看这个诗词评价，穆弘在梁山泊应该是个有斤两的人物，位列梁山八骠骑，武艺当比马军十六小彪将强出一头。然而，通读《水浒传》，这个穆弘却几乎没有一次和对手的正经单挑，他的出现身边必然有同伴或者主将，看不出他有什么过人的本事，在战场上也摆不出他对梁山泊有什么突出的贡献。

穆弘在阵前对敌单挑，从他上梁山泊到英雄排座次，拿出手的单挑只有一次，还是在三打祝家庄的战役中。穆弘跟祝家庄的祝虎斗了三十余合，不分胜败。祝虎的本领可以说基本不入流，穆弘跟他打三十余合不分胜负，可见他的实际功夫的确不敢恭维。另一次就是征方腊时，和一个叫程胜祖的交锋，程胜祖弃马溜走了，也不知这是不是穆弘的唯一单挑胜绩？

穆弘武艺平平，战功平平，却能享受天罡星的待遇，跻身于马军八骠骑之列，笔者认为：一是因为没有功劳，却有苦劳；出不了人力，出了财力；二是因为穆弘眼光独到，在人才投资上选对了人，他坚定地站在了宋江的队伍，紧跟着宋江同进共退。在宋江落魄的时候，穆弘对宋江这个名满江湖的老大不仅没有落井下石，还给予了鼎力支持。

宋江在被刺配江州的途中，穆弘留宋江在庄中住了五日，设宴款待，陪侍闲玩，恭奉得相当尽心，也相当到位。宋江临行，穆家庄还送了他一盘金银，又发两个公人些银两。随从押解也沾了光，宋老大的面子是给得够足的。估计两个公人心底会说：宋黑这小子的范不小。平常是宋江甘当冤大头，送银子给人家使用，这回却是人家殷勤地把银子送上手来，宋江的心里，想必另有一番感动：小穆兄弟，等大哥翻身了，加倍地还给你。

宋江被送上江州刑场斩首时，江湖上的百余不法分子古惑仔（包括穆氏兄弟）成功地打劫了法场，退避至穆家庄落脚，穆家庄又免不了大酒大肉地破费招待。更让宋江感激的是，他为了泄一己之私愤，执意要攻打江州捉拿黄文炳时，穆弘慷慨相助，提供了攻城所需的布袋、芦苇、油柴、船只等，可谓不遗余力。穆弘可不比李俊和张氏兄弟的光屁股闹革命的无产阶级，他有家有业，有田有产，是富甲一方的高门大户，是典型的富农阶层。

扑天雕李应是富农出身，他是逼上梁山的；而穆弘是自愿跟随宋江上梁山泊，烧了庄院，撇下了田地，代价相当高昂。穆弘的极大付出，宋江心里有数，他能不对穆弘格外回报吗？打仗时每次排兵布阵，宋江都把穆弘、穆春安排在中军，自己身旁，一个很安全惬意的位置，避免了战死沙场。不过，宋老大在关键时刻翻脸比翻书还快，根本不顾及穆弘的颜面。穆弘和史进在东京樊楼醉酒表演东京 style："浩气冲天贯斗牛，英雄事业未曾酬。手提三尺龙泉剑，不斩奸邪誓不休！"这首歌字句铿锵，唱得是壮怀激烈，豪气冲天，令人英雄之气走起。哪知此时宋江正在谋求朝廷的招安，听得如此神曲，吓得魂都飞了。他当即勃然大怒，不留半分情面地呵斥史、穆二人。而史、穆二人，一看老大的脸色不高兴，自知惹了祸，耷拉了脑袋，蔫了，赶紧结了酒钱走人！

江湖规矩唯老大马首是瞻不能破啊！不管他是黑猫还是白猫，也不管他能否抓到老鼠，他现在还是老大，就必须看其脸色行事。聪明的小穆小史同学很识相！

穆弘能坐梁山泊第二十四把交椅，比李俊及张横、张顺兄弟的排位要高，从表面看是宋江对穆家庄巨大牺牲的补报。从另一个角度来看，证明穆弘的对人的投资眼光比较独到！把身家押在了宋江身上取得了回报。穆弘自己只是在征战中病死，而非战死；兄弟穆春也回揭阳镇为良民得善终。这一点上，给刚出道的酒店人提了个醒：要发展跟对老大很重要！最起码也要是个潜力股！看穆弘就是个风投成功者！

027 插翅虎雷横

原郓城县步兵都头天退星雷横,是梁山第二十五条好汉,排步军头领第四位。雷横打铁出身,膂力惊人,能跳过二三丈宽的涧水,因此绰号"插翅虎"。

打铁出身的人都有一点功夫和蛮力,梁山英雄中还有一个打铁的高手叫金钱豹子汤隆。不过,打铁出身的最有名和修为最高的却是隋唐英雄尉迟恭!

雷横的出场给笔者的感觉很差。作为郓城县的步兵都头(相当于公安局刑侦大队副队长),施老先生在介绍雷横时说了这么几项:膂力过人、打铁出身、开张碓房、杀牛放赌。"虽然仗义,只有些心偏窄。也学得一身好武艺。"现在的话来讲就是:开过地下兵工厂、鼓捣过舂米作坊、当过屠夫宰过牛、赌场里面放过冲。这家伙也是做过多种职业,也不知道怎么混上刑侦大队副队长(步兵都头)这个职务的?论武功,他打不过无业游民刘唐,这一段在讲刘唐时已经讲过。论情商,他比不上美髯公朱仝。虽然他俩都是正科级干部,主管一方治安的主要领导之一,并在一个办公室共事多年,但二人并没有达到推心置腹的程度。私放晁盖,二人各干各的,各怀心事;暗助宋江,二人也是各行其是,心照不宣。黑白通吃、知法犯法毕竟见不得阳光,这二位互不沟通互相防范,实际上也是一种自我保护。朱仝私放晁盖、宋江,把事情做在了明处,晁、宋都记得了朱都头的好处;雷横则事事比朱仝迟半拍,虽也有心帮助宋、晁脱险,但总不如朱仝做得圆满、明了。所以在情商上他还是稍逊半拍。另外,雷横刚一出场就收了晁盖十两银子,作为回报,他将治安处罚对象刘唐当场释放。这件事也从侧面反映出雷都头有贪小便宜的毛病。

当雷横觉得在郓城县黑白两道通吃,自己是个人物时,横祸来了。一天,雷横去看戏,因为忘了带赏钱而被娼妓白秀英(县长的小三)之父白玉乔死缠辱骂。(估计觉得我堂堂一刑侦队长,在自己地盘上看个演唱会还需要买票?最主要的是白老头也是依仗自己是县长的小岳父不把雷横放到眼里。）雷横一怒之下打得白玉乔是唇绽齿落，乖乖，自己顶头上司的小岳父也敢打？被县长小三白秀英告到知县那里，雷都头随即便被处罚。雷横纵横官场多年，终于碰上了钉子，雷都头的命运就此改变。可怜天下父母心，他的母亲为儿送饭时骂了白秀英，被白秀英打了一耳光。孝子雷横一气之下，用枷板打死了白秀英，下了死牢。看到这儿，笔者觉得，雷横以前纵有诸多不是，冲天一怒为老母的举动也是令酒店人尊敬的！后被搭档朱仝私下放了后，雷横带着老母亲投奔了梁山。

  孝子的运气自加入梁山后就开始来了！雷横刚到梁山入伙，便跟着宋江征战高唐州，混战中竟一刀结果了知府高廉的性命，为梁山恩人柴进报了仇，为攻下高唐州立功不小，故而一举奠定了其天退星的地位。后又在两战童贯中，雷横与御前飞虎大将毕胜打了二十余回，不分胜败，一个小小的都头，能跟皇帝身边的飞虎大将打个平手，雷横这都头也算够争气了。当运气到头的时候，就会转入相反的一面。征方腊杭州一战，步将雷横骑马与敌将司行方单挑，结果斗到二十回合被对方砍下马去。可怜插翅虎，最终还是插翅难飞过命运的魔咒！

  雷横知法犯法、贪婪受贿、做事无原则，这是令酒店人所不齿，并不可效仿的。但是，雷横对老母亲的孝顺是值得每一个酒店人尊敬和学习的！

028　混江龙李俊

《泰囧》的热映，让我们进一步了解了泰国的风土人情。可是很多人不知道，据乡野传说路边社云：泰国最早的立国君主却是中国人，北宋时期梁山草莽英雄：天寿星混江龙李俊。

详见《水浒传》第九十九回的一段：

> 宋兵人马，迤逦前进。比及行至苏州城外，只见混江龙李俊诈中风疾，倒在床上，手下军人来报宋先锋。宋江见报，亲自领医人来看治李俊。李俊道："哥哥休误了回军的程限，朝廷见责，亦恐张招讨先回日久。哥哥怜悯李俊时，可留下童威、童猛看视兄弟，待病体瘥可，随后赶来朝觐。哥哥军马，请自赴京。"宋江见说，心虽不然，倒不疑虑，只得引军前进。又被张招讨行文催趱，宋江只得留下李俊、童威、童猛三人，自同诸将上马赴京去了。且说李俊三人竟来寻见费保四个，不负前约。七人都在榆柳庄上商议定了，尽将家私打造船只，从太仓港乘驾出海，自投化外国去了。后来为暹罗国之主。童威、费保等都做了化外官职，自取其乐，另霸海滨。这是李俊的后话。

暹罗国就是当今的泰国。

李俊立国之后一百多年，经过中国、印度、高棉、马来交流混杂，才真正形成所谓的泰族。

借用范伟小品中的一句话来说：今天我们不关心泰国是怎么来的，我们探究一下李俊是怎么没的！

梁山三大军种之一：水军司令混江龙李俊是三十六天罡里最低调的人物之一，另外一个是扑天雕李应。

李俊，庐州（今安徽合肥市）人，生得浓眉大眼，声若铜钟。冲波越浪，绰号"混江龙"。"江州三霸"之一，携二童与催命判官李立同霸揭阳岭。

李俊最牛的事迹就是两次救了老大及时雨宋江。宋江杀小三阎婆惜，被发配江州，路过揭阳岭时在李立的酒店中被麻翻，差点被剥皮，幸亏李俊赶到刀尖救人。后来宋江又被黑社会穆弘兄弟追杀，逃到浔阳江上，又被船火儿张横抢劫准备灭口，危急时刻，又是李俊赶来相救。二救宋江，李俊总能第一时间知道信息，及时救驾，说明他在江州有不少线人，也可见他的人脉。

浔阳楼宋江酒醉写"反诗"，被绑押刑场，李俊等随梁山好汉劫了法场，正式上了梁山。入伙梁山后，和自己的嫡系小弟二童从不出风头争功，与世无争，但是这丝毫掩盖不了李俊的优秀。战高俅，李俊捉了水军统制刘梦龙。招安后，李俊也不干打头阵之事，却显智将本色。征王庆，他在宛州率水军取得大胜；义释胡俊，智取云安，最后还活捉了寇首王庆。战田虎，使毒计水灌太原城。征方腊太湖小结义一段，李俊英勇忠义，有勇有谋，不但取了苏州，还刺死了飞水大将军昌盛；如果张顺听劝阻不去涌金门放火，也不会惨死。

由此可见，李俊是个智勇双全的水军将才，遇事淡定，他的枪棒武艺或许还排不进二流，他的水性或者还不及张顺或三阮，但是他的全面能力已经超越了单纯的武力和技术。

李俊为人谨慎，有谋略，有远见，且是识时务之人，只因太湖费保一番江海逸论，天寿星在全宋江之功、尽弟兄之义后，托病归隐，连同两个小弟全身而退，在一百零八将里除燕青外绝无仅有，堪称奇迹。这全因混江龙实在能混，趋利避害，不因"大节"而丢小命，彻底的实用主义。李俊最后得以全寿全福成为化外国国王，并演绎出一段海外传奇，达到了更新更高的境界。天寿星实至名归。有诗曰："知几君子事，明哲迈夷伦。重结义中义，更全身外身。浔水舟无系，榆庄柳又新。谁知天海阔，别有一家人。"

李俊的人生轨迹：贩私盐—梁山成员—水军元帅—暹罗国主。这绝不是偶然和运气。李俊的借势能力和把握机遇的能力，不贪功不重利又重义，富有心机和魄力，才是成就一代英才的根本！这才是我们酒店人重点思索的要点！闯社会，混江湖，看看李俊，是不是要真的感叹一声：原来江湖也可以这样混！

029 立地太岁阮小二

天剑星立地太岁阮小二，在梁山英雄中是值得笔者尊敬的一位。作为梁山集团的开山元老，征方腊时英勇自刎，这是其他人所做不到的。

作为梁山集团前老大托塔天王晁盖的心腹，阮小二在梁山好汉中排名第二十七位，落后混江龙李俊一位；梁山四寨水军头领第四位，排在李俊、张横、张顺之后。进一步说明宋黑子有排斥前任遗将之嫌，正可谓：一朝天子一朝臣。其实，酒店总经理及高管的更迭会影响前任属下是一样的。

提起阮小二，大家都知道他还有两个一奶同胞的兄弟阮小五、阮小七，至于名字为何会有插花起名，《水浒传》中没有介绍，估计有两个可能：老大、老三、老四、老六因当时生活条件差，不幸夭折（书中描述阮家的确很穷，才会走上打劫生辰纲之路）。又或是同一个祖父的同门堂兄弟按顺序排的，也许有阮小一、阮小三、阮小四、阮小六，只不过书中没有提及而已。这个暂不做深究。

阮氏三雄是梁山泊旁边石碣村人，算是家门口造反的梁山土著，个个武艺出众，义气当先，敢为兄弟赴汤蹈火。就是有一点，经不起别人的恩惠和忽悠。赤发鬼刘唐浪迹江湖，探听到生辰纲消息，联合晁盖、吴用等想去打劫，于是吴用就出马去说服阮氏三兄弟入伙。吴用仅仅请他们吃了一顿饭，加上三寸不烂之舌就把三兄弟送上人生的不归路。作为阮氏三雄加入梁山的牵线人，吴用以后对三兄弟的态度和作为是很不地道的，关键的时候只顾自己抱紧宋江的大腿而不考虑兄弟们的个人发展，完全不念旧。从他和宋江联手炮制的英雄排座次和水军头领排座次上，可见一斑。作为阮氏三雄的老大，阮小二带着两个兄弟与晁盖一起，在黄泥冈用蒙汗药麻倒杨志，抢了生辰纲。之后被济州府通缉，又杀了济州府派下来的缉捕使臣何涛等人，不得不上了梁山，开创了梁山的新局面，却不如后上山的一李二张。哎！并且冒着抄家的危险，打劫的生辰纲钱在山上又花给谁了呢？

阮小二的外号很有意思，立地太岁。太岁，又名肉灵芝。古代人迷信，认为在太岁头上动土，就会招来祸事。而绰号表明，阮小二就是个实实在在的太岁，而且这个太岁是个站在地上的活人，惹不起的。作为原先在石碣村打鱼的一个渔夫，阮小二曾经做过私商（大概也是贩卖私盐的），还是一个逢赌必输的赌徒，也没有娶上媳妇。家庭条件不是一般的差。吴用去拉他们入伙，谋夺生辰纲的时候，看他打扮，"头戴一顶破头巾，身穿一领旧衣服，赤着双脚"，真的是一个活脱脱的穷光棍，穷得令人感叹，没人敢惹！毕竟光脚的不怕穿鞋的。上了梁山之后，作为开山元老，阮小二兄弟屡次征战，率水军大出风头，几次打败高俅的进攻，建立了奇功伟业。

最让笔者敬佩的是，阮小二跟宋江攻打方腊时，率水军袭击乌龙岭水寨，中了方军圈套，船只遭火攻连环烧着，童家二兄弟弃船自顾逃跑，阮小二下水时被敌人的一挠钩搭住，为免被擒受辱，便扯出腰刀自刎而亡。正应了跟随吴用入伙前的一段话。

  阮小二道："我弟兄三个，真真实实地并没半点儿假。晁保正敢有件奢遮的私商买卖，有心要带挈我们，以定是烦老兄来。若还端的有这事，我三个若舍不得性命相帮他时，残酒为誓，教我们都遭横事，恶病临身，死于非命。"阮小五和阮小七把手拍着脖项道："这腔热血，只要卖与识货的！"

可惜的是阮小二的这腔热血，到底卖给了哪个识货的呢？

阮小二对晁盖忠诚，对宋江的招安从心底反对，也曾与吴用商议重回梁山过逍遥生活而被说服。本着士可杀不可辱的心态自刎而亡，去追随晁老大，成就了一段忠义佳话！酒店人读至此，无不唏嘘感慨：好汉子！

030 船火儿张横

  天罡星船火儿张横，梁山泊英雄排座次第二十八位。小时候听评书，总以为这家伙是课本上那个数星星的孩子，发明了地动仪，十分佩服，心想这个科学家水性和武功也这么好。后来稍大一点儿读《水浒传》，才知道此张横非彼张衡。张横的绰号，其实就是他的职业。宋代除了舵手，其余的船工全都叫船火儿。"船火儿"又作"船伙儿"，就是船上的伙计，现在我们叫他水手或者是船长。因为他是靠一根竹篙一艘破船，横行浔阳江，专干船上劫财害命的勾当。

  作为梁山水军八寨第二头领，张横的入伙梁山有点机缘巧合。宋江包养的疑似小三阎婆惜不仅给他戴了绿帽子，而且还胁迫他，揭发他跟朝廷通缉犯晁盖等来往过密。宋江一怒之下，痛下杀手。（作为历代包养的代表，阎婆惜也要考虑一下自己的所作所为，现实生活中类似情况也不少。）宋江因为女色当了杀人犯，多亏自己平时仗义疏财，人缘不差，被轻判发配到江州。要说吧，人点背喝凉水都塞牙。宋江在催命判官李立的店里，差点被剥皮；送钱给卖艺的病大虫薛永，得罪了地头蛇穆弘穆春兄弟，在浔阳江上被追杀；逃上张横的船，没想到误上贼船，险些被张横给干掉；幸亏混江龙李俊及时赶到相救，张横就这样认识了江湖上赫赫有名的宋江等一批好汉，与弟弟浪里白跳张顺投靠了梁山，哥俩被安排驻守梁山西南水寨。

  张横入伙后，随梁山义军四方征战，在水中大显英雄本色。出彩的有两件事，糗事也有一件。张横上梁山后，表现一直平淡无奇。于是张大胆在大刀关胜攻打梁山时，带两三百水军就敢提着刀枪，偷入关胜的营帐去捉关胜，结果偷鸡不成蚀把米，把自己给陷进去了，被关胜活捉，这是一大糗事。

  张横想立功，这是一种很大众化的心情，即使是今天的酒店人，也免不了脱俗，渴盼表现的心情也是很迫切的。一些人，为了在本酒店出人头地或者为了显示自己不低人一等，除了一般意义上的溜须拍马走后门拉关系之外，争取表现出个风头便是一条切实可行的路子，若有关系又能表现，则更能加快成功的步伐。

两件出彩的事：一是在两败高俅的战斗中活捉水路统军牛邦喜。二是张顺被乱箭射死命丧涌金门后，魂魄附身于哥哥张横，斩杀了方腊太子方天定。出身草莽的兄弟两人对梁山泊是如此的忠义，哥哥和弟弟的亡魂合力斩杀敌将。张横因兄弟张顺战死而心痛不已，"昏晕了半晌"。之后因杭州城内瘟疫盛行而病倒，在途中病故。为他们的谢幕涂上了浓重的传奇色彩，令世人皆为叹惋。

船火儿张横，在梁山英雄中并不是很出彩的人物，仿佛就是我们身边的同事和朋友，但是他是一位有血有肉铁骨铮铮的好汉，重义，重兄弟感情，虽然做过不光彩的事情（江中打劫杀人），但是最后改邪归正，为国效力依然成就了一段传奇，令我等酒店人肃然起敬！

031 短命二郎阮小五

水泊梁山阮氏三雄中的二哥，乃天罪星短命二郎阮小五，在梁山好汉中排第二十九位，排梁山八大水军头领第五位。阮小五亦是梁山有名的水中好汉，浪里英雄。此人的天罡地煞的排位可谓不低，可惜的是宋江和吴用给其安排的称谓天罪星及本人的绰号短命二郎，注定了小五哥的短暂和悲怆的命运人生。

阮小五的出场亮相可以用一个词来形容：草根青年。请看出场时的描写：

一双手浑如铁棒，两只眼有似铜铃。面皮上常有些笑容，心窝里深藏着鸩毒。能生横祸，善降非灾。拳打来狮子心寒，脚踢处蛇丧胆。何处觅行瘟使者，只此是短命二郎。

那阮小五斜戴着一顶破头巾，鬓边插朵石榴花，披着一领旧布衫，露出胸前刺着的青郁郁一个豹子来；里面匾扎起裤子，上面围着一条间道棋子布手巾。

笔者真的不知道，小五哥的装束和刺青在当时是不是流行时尚。作为一个草根，鬓边插朵石榴花，总给人一种怪怪的感觉。

阮小五从小生长在石碣村，打鱼谋生，又好赌，跟晁盖等在黄泥冈劫了生辰纲，因官军追捕逃回梁山泊，与兄弟一起打败何涛。在此期间，阮小五展示了一个民间原生态歌手的潜质，可谓是当时的阿宝。何涛率人去捕三阮等人。

当时捕盗巡检并何观察一同做公的人等，都下了船。那时捉的船非止百十只，也有撑的，亦有摇的，一齐都望阮小五打渔庄上来。行不到五六里水面，只听得芦苇中间有人嘲歌。众人且住了船听时，那歌道：

"打鱼一世蓼儿洼，不种青苗不种麻。

酷吏赃官都杀尽，忠心报答赵官家。"

何观察并众人听了，尽吃一惊。只见远远地一个人，独棹一只小船儿，唱将来。有认得的，指道："这个便是阮小五！"由此可见，小五哥也是一个多才多艺之人。

后来，高俅率大军围攻梁山，阮小五水中奋勇杀敌。他与童威一起驻守梁山东北水寨。再后来随宋江征讨方腊，随李俊等去诈降，结果在破清溪县时被守城丞相娄敏中杀死！

一个在游泳界、歌唱界、武术界、时装界的四栖明星陨落了。

阮小五的启示：草根出身决定最终的命运吗？作为最基层行业的酒店人，即使多才多艺，能彻底改变自己这一生或者改变下一代的命运，需要走的路依然是那么漫长。革命尚未成功，我辈（酒店人）仍需努力。

附：《渔歌》

唱：阮氏兄弟

爷爷生在石碣村，禀性生来要杀人。

先斩何涛巡检首，再杀东京鸟官人。

英雄不会读诗书，只在梁山泊里住。

虽然生得泼皮身，杀贼原来不杀人。

爷爷生在天地间，不怕朝廷不怕官。

水泊撒下罗天网，乌龟王八罩里边。

爷爷生在天地间，不求富贵不做官。

梁山泊里过一世，好吃好喝赛神仙。

一种优哉游哉的快乐生活，那能实现吗？

032 浪里白跳张顺

如果提起《水浒传》中的水路英雄，你最先想到谁？估计绝大部分会提到浪里白跳张顺。

浪里白跳张顺，可谓是水浒中施老爷子塑造得最好、费笔墨最多的一个水将了。

天损星浪里白跳张顺，梁山英雄排第三十位，水寨八员头领第三位。

张顺的出场与其他人不同，他是未见其人，先闻其名。他是通过他的哥哥张横在浔阳江截杀宋江时讲的：

> 小弟一母所生的亲弟兄两个，长的便是小弟；我有个兄弟，却又了得，浑身雪练也似一身白肉，汊得四五十里水面，水底下伏得七日七夜，水里行一似一根白条，更兼一身好武艺，因此人起他一个名，唤做浪里白跳张顺。

由此可见，张顺的外形是相当的漂亮。按说经常在露天水边活动的人，皮肤应当是古天乐型的，而张顺却生得肌肤如雪，在水中游移如白条闪现，不能不说是一个异人。

我们来看一下张顺的主要事迹秀，看他是如何从一个江盗成长为泳坛天王的。

第一秀：宋江发配江州，李逵为找下酒鱼大闹渔牙，放跑了渔户的鱼，没料到渔牙的主人张顺赶来，水陆双雄、黑白二将就干了起来。虽然各胜一场，但最终在水里，黑旋风被浪里白跳用水灌了个饱。幸亏戴宗制止，才救了李逵一条性命，展现了张顺的机智和水中能力。

第二秀：梁山英雄劫法场时，张顺和混江龙李俊在江中活捉宋江的仇人黄文炳，立下上山第一功。

第三秀：张顺夜闹金沙渡；力赚安道全，救了宋江的小命。

第四秀：高俅攻打梁山时，水军头领刘梦龙、牛邦喜分别被李俊、张横所捉，最后高俅被张顺捉拿，顿时张顺名声大振。

第五秀：跟随宋江攻打方腊时，兵马杀到杭州城下，张顺想孤身一人作内应，就潜水向涌金门游去，不料碰响水帘上挂着的铜铃，惊动南军，张顺从水底下再钻入湖里伏了；之后"才扒到半城，只听得上面一声梆子响，众军一齐起。张顺从半城上跳下水池里，待要趁水汔时，城上踏弩硬弓、苦竹松、鹅卵石、一齐都射打下来"。可怜一世水中豪杰，竟被砸死在湖底。

第六秀：张顺战死后，"感得西湖震泽龙君，收做金华太保，留于水府龙宫为神"。魂魄附身于哥哥张横，杀死贼军太子方天定。张顺也是为数不多的死后转神的人物，有能力的人，鬼神仙人都喜欢。

从活捉黄文炳到夜闹金沙渡，从凿漏海鳅船到夜伏金山寺，或是魂捉方天定，不论是死了还是活着，所有有关于水上的任务和功劳，张顺这位英雄几乎一个不落。且像李俊一样的善于泅水的好汉也总是有参加，不过最后紧要的功劳却还是归功于张顺。宋江也总是乐此不疲一次再一次让他在水战中立功。可以说，张顺是梁山水军英雄中红得发紫的明星、泳坛天王；可以看作是澳大利亚的索普，美国的菲尔普斯，中国的孙杨、宁泽涛。

可就是这么一个接近完美的人物，依然存在污点和缺陷。这也是从他哥哥张横嘴里说出来的：

> 我弟兄两个，但赌输了时，我便先驾一只船，渡在江边静处做私渡。有那一等客人，贪省贯百钱的，又要快，便来下我船。等船里都坐满了，却教兄弟张顺也扮做单身客人，背着一个大包，也来趁船。我把船摇到半江里，歇了橹，抛了钉，插一把板刀，却讨船钱。本合五百足钱一个人，我便定要他三贯。却先问兄弟讨起，教他假意不肯还我，我便把他来起手。一手揪住他头，一手提定腰胯，扑同地撺下江里。排头儿定要三贯。一个个都惊得呆了，把出来不迭。都敛得足了，却送他到僻净处上岸。我那兄弟自从水底下走过对岸。等没了人，却与兄弟分钱去赌。那时我两个只靠这件道路过日。

张顺以前和他哥哥做的生意为正义之士所不齿，但"如今我弟兄两个都改了业。我便只在这浔阳江里做些私商，兄弟张顺他却如今自在江州做卖鱼牙子"，又让人顿生有错悔改之心。

正可谓：泳坛天王有非议，浪子回头金不换。张顺同学的经历的确值得把玩回味。当然，酒店人应该也有所收获：知错就改也是好孩子！

033　活阎罗阮小七

天败星活阎罗阮小七，水泊梁山阮氏三雄中的老幺，梁山英雄中排名第三十一位，梁山水军八员头领第六位。在梁山上排名虽一般，但是故事却很出彩。在阮氏三雄中，阮小七也是最出名的一个。

阮小七的出身和上梁山的经历，在写他两个哥哥的时候已经作了概述和铺垫，在此不再赘述。

单说阮小七上梁山后的表现和最终结局，施老爷子写得很有个性，可以说是梁山好汉中的一道独特的风景。

即使是著名的水浒点评家金圣叹也认为："阮小七是上上人物，写得另是一样气色。一百零八人中，真要算做第一个快人，心快口快，使人对之，龌龊都销尽。"而阮小二与阮小五，金圣叹的评价，则"都是上中人物"。可见，对阮小七的评价那是相当高。

三阮中，笔者最喜欢的也是阮小七。他虽出身贫寒，武艺并不高强，但是，他天真烂漫、机智随和、心直口快，就像水浒里处处可见的村醪水酒；他说话举止虽然俗了点，但滋味醇厚、亲切怡人，就像你身边的朋友、邻居家的兄弟。

既然阮小七性情开朗，那么为什么绰号叫"活阎罗"呢？那也许是：好人遇到他，他性格就开朗；坏人遇到他，他就是杀人不眨眼的阎罗王吧。

阮小七上山安定之后立功亦不少，在呼延灼领官兵攻梁山时亦帮助哥哥阮小二捉了大宋第一炮手轰天雷凌振。除此之外，他因为率真也引爆了梁山与官军五场战争的导火索。

朝廷首次招安时，阮小七和他的手下把放在他们船上的十瓶御酒偷喝了，再往瓶子里装上村醪水白酒，最终使梁山众将大闹忠义堂，导致首次招安失败。这一段显出阮小七的机智和反对招安的本性。

陈太尉、李虞候奉旨招安，装腔作势，口出狂言，引起迎接他们的吕方、郭盛、萧让、裴宣不悦，这时阮小七出场了。

梁山泊已摆着三只战船在彼，一只装载马匹，一只装裴宣等一干人，一只请太尉下船，并随从一应人等。先把诏书、御酒放在船头上，那只船正是活阎罗阮小七监督。

当日阮小七坐在船梢上，分拨二十余个军健棹船，一家带一口腰刀。陈太尉初下船时，昂昂而已，旁若无人，坐在中间。阮小七招呼众人把船棹动，两边水手齐唱起歌来。李虞候便骂道："村驴！贵人在此，全无忌惮！"那水手那里采他，只顾唱歌。李虞候拿起藤条来打，两边水手众人并不惧色，有几个为头的回话道："我们自唱歌，干你甚事！"李虞候道："杀不尽的反贼，怎敢回我话！"便把藤条去打。两边水手都跳在水里去了。阮小七在梢上说道："直这般打我水手下水里去了，这船如何得去！"只见上流头两只快船下来接。原来阮小七预先积下两舱水，见后头来船相近，阮小七便去拔了楔子，叫一声"船漏了"，水早滚上舱里来。急叫救时，船里有一尺多水。那两只船帮将拢来，众人急救陈太尉过船去。各人且把船只顾摇开，那里来顾御酒、诏书？两只快船先行去了。

此时的阮小七使了一招调虎离山，使嚣张的陈太尉、李虞候换乘到另外的船只上。

阮小七叫上水手来，舀了舱里水，把展布都拭抹了。却叫水手道："你且掇一瓶御酒过来，我先尝一尝滋味。"一个水手便去担中取一瓶酒出来，解了封头，递与阮小七。阮小七接过来，闻得喷鼻馨香。阮小七道："只怕有毒。我且做个不着，先尝些个。"也无碗瓢，和瓶便呷，一饮而尽。阮小七吃了一瓶道："有些滋味。一瓶那里济事，再取一瓶来！"又一饮而尽。吃得口滑，一连吃了四瓶。阮小七道："怎地好？"水手道："船梢头有一桶白酒在那里。"阮小七道："与我取舀水的瓢来，我都教你们到口。"将那六瓶御酒，都分与水手众人吃了，却装上十瓶村醪水白酒，还把原封头缚了，再放在龙凤担内，飞也似摇着船来。赶到金沙滩，却好上岸。

好酒量，一口气干喝四瓶，厉害了七哥。

好一招偷梁换柱，引爆了梁山英雄二胜童贯、三败高俅的五场经典战役。战役中也侧面展现了大宋当时造的"航母"大海鳅船的能力和实力。

首次招安结果可想而知，陈太尉、李虞候、张干办在别人家地界耍大牌受辱，差点被李逵打死，品御酒又闹了一出好戏。

宋江道："太尉且宽心，休想有半星儿差池。且取御酒，教众人沾恩。"随即取过一付嵌宝金花钟，令装宣取一瓶御酒，倾在银酒海内，看时，却是村醪白酒。再将九瓶都打开倾在酒海内，却是一般的淡薄村醪。众人见了，尽都骇然，一个个都走下堂去了。鲁智深提着铁禅杖，高声叫骂："入娘撮鸟！忒杀是欺负人！把水酒做御酒来哄俺们吃！"赤发鬼刘唐也挺着朴刀杀上来，行者武松掣出双戒刀，没遮拦穆弘、九纹龙史进一齐发作。六个水军头领都骂下关去了。

品御酒的幕后导演阮小七此时也许已经料到后果，也许在一旁窃窃偷笑不已。

坏了老大大事的阮小七并没有受到宋江的严肃调查，盖因当时大家对招安之事思想不统一罢了，如果放在后期宋江铁了心要招安，阮小七免不得会遭受宋江在樊楼大骂史进、穆弘的后果，也许更甚。

南征方腊时，阮小二、阮小五都战死了，只阮小七一人生存，战胜后获封"盖天军都统制"（估计是少将衔）一职。只因在打败方腊后，阮小七一时兴起穿起方腊丢下的龙袍，班师回朝后被奸臣童贯、蔡京告状，指其意在造反，朝廷于是便免了阮小七本身的官诰，贬为庶民。这事情，如果换作别人，早就心中不忿了。可小七哥他心中却反欢喜，"带了老母回还梁山泊石碣村，依旧打鱼为生，奉养老母，以终天年。后自寿至六十而亡"。可以说得到善终。

萧缆诗曰：不喜官家不种田，不拜菩萨不羡仙。水底窜出活阎罗，自家顶上有晴天。

不贪图富贵，崇尚自己的自在生活，也算是洒脱的一生。酒店人谁能做到？

034　病关索杨雄

梁山好汉坐第三十二把交椅的天牢星（因为担任押狱）病关索杨雄，是一个很有争议的人物。

首先，他的绰号很有讲究："病关索。"关索是谁？传说关索是关羽的第三个儿子，关平、关兴之弟，《三国演义》第八十七回登场。关索自荆州失陷后，逃难在鲍家庄养病，伤势痊愈之后入蜀，正赶上丞相诸葛亮南征，被拜为前部先锋，一同南征，屡立战功。在宋朝，关索很厉害。因为杨雄武艺高强，面貌微黄，所以称作"病关索"。由此可见，杨雄的武功还是不低的，否则也不会位列三十六天罡。

老家河南的小伙杨雄，跟随自己的叔伯哥哥来大城市蓟州捞世界，哥哥做知府，是否给他照顾，倒是不详，不过换了新知府，却能给他个小职务，任命他做押狱（监狱长）兼充市曹行刑剑子手，证明杨雄这个人的人际关系处理得不错。除此之外，杨雄慕侠仗义，不善忍气，喜欢练武，结交武友，比如曾经入狱而与杨雄相识的"鬼脸儿"杜兴，应该在监狱得到了他的关照。欠了杨雄的一个人情，后来才引出时迁被抓、杨雄求杜兴、杜兴求李应、李应救时迁，三打祝家庄的好戏。

杨雄的胸襟比较宽广，主要指杨雄娶了个寡妇潘巧云，这在当时是比较少见的，而且杨雄相当爱潘巧云，很听信她的话，直至遇到了改变他人生的"好兄弟"石秀。偶尔的机会石秀帮他解了围：一日杨雄行刑回来，几个朋友给他挂红贺喜，却被兵痞子张保等人抢了，而且杨雄被张保等人先下手为强，给挟制住了。二者相持时，社会混混拼命三郎石秀救了杨雄一把。二人结为异姓兄弟，杨雄年长为兄石秀为弟。之后杨雄让石秀告别打柴生涯，将他安置在自己家里，帮自家开个肉铺。

河南小伙杨雄仗义！杨雄温情！但是，接下来的故事更热闹了。

杨雄热衷于练武，又常忙于工作，冷落了妻子潘巧云。于是潘与报恩寺的和尚裴如海有了奸情，石秀将此事告诉了杨雄，他马上相信了；潘巧云却反咬石秀一口，他也马上改变主意了：

> 杨雄听了，心中火起，便骂道："画龙画虎难画骨，知人知面不知心。这厮倒来我面前又说海阇黎许多事，说得个没巴鼻。眼见得那厮慌了，便先来说破，使个见识。"口里恨恨地道："他又不是我亲兄弟，赶了出去便罢。"

结果石秀被杨雄赶出了家门。

难道杨雄这个人耳根子软，行事没有主见，属于人云亦云的跟风派？怎么做事毫无自己的原则呢？杨雄这么做，其实正是他用情至深的表现！他的内心是深爱潘巧云的，所以他不愿意，也不希望石秀说的是真的。当潘巧云栽赃陷害的时候，按照杨雄对石秀人品的了解，他绝对应该相信石秀，但是为了家庭团结，他只能牺牲石秀。

可怜的杨雄，自己戴了绿帽子，因为爱情，忍气吞声，只寄希望于潘巧云以后不要再犯错误了，对于之前的一时糊涂，他可以既往不咎。石秀虽然是铁哥们，说不得，也只有委屈一下了。可石秀是个较真的人，认准的事十头牛也拉不回。他自己可以受委屈，但不能见大哥吃亏，心中怒吼：还我清白！于是石秀暗中在杨雄家门口埋伏，杀了裴如海和协助他的头陀胡道，直接断了杨雄的后路。等在翠云山三方对峙之时，杨雄架不住石秀的火上浇油，"偷情已经是十分丢脸的事了，更何况偷的还是一个和尚"！被石秀将了军的杨雄因为面子只能杀了自己的爱妻潘巧云和丫环迎儿，而且杀法相当残忍："一刀从心窝里直割到小肚子上，取出心肝五脏，挂在松树上。杨雄又将这妇人七事件分开了，却将头面衣服都拴在包裹里了。"

杨雄冷血！极端的冷血，什么"一日夫妻百日恩，百日夫妻似海深"统统见鬼去吧！杀妻后和自己的好兄弟石秀一起投奔梁山，走上了一条不归路。

重情、重义、易冲动、好面子的杨雄，后来跟随宋江征方腊，途中杨雄背疮发作病死他乡，又应了自己的绰号"病关索"。在生病期间，没有女人在身边照顾，此时不知他是否会想起他曾经的深爱潘巧云？是否会后悔自己的冲动？是否会后悔一心忙于工作和自己的爱好而忽略了家庭？是否会后悔交友不慎，认识了社会混混石秀？这一切都无法挽回了。在临死前的那一刹那，杨雄心中最想说的那句话是什么呢？工作、家庭、朋友三者冲突的时候，我们应该注重什么？酒店人，你是否需要想想？

035 拼命三郎石秀

天慧星拼命三郎石秀，梁山好汉排座次第三十三位。排名不是太高，但是如果了解石秀的出身，你就会知道石秀的天慧星和拼命三郎的称号绝非浪得虚名。

石秀是金陵建康府（今南京市）人氏，自小学得些枪棒在身，练就一身好武艺，路见不平，便去舍命相助，因此人称"拼命三郎"。

石秀年龄大点儿就随叔父来外乡贩羊卖马（类似于今天的走私，如果是走私战马的话回报更高），想挣大钱。不巧叔父中途病死又消折了本钱，于是石秀不得不流落蓟州（今天津蓟州区）靠自己的力气砍柴卖柴度日。如果故事这样发展下去，石秀将泯然众人矣！但是有智慧的人总是把机会掌握在自己的手中！出身低微的石秀长期在社会底层生活，使得石秀磨炼得非常成熟老练。虽然年仅二十八岁，也没有受过多少教育，但石秀为人处事之老到、情商之高已经远远超越了他的年龄。石秀为人精明强干又身怀一身武艺，这样的人物注定不会永远是池中之鱼，总有机会让他一飞冲天的。

聪慧的石秀抓住了改变他命运的两个机会。

第一，结识杨雄、戴宗。

一次偶然的机会石秀结识了杨雄。当时杨雄的身份——蓟州市监狱长兼行刑队长、前任市长的亲戚，现任市长亲自安排的官职。杨雄处决完犯人后拿了一笔奖金，被蓟州当地驻军士兵张保及几个社会闲散人员看到，于是上前挑衅、意图抢夺奖金。估计张保等人是酒后人胆大，出其不意，"杨雄被张保并两个军汉逼住了，施展不得"。杨雄当时披红挂绿地走在街上，石秀应该是知道他身份的，这对石秀也是个机会。果然，石秀路见不平一声吼，该出手时就出手救了杨雄。石秀的出手惊动了正好路过的戴宗、杨林。戴宗看石秀的功夫不错就有意接纳，试图为梁山招募石秀。于是戴、杨两人就拉石秀到酒馆里喝两杯。酒桌上，戴宗劝石秀，大意是：老弟这么一身本事，就在这里当个小民工忒浪费了，不如索性到江湖上混混，弄个下半辈子快活日子。石秀相当老练，也不正面回应，就说：我也就会这几手三脚猫功夫，别无所长，要发达快活也难啊。戴宗见有戏，就进一步地劝说道：如今这个年头社会墨墨黑，官府里面全是贪官污吏挡路，倒不如跟着宋公明哥哥吃香的喝辣的、大把抓钱，要是到时候再一漂白，没准还能弄个官儿当当。这话就很露骨了，石秀岂能不明白对方招揽之意。对石秀来说，本来就是社会最底层，没什么可失去的，上黑道搏一下未尝不是条出路。于是也放了个试探气球。石秀叹口气道：唉！就算想去也没有门路啊。话说到这个份上，双方都是明白人，戴宗就挑明身份，说这没问题，包在哥哥我身上。这一段水浒上描写得很精彩。石秀和戴宗的这段对话，把石秀这个底层人物的狡黠或者说是智慧刻画得淋漓尽致。同时这也为将来石秀上梁山埋下了伏笔。石秀帮了杨雄后，杨雄十分感激，也有心结交，带了手下抢回财物后就找石秀喝酒，表达谢意。石秀知道杨雄的身份，于是就报出自己的家世，并说我这个人路见不平，就要舍命相助，所以人称拼命三郎。杨雄看石秀一表人才，又武艺高强、为人仗义，有心收纳为小弟，于是就建议结拜为兄弟。石秀身份低微，既然杨雄这么说当然没有不同意之理。对石秀来说，如何摆脱社会最底层的生活，恐怕是当时最重要的事情。"石秀见说大喜，便说道：'不敢动问节级贵庚？'杨雄道：'我今年二十九岁。'石秀道：'小弟今年二十八岁。就请节级坐，受小弟拜为哥哥。'"杨雄在蓟州也算是一个响当当的人物，既然石秀同杨雄结拜为兄弟，断无再去当民工、卖柴度日之理。碰巧杨雄的老丈人潘公想开家肉铺，于是潘公就让石秀来当这个肉铺的经理，石秀也就住在了杨雄家。一时间石秀的日子也好过了许多，慢慢也过上了小资生活。石秀靠结识杨雄改变了自己的现状！石秀救杨雄这一段可以说是一箭双雕，不但改变了他生活窘迫的命运，更是结交了梁山上的头目戴宗，给自己留了条后路。后来石秀为了给结拜大哥杨雄摘掉绿帽子，杀了奸夫淫妇裴如海、潘巧云。破了祝家庄上了梁山后，石秀的地位并不高，只不过后来做了一件事，奠定了其三十六天罡星的地位。

第二，孤身劫法场，搭救卢俊义。

曾头市一战，晁盖意外死亡，留下了让宋江难受不已的遗嘱——谁杀了史文恭谁当老大。宋江为摆脱这个遗言，由吴用设局让卢俊义进了大名府的大牢。石秀、杨雄被派往大名府打探情况。当时卢俊义已被判发配沙门岛，但两名官差被李固收买，欲途中结果卢俊义。燕青虽及时射杀两名官差、救下了卢俊义，但卢俊义还是被后面追捕的官差抓走了。这时候，石、杨两人遇上燕青，当场决定杨雄同燕青回梁山求救，而石秀继续前往大名府关注事态的发展。当石秀赶到大名府时，正是法场行刑之时。原来由于涉及两名官差之死，梁中书怕夜长梦多，决定将卢俊义立即就地正法。正当蔡福举刀行刑的千钧一发之际，石秀当机立断，孤身一人劫了法场。是时地处他乡，孤身一人，劫法场绝无胜算。梁山给石秀的指令不过是打探情报。倘若石秀有片刻迟疑，卢俊义只怕已经人头落地。顷刻间，拼命三郎作出了当时唯一的选择，高叫"梁山好汉全伙在此"，拔刀扑向刑场。石秀的果敢和牺牲精神，实在令人钦佩。好一条血性汉子！该出手时就出手！此时此刻，梁山上有几人能像石秀那样，作出这种义无反顾、不计生死的壮行？！石秀的勇行也震惊了梁中书，梁中书害怕梁山的恐怖报复，不敢就此杀了石秀和卢俊义。石秀同卢俊义就这样在大名府的死牢里被囚了数月，直到梁山二打大名府，城破后才得救。但两个待死之人，关在死囚牢这个狭小空间里，共同生活了数月，所结下的友情恐怕是可以超越人世间的一切友情了。石秀与卢俊义素不相识却舍命相救，这等恩情对卢俊义来说应该是刻骨铭心的。果然，卢俊义确立梁山二哥地位后，石秀和杨雄基本上都是以卢俊义的副将身份出场的。石碣受天文的时候，石秀虽然出身低微，以偷鸡贼的同伙这个低起点上的梁山，但是作为卢俊义派系的重要人物，和对梁山的杰出贡献，排进了天罡星序列，名列第三十三，也算是重量级大哥之一。而除出身外，武功、机智、贡献等各方面均不如石秀的杨雄，因为是石秀结义大哥的缘故排在第三十二位，石秀的前一位，应该是托了石秀的福。

  石秀不像梁山的大部分人那样，或有显赫的家世，或有较高的江湖地位，或是巨商富贾，或是政府官员，石秀就是一个在底层挣扎的普通小老百姓，甚至连个流氓都不是。这样的人要成功，需要比别人付出更多的努力。石秀如果不愿意当民工，卖柴蹉跎一辈子；如果想要追求一种有相当尊严的生活，就必须抓住稍纵即逝的机会。石秀的武功虽然不错，但是梁山高手如云，所以并不显得出众。

石秀真正优秀的是他的那些"软"能力，这和他多年的底层经历是分不开的。他的机智、他的果断、他的判断力和他的待人接物与为人处事均不比宋江差。他的牺牲精神更是宋江所缺乏的。同样是依靠"软"能力立足江湖，宋江给人的感觉就是虚伪和阴柔，而石秀给人的感觉则是可以为朋友两肋插刀的血性男儿。如果说宋江靠的是伪善来收买人心，石秀就是靠真诚来真心结交。事实上，已经输在人生起跑线上的石秀能够在天罡星中占个位子，已经是他个人在梁山的最大成功了。天慧星的帽子石秀戴之无愧！

  石秀的故事告诉我们酒店人：出身并不重要，抓住机会发挥自己的长处才能改变自己的命运！

036　两头蛇解珍

两头蛇解珍的绰号很有故事。说的是春秋时期孙叔敖小的时候，到外面游玩，看见一条长有两个头的蛇，就杀了蛇并把蛇埋了。他哭着回家。他的母亲问他哭的原因。叔敖回答说："我听说见了两头蛇的人一定会死，刚才我见到了它，害怕离开母亲死去。"母亲说："蛇现在在哪里？"回答说："我害怕别人又见到这条蛇，已经把它杀了并埋了。"他的母亲说："我听说暗中做好事的人，上天会给他福气的，你不会死的。"等到孙叔敖大了以后，成为楚国的国相，他还没开始治国，但是国人就已经相信他是一个仁义的人了。

这个故事提示我们：两头蛇属大恶之物，在中国古代以凶兆视之，谁见到谁死！这么一个不祥的绰号，为什么会落在解珍的头上呢？有诗描述解珍曰：

> 虽是登州搜猎户，忠良偏恶奸邪。虎皮战袄鹿皮靴。硬弓开满月，强弩蹬抨车。浑铁钢叉无敌手，纵横谁敢拦遮。怒时肝胆尽横斜。解珍心性恶，人号两头蛇。

解珍还有个同胞兄弟叫双尾蝎解宝，山东登州人氏（登州现在大约在烟台、蓬莱一带）。兄弟俩自小父母双亡，哥俩相依为命。俗话说：靠山吃山，靠水吃水。二人终日在山中打猎，不但练就一身好本领、好身材，而且晒了一身好肤色。解珍"七尺以上身材，紫棠色面皮，腰细膀阔"。兄弟二人因技艺高超在山东登州被称为第一猎户。打猎是个技术活，尤其是在冷兵器时代，不但功夫要好，而且要善于攀岩。

解氏两兄弟靠打猎为生，原本过着衣食无忧，与世无争，优哉游哉的生活。但一只老虎改变了兄弟俩的生活，彻底打乱了哥俩的生活轨迹。

话说：登州城外有一座山，山上多有豺狼虎豹。当时的生态环境是多么的好啊！现在要看豺狼虎豹，不掏点钱去趟动物园是看不到的。有一天，有只大虫

（老虎）饿了，伤了人。传到官府，于是"登州知府拘集猎户，当厅委了杖限文书，捉捕登州山上大虫。又仰山前山后里正之家也要捕虎文状，限外不行解官，痛责枷号不恕"。这个昏官，打虎你派官兵围剿就行了呗，非要村民去。这不，解氏兄弟登场了！

> 那兄弟两个当官受了甘限文书，回到家中，整顿窝弓、药箭、弩子、镋叉，穿了豹皮裤、虎皮套体，拿了钢叉，两个迳奔登州山上，下了窝弓……两个到第三日夜，伏至四更时分，不觉身体困倦，两个背厮靠着且睡。未曾合眼，忽听得窝弓发响。两个跳将起来，拿了钢叉，四下里看时，只见一个大虫，中了药箭，在那地上滚。两个捻着钢叉向前来。那大虫见了人来，带着箭便走。两个追将向前去，不到半山里时，药力透来，那大虫当不住，吼了一声，骨渌渌滚将下山去了。解宝道："好了！我认得这山是毛太公庄后园里，我和你下去他家取讨大虫。"当时兄弟两个，提了钢叉，径下山来投毛太公庄上敲门。

毛太公是当地的里正，也是领了打虎的任务，他就同儿子毛仲义一起拾得这便宜，交了公差，自然是得了好处的。当解珍、解宝找到毛太公庄上，人家反而诬告解珍、解宝。毛太公、儿子毛仲义和女婿王正合谋陷害解珍、解宝，并买通节级包吉，把解珍兄弟打入死牢。

多亏监狱里的小看守铁叫子乐和通风报信。乐和同解珍两兄弟有点沾亲带故，什么亲戚呢？乐和的姐夫是孙立，孙立的弟弟是孙新，孙新的老婆是母大虫顾大嫂，顾大嫂是解珍兄弟的表姐。而孙立恰恰是登州的兵马提辖。正是乐和的热心，顾大嫂的坚决，孙新的相助，串通了孙新的哥们登云山好汉叔侄两人邹渊和邹润，逼着孙提辖，一起劫了大牢，救了解珍两兄弟，杀了王正、包吉，灭了毛太公及儿子毛仲义一家全部老小，夺了财富，烧了毛家庄，上了梁山。关键时候，亲戚起到了很大作用。

这伙人在三打祝家庄时立下了汗马功劳。这一段不再赘述！上山之后，宋三郎没有亏待解珍兄弟俩，让兄弟俩镇守梁山山前南路第一关。天暴星解珍为步军第九名头领，排梁山好汉第三十四位；天哭星解宝为梁山步军第十名头领，排梁山好汉第三十五位。地位超过了他们的带头大哥病尉迟孙立。我想，二兄弟肯定是诚惶诚恐的,"士为知己者死"。两兄弟在征讨方腊时,自告奋勇攀山偷袭乌龙岭,在展示他们高超的登山攀岩本领时,被敌军发现,用挠钩搭住解珍头髻,解珍自断发髻坠崖身亡。解宝见状,急退下山去,不料山上滚石乱箭齐下,解宝被活活砸死在乱山丛中。兄弟俩出成双,死成对,演绎了一首可歌可泣的兄弟悲歌。

亲兄弟之间生死相依、相互扶助,遇到困难共同面对、共同解决是我们酒店人效仿的关键。

037 双尾蝎解宝

两头蛇解珍的胞弟叫解宝，绰号双尾蝎。"七尺以上身材，面圆身黑，两只腿上刺着两个飞天夜叉。有时性起，恨不得腾天倒地，拔树摇山。"从身材来看，兄弟俩都是七尺冒尖身材，二者极有可能是双胞胎，感觉弟弟比哥哥更厉害，性情更急，脾气来了，"恨不得拔树摇山，腾天倒地"。

两兄弟到毛家庄要老虎，见到情况不对时，是解宝先动手打了起来；兄弟二人被陷害入狱，顾大嫂等众好汉去劫牢时，两兄弟撞见仇人包节级，解宝用枷锁把仇人的脑袋打得粉碎，开了杀人之戒，可见解宝的生性暴躁。

解宝的双腿上刺了飞天夜叉。飞天夜叉是《水浒传》里的另外一个人物的绰号，这个人叫丘小乙。在回目《九纹龙剪径赤松林　鲁智深火烧瓦罐寺》中，与生铁佛崔道成霸占瓦罐寺被史进和鲁智深杀死。那么飞天夜叉是个什么东东呢？梵语 Yaksa，音译为夜叉、药叉等。一曰：佛经中说的一种勇健捷疾的食人鬼。二曰：在佛教的神话中，夜叉是天神的名称，有两种，一种在陆地上的，叫作"地夜叉"；一种能在空中飞行的，叫作"天夜叉"。三曰：是一种会飞的僵尸，详见清朝袁枚《续新齐谐·飞僵》："凡僵尸久则能飞，不复藏棺中。遍身毛皆长尺余，毵毵披垂，出入有光。又久则成飞天夜叉。"总而言之，解宝在自己的双腿上各刺了一个会飞的恶神，而解珍没有刺绣。水浒传三十六天罡中，纹身的好汉就有史进、鲁智深、阮小五、杨雄、燕青和解宝六人。

有刺绣的人总是让人感到很牛的样子，尤其是古惑仔必备之虐己装饰品。

解宝的经历跟他哥哥一样，不在此赘述。单说解珍解宝临战死之前的一段话的确令人感动。两兄弟为了拿下乌龙岭，主动请战。上阵前，兄弟俩对宋江说道："我们兄弟两个，自登州越狱上梁山泊，托哥哥福荫，做了许多年好汉，又受了国家诰命，穿了锦袄子。今日为朝廷，便粉骨碎身，报答仁兄，也不为多。"

这是二人的临终遗言啊！士为知己者死，一对穷苦出身的猎户，被朝廷通缉的杀人犯，跟着突然转型做了"公务员"，风光不已，可以说是他们从来想都不敢想的事情，对宋江的感激之情流于言表，行于动作。明知山有虎，偏向虎山行。为了宋江无以为报，只有性命两条。没有想到，两兄弟真死了，尤其是解宝被活活砸死在乱山丛中。他们是为报恩于宋江而死的。而这段话的简单、质朴和真诚，正反映出这哥俩的人性本质。宋江对这两兄弟的逝去是痛不欲生的，"哭得几番昏晕"。

俗话说得好：不求同年同月同日生，但愿同年同月同日死。做到的很少，但是解珍解宝兄弟做到了。梁山好汉好几对亲兄弟，除二解之外，比如：孔明、孔亮，蔡福、蔡庆，朱富、朱贵，孙立、孙新，甚至宋江、宋清等都没做到同年同月同日死。从另一个层面讲，解氏兄弟死得还是很悲壮的。

出身贫寒的人，大多都比较质朴，容易知足且知恩图报，这给酒店选人提供了一点点参考。

038　浪子燕青

如果你是熟读《水浒传》的看官，问你书中的人物，你最欣赏和喜欢哪个？估计大多数都会选择浪子燕青！

天巧星浪子燕青，排位虽然位于三十六天罡星之尾，但是他的知名度和美誉度绝对超过前面的大多数英雄。作者在七十四回开篇夸赞道："他虽是三十六星之末，果然机巧心灵，多见广识，了身达命，都强似那三十五个。"

一首"沁园春"概括了燕青的全部：

唇若涂朱，睛如点漆，面似堆琼。有出人英武，凌云志气，资禀聪明。仪表天然磊落，梁山上端的驰名。伊州古调，唱出绕梁声。果然是艺苑专精，风月丛中第一名。听鼓板喧云，笙声嘹亮，畅叙幽情。棍棒参差，揎拳飞脚，四百军州到处惊。人都美英雄领袖，浪子燕青。

细品这首词就知道是夸燕青的。大致有三层意思：其一，英俊潇洒；其二，多才多艺；其三，武功高强。额滴神哪！这就是偶像啊！偶像是怎么炼成的呢？

燕青小时候是个孤儿，四处流浪，遇到了贵人卢俊义，被带回家中收为心腹。卢俊义很喜欢这个家奴，待其很好，并赐名：小乙。并给小燕青找名家做了精美的纹身，纹身主要由前胸、双臂的山水画和后背的青鸟（鹰）构成，山水画源自一幅宋代的山水画——苏东坡的"岁寒三友"，包含了松、竹、梅三种元素，体现了燕青玉洁冰清、傲立霜雪的高尚品格。在宋朝流行的时尚纹身上下足了功夫，就是为了体现燕青忠、勇、仁、智、信的性格。我们在水浒的故事里可以看到这几种德行恰恰在浪子燕青身上得到了最完美的体现。

下面我们来剖析一下燕青，希望能给我们酒店人一些启示。

一、特长突出。

梁山好汉一百零八将，立足江湖，大部分人以武功立足，其次是自己的特长。燕青二者兼备。燕青的武功，有两个特点：个性＋技术含量，属于四两拨千斤的范畴。燕青不似林冲、关胜之辈，横刀立马，统率三军；也不像鲁智深、李逵等人，蛮力盖世，排头中砍人。燕青的功夫并不适合疆场作战，只适合一对一的单挑。他的看家本领是"相扑"，不是日本的那种相扑，而是一种类似现在柔道、空手道之类的摔打功夫。"自幼跟卢员外，学得这身相扑，江湖上不曾逢着对手"。卢俊义是他师父，但过起招来未必是他的对手，这就是青出于蓝而胜于蓝。就像很多体育项目，教练只能教，真与队员过招是不行的。比如，刘翔和孙海平，孙杨和朱志根。黑旋风李逵够牛吧！在梁山上天不怕地不怕，翻了脸宋江也敢骂，唯独怕燕青。"李逵若不随他，燕青小厮扑，手到一交。李逵多曾着他手脚，以此怕他，只得随顺。"擎天柱任原"身长一丈，貌若金刚，约有千百斤力气"，且任原是专业扑手，曾扬言"相扑世间无对手，争交天下我为魁"。在泰安摆擂两年未遇对手，结果被燕青"头在下，脚在上，直撺下献台来"。不带兵器的单打独斗，燕青只怕会打遍天下无敌手。所以，燕青的功夫，体现出真的中国功夫。据说，燕青还创造了一套燕青拳留于后世。

燕青还有一手绝活："拿着一张川弩，只用三枝短箭，郊外落生，并不放空，箭到物落，夜间入城，少杀也有百十个虫蚁。"在林子里救卢俊义，一箭一个，结束了董超、薛霸的性命。在双林渡"初学弓箭，向空中射雁，箭箭不空。却才须臾之间，射下十数只鸿雁"。这功夫，梁山好汉中也只有小李广花荣堪比，如果参加奥运会射箭比赛，神马韩国选手等，统统都是浮云，拿过来的金牌那是杠杠的。

燕青的特长比较鲜明，最关键的是比较精，他的弩弓、相扑无人可敌。这一点给我们酒店人的启发就是，无论你做酒店哪个岗位，一定要做到专、精。这是最起码的糊口之术。

二、多才多艺。

有人说梁山造反不成，其中一个原因是文化人少，大多是武夫、莽汉、粗人。团队管理的最高境界应该是文化管理，可梁山缺乏的就是这一点。但燕青算是一个文化人、一个雅人，吹拉弹唱，样样精通。扮个山东货郎，"一手捻串鼓，一手打板，唱出货郎太平歌，与山东人不差分毫来去"。与一代名伎李师师琴箫合奏，玉佩齐鸣，黄莺对啭。师师不住声喝彩道："哥哥原来恁地吹的好箫！"唱起歌来，声清韵美，字正腔真，宋徽宗听了，甚是欢喜，"命教再唱"。徽宗、师师何等人物，燕青以一不速之客，仅凭几分才艺，让二人喝彩，水平之高，自不待言。燕青如果生在当下，参加选秀的话，横扫一片好声音等应不在话下。

酒店人在专业、职业做得很棒的情况下，若再多才多艺，绝对是一件锦上添花的事情。酒店的管理者，能唱三五首经典老歌，会跳几步交谊舞，再会玩几样乐器，酷毙了！那绝对对你的职业生涯有很大帮助。

三、风流有度。

人不风流枉少年。在酒店这个美女帅哥如云的场所，能否把持住自己，对大多数人来说绝对是个考验。看燕青：燕青号称"风流浪子"，多才多艺惹风流。梁山招安遇到阻碍，燕青说"枕头上关节最快，亦是容易"，提议走李师师的枕风路线。事实证明，这个策略很成功。李师师是谁？北宋末年色艺双绝的名伎，艳满京城，在仕子官宦人物中颇有声名，深受宋徽宗喜爱，是国家元首的红颜小 N（绝非小三）。招安的重头戏是和李师师打交道，人选非燕青莫属。燕青曾两度见过李师师，这是基础。第三次见面时，燕青本色就尽显人前。在燕青眼里，李师师是："别是一般风韵。但见容貌似海棠滋晓露，腰肢如杨柳袅东风，浑如阆苑琼姬，绝胜桂宫仙姊。"绝对天姿国色啊！连皇帝宋徽宗也为之倾倒，可见其魅力非凡。燕青和李师师的见面交流会，对话得体自然，体现他见多识广的一面；回答李师师问题能言善辩，口舌利便；呜呜咽咽吹一曲箫，博了李师师的喜欢；展出一身花绣，引得李师师十分大喜。自古美女爱帅哥，作为李师师这样一个绝代佳人，王的女人，其实其内心是相当孤独的，正如那一盏苦涩之茶，纵使有倾国倾城之貌，却依旧是"最是人间留不住，朱颜辞镜花辞树"。那些风月之恩客如何能懂美人寂寞惆怅之心？！宋徽宗对她情有独钟，那也是痴迷其的皮囊之色，稀罕其的非凡气质。师师深知她只不过是皇帝一时兴起的玩物，如同红宫粉黛三千，总有一天，皇帝也会对她腻味的。李师师活在这寂寥红尘中，没有知己朋友，灵魂自是孤寂的。所以在外人看来，此女冷艳孤傲，不可方物。师师更视金钱如粪土，一般达官显贵如何能入其眼？！突然老天和她开了一个不大不小的玩笑：天上掉下来个燕弟弟。美人李师师，纵使她眼光再高，也难逃英雄气节过人的男人。这个时候，浪子燕青出现在了她那空虚乏味的情感世界中。李师师心里激动之余，言行举止难免有些暧昧。可是燕青知道自己此行的任务是什么，要达到的目的是什么。梁山派燕青是通过李师师来求皇上的，要是万一燕青和李师师闹出些什么八卦花边绯闻来，变成和皇上争风吃醋，把王的女人给挂上了，别说招安的事满砸，一百零八条命都得送了。不是燕青不解风情，若不解风情就辜负了风流浪子的名头，他懂得这些。燕青懂得欣赏李师师，可同时他深知自己的使命，在酒色面前把持得很稳当，而且情急之下，灵机一动，拜了李师师为姐姐。"那八拜，是拜住那妇人一点邪心，中间里好干大事。"所以书中赞："燕青心如铁石，端的是好男子！"风流燕青，才情四溢，却并没有泛滥，风流而有度，这才是燕青。试问，面对这样一个尤物，大多自诩风流倜傥的酒店人谁能抵挡得住？在大是大非大诱惑面前我们还是要向浪子燕青学习！

四、自信有谋。

卢俊义被梁山大忽悠智多星吴用扮算命先生忽悠，说卢俊义有大灾祸，卢听信吴用言语，欲去山东泰安州烧香避祸。燕青外出回来听卢说后，感到事情蹊跷，劝说道：

主人在上，须听小乙愚言。这一条路去山东泰安州，正打从梁山泊边过。近年泊内是宋江一伙强人在那里打家劫舍，官兵捕盗，近他不得。主人要去烧香，等太平了去。休信夜来那个算命的胡讲。到敢是梁山泊歹人，假装阴阳人来扇惑，要赚主人那里落草。小乙可惜夜来不在家里，若在家时，三言两句，盘倒那先生，倒敢有场好笑。

可是卢俊义没有听他的话，事情的发展恰好按照燕青的说法发展了下去。此事凸显了燕青的见识、自信和社会经验。

年纪轻轻的燕青善用计谋，考虑事情比较周全。卢俊义攻打王庆，破了奚胜六花阵，王庆差伪都督杜领十二员将佐、兵马二万，前来救援的时候，燕青先是劝卢俊义不要出战，劝说未果的时候，他要了五百人的队伍，去给卢俊义的战斗不声不响地作了补救。幸得燕青砍伐树木，搭出浮桥，卢俊义的军士得以渡河，救了二万人的性命。燕青这种替领导补位的做法，怎能不招人喜欢呢！

五、见识广远。

征讨方腊结束后，梁山损兵折将，剩余大部分人都等着皇帝封赏。唯燕青懂得兔死狗烹、鸟尽弓藏的道理，劝卢俊义道：

> 今既大事已毕，欲同主人纳还原受官诰，私去隐迹埋名，寻个僻净去处，以终天年。

> 主人岂不闻韩信立下十大功劳，只落得未央宫里斩首。彭越醢为肉酱，英布弓弦药酒。主公，你可寻思，祸到临头难走。

燕青的见识是长远的，他的见识也是智慧的见识。如此理智的劝说，卢俊义仍然听不进去，无奈燕青只能独自功成身退了。施耐庵末了的感叹"若燕青，可谓知进退存亡之机矣"，是对燕青最巧妙、最中肯的称赞，亦是对其人生观最集中的诠释。其实宋江、卢俊义的下场跟现实酒店的很多经理人的结局是一样的。酒店开业筹备期间，利用酒店职业经理人打理至开业理顺，然后嫌其费用高昂，逐步辞退。曾经一酒店好友感叹，酒店总经理难做：生意好了，老板觉得有你无你都行，给你高薪心疼；生意不好，觉得有你无用，不如踢走。这也是酒店人的一种悲哀。如果酒店人都有燕青的远识，审时度势，进退有度，将会有一个完美的结局。

六、重义感恩。

卢俊义被吴用忽悠上了梁山，从梁山盘桓数日回北京，并不知家中已发生诸多变故——自己不但被戴了绿帽子，家产被管家和媳妇侵吞，而且自己忠实的心腹小乙被逐出家门，再次流浪街头。已经穷困潦倒靠行乞度日的燕青，为了让卢俊义知道家里发生的事情，便"头巾破碎，衣裳蓝褛，看着卢俊义纳头便拜"。他告诉卢俊义：

> 自从主人去后，不过数日，李固回来对娘子说道："主人归顺了梁山泊宋江，坐了第二把交椅。"如今去官司首告了。他已和娘子做了一路，嗔怪燕青违拗，将我赶逐出门，将一应衣服尽行夺了，赶出城外。更兼分付一应亲戚相识，但有人安着燕青在家歇的，他便舍半个家私和他打官司，因此无从敢着。小乙在城中安不得身，只得来城外求吃度日，权在庵内安身。主人可听小乙言语，再回梁山泊去，别做个商议。若入城中，必中圈套。

句句实情，卢俊义却句句听不进去，自负了得。说到贾氏，燕青明白地说了实情：

> 主人脑后无眼，怎知就里。主人平昔只顾打熬气力，不亲女色。娘子旧日和李固原有私情，今日推门相就，做了夫妻。主人若去，必遭毒手！

燕青此时是直人直语，并没有回避那些令人难堪的话题，想让卢俊义惊醒。可是招来了卢俊义的喝骂和飞起的一脚。燕青已经做得足够，仁至义尽，算得上是有良心的人，可是燕青懂得感恩，为了报答卢俊义的养育之恩，当卢俊义被押进牢房之后，本身要靠乞讨度日的燕青，要来了残羹冷炙也舍不得自己吃，还想到要给卢俊义留下来。卢俊义被押上路之后，燕青就一直跟定了，最后射死两个公人，救了卢俊义一命，背着负伤的主人前行。卢俊义二次被抓后，他拼了一死前往梁山泊搬救兵。燕青的心细、忠心、义气、理智，可见一斑。让我们酒店人都静下心来想一想你是否是酒店中的燕青？你身边可有酒店中的燕青？

七、听言后行。

燕青虽然才能卓著，但性格不张扬，处事低调，顺遂性情。燕青不是简单的仗义疏财和快意恩仇，燕青的性情之中是冲淡和雅致，讲究更多的是勘破世象，知天达命。最重要的一点，燕青能听进别人的话，而且能分辨是非，按自己的判断去做，其最后的结局才相当完美。双林镇燕青遇到故人许贯忠。许绝对是个世外高人，他对燕青进行了一番点拨，使燕青的归宿得以改变。燕青被许贯忠邀至住处夜谈，只见其住处"树木丛中，闪着两三处草舍。内中有几间向南傍溪的茅舍。门外竹篱围绕，柴扉半掩，修竹苍松，丹枫翠柏，森密前后""数杯酒后，窗外月光如昼。燕青推窗看时，又是一般清致：云轻风静，月白溪清，水影山光，相映一室。"许贯忠告诉燕青：

> 今奸邪当道，妒贤嫉能，如鬼如蜮的，都是峨冠博带；忠良正直的，尽被牢笼陷害。小弟的念头久灰。兄长到功成名就之日，也宜寻个退步。自古道："雕鸟尽，良弓藏。"燕青临走时贯忠相送出门。贯忠道："兄长少待！"无移时，村童托一轴手卷儿出来。贯忠将来递与燕青道："这是小弟近来的几笔拙画。兄长到京师，细细的看，日后或者亦有用得着处。"

这样清幽的环境，此等知心的话语，这么明智的提醒，画的内容书中虽未披露,应该与许看破世事劝归隐有关。此次相遇,使燕青的结局有了一个方向。可以说,挽救了燕青的性命。

征讨方腊之后,梁山中人死的死,伤的伤,原本是要回去加官晋爵,衣锦还乡的。燕青却在劝说卢俊义不成的情况下,自己悄悄走了。临走,他拜了卢俊义八拜,是感恩也是告别。同时给宋江留书一封:

辱弟燕青百拜恩告先锋主将麾下:自蒙收录,多感厚恩。效死干功,补报难尽。今自思命薄身微,不堪国家任用,情愿退居山野,为一闲人。本待拜辞,恐主将义气深重,不肯轻放,连夜潜去。今留口号四句拜辞,望乞主帅恕罪:

情愿自将官诰纳,不求富贵不求荣。

身边自有君王赦,淡饭黄齑过此生。

"退居山野,为一闲人。"燕青最后用这八个字为自己的性情作了最圆满的解释。梁山诸好汉中,最后真正能勘透世事的,浪子燕青而已。这一切,皆因许贯忠对其的点拨,而燕青牢记在心后赋予行动而已。

酒店业中很多从业者,很多不善于聆听,我行我素,看不清形势,吃了大亏的人大有人在。这一点真的要向燕青学学。

八、公关能力。

都说燕青是梁山泊第一流的外交人才,公关能力出众,此言非虚。作为梁山第一公关先生的燕青,具备了做公关的基本条件。仪容仪表风流俊俏非常招人喜欢,在泰安州打擂时,惹得台上台下"如搅海翻江相似,迭头价喝彩"。人都喜欢美的,讨厌丑的,面目可憎的人说话谁都不爱听。燕青出去办事,未曾开口先赢得别人好感。就是现在来看,哪家公司聘用公关先生、公关小姐不是先以貌取人呢?

梁山英雄排定座次后,宋江以京城看花灯的名义为自己的招安探探路。此时燕青的外交才干还未显山露水,宋江也没打算带他,只是李逵闹着要去,宋江只好要燕青陪去,任务无非是看住李逵。没料想燕青是那种给点阳光就十分灿烂的人物,一到东京就黏上了徽宗皇帝的宠姬李师师,而且引宋江进了档,与此花魁娘子对坐饮酒。徽宗从地道来时,宋江一伙"闪在黑暗处",偷窥了皇帝与师师的幽会，得睹天颜。因为这一次的突出表现，后来的招安之事，宋江几乎交与燕青一手操办。浪子燕青果然不负重托，以一曲箫声迷住李师师，凭一唱一哭打动了徽宗，进而将宋江欲受招安的意思和盘托出，使徽宗了解了童贯、高俅等人兵败梁山的实情，下定了招安梁山好汉的决心。接下来的问题，是要解决谁去招安。朝廷第一次招安不成，就是用人不当。宋江等在山寨就议定，非宿太尉出马不能成功。燕青面见天颜后，和戴宗去见太尉。但太尉"是今上心爱的近侍官员，早晚与天子寸步不离。归早归晚，难以指定"。燕青当机立断，在街上跪下挡驾，用一封旧友书信和金珠宝物，将宿太尉搞定。招安的准备工作，至此被燕青做得滴水不漏。梁山一伙接受招安，已是水到渠成。燕青几次在京城的活动有很清晰的层次，这说明燕青的理性很强，办事情条理清楚、处置有度。见李师师是为了通过她见到皇帝，见到皇帝通过给自己求得赦免令而说清楚梁山的情况，让皇帝心中有数；同时去见宿太尉，把希望宿太尉前去招安的意思传达给他，是因为招安一定要有一个合适的人去实施这项工作。尤其在李师师的面前把持有度，显出男儿本色。宋江人生中的头件大事，就是招安，而招安的关键人物就是燕青。在整个事件中，其察言观色的明慧、八面玲珑的机巧、随机应变的机智、当机立断的果敢、操控大局的魄力，令人叹服。可以说，无燕青则无梁山的招安。至于招安的对错，本不是燕青的责任。以他的身份，只是个业务干部，不能影响梁山的决策。只可惜燕青人在江湖，身不由己，通身才胆，只能用于招安了。

酒店人妥善处理好公共关系，保证酒店的经营不被外界干扰，至关重要。酒店公共关系的重要性愈发凸显，酒店从未开业到开业和政府各职能部门打交道是必不可少的，经营中和客户的关系维系仍然是不可或缺的！酒店需要公关人才，尤其需要燕青式的公关人才。

九、人缘人脉。

燕青之为人，可谓锦口绣心。在大名府时，他是卢俊义的家奴，只要忠诚于卢一人即可。上得梁山，人际关系就变得十分复杂，有多重关系需要处理。首先是与卢俊义的关系。从最后他离开卢俊义时的情形看，他们的主仆身份是没有变的，他自始至终保持了对卢的忠诚。宋江是梁山的首脑，燕青是他的部下，因此，燕青在梁山除了要处理好与卢俊义的主仆关系，还得处理好与宋江的上下级关系。燕青上山不久，即取得了宋江的高度信任，成为宋江最主要的心腹。宋江对他的倚重，超过了很多江州时期的弟兄。除此之外，燕青是脸上贴着"卢记"标签的人。卢俊义在梁山上，处境其实非常尴尬。卢才上山，宋江就要让位于他，被李逵、武松等一顿吵闹，只得作罢。打下曾头市后，宋江又要让位，结果吴用、李逵、刘唐、鲁智深等人，有的唱红脸，有的唱白脸，又给搅和了。后来虽然坐了第二把交椅，卢俊义和这些人的关系，能好到哪儿去？以燕青的身份，很容易两头受气，里外不是人。燕青却智义双修，把这些兄弟都摆平了。反对卢俊义当一把手的黑旋风李逵，和燕青几乎成了最好的朋友，左一个"小乙哥"，右一个"小乙哥"。燕青到泰安打擂要跟着去，燕青进城看灯也要跟着去。柴进、戴宗与宋江是生死之交，梁山上的资深头领，都与燕青十分友好。燕青下山去办招安事，戴宗主动要"帮他去走一遭"；打方腊时，柴进欲入虎穴，到方腊身边当卧底，对宋江提要求："只是得燕青为伴同行最好。"宋江特地行文从卢俊义处调来了燕青，使之与柴进一同前往。从时间上看，燕青与这些人实在交浅，但他们都视燕青为生死之交，燕青为人水平之高，梁山泊里实无能出其右者。

酒店人加入一个新的团队，工作和生活是否开心和顺利，人际关系很关键。如果是组团进驻，多少会有派系之分，不小心自己就会贴上标签。如果不能打破这些形式上的界限，工作的推进将会僵化。低调、务实、主动融入、展现自己、靠能力征服同事、改变自己，才是根本。

燕青这个角色，笔者费墨较多，因为他身上具备了很多值得酒店人回味和借鉴的东西，连贯下来，燕青几乎就是一个完美的人，的确值得酒店人学习和研究！

039 神机军师朱武

俗话说：宁为鸡首，不为牛后。

地魁星神机军师朱武，贵为七十二地煞星之首并非舒心。最起码，征方腊回来后，受到的封赏官爵金银与天罡星的差距还是很大的！但是朱武的能力在梁山上是绝对被低估的一位。

朱武，定远（今安徽定远）人氏，《水浒传》中说他"虽无本事，广有谋略"。最后这四个字，几乎点出了朱武的出身，知识分子！梁山上的文化人可谓凤毛麟角，朱武就是其中的一枚。

朱武原是少华山山寨的带头大哥。少华山"草寇"是《水浒传》中第一个出现的"社团"组织，规模甚至比当时的梁山"草寇"还要大。当少华山"草寇"在动华阴县脑筋的时候，王伦为首的梁山"草寇"还只敢劫劫单身过往客商。而其对比人物吴用只不过还在村里教书。可见，朱武骨子里是一个想谋大事的人。

外号"神机军师"的朱武，心机绝对深厚，心理学学得很到位。

有几个小细节可以佐证。朱武在少华山做大哥的时候，准备洗劫华阴县。这是抢劫政府啊！曾顾忌华阴县附近的史家庄庄主史进是个人物，是个障碍，朱武不主张硬碰硬，但是二把手跳涧虎陈达不买账，想去扫除障碍，自己率人去扫荡史家庄，结果被史大郎活捉。朱武知道硬拼他和杨春肯定打不过史进，就想出了条苦肉计：与杨春二人自投罗网，跪在史进面前说，我们兄弟三人生死与共，胜似桃园结义刘关张，不求同年同月生，但愿同年同月死，你把我们一起抓了交给政府吧。把青春年少、意气风发的帅哥史进感动得一塌糊涂。义气啊！得，史进不仅不把陈达交给政府，而且还把他放了，并与朱武等称兄道弟起来，少华山山寨同史家庄关系就开始密切起来，结成了友好联盟。这是与"草寇"勾结啊！终于被一个叫李吉的家伙密告政府。在八月十五月圆之夜，少华山三名大哥在史家庄赏月饮酒之时，华阴县县尉亲率大批衙役包围了史家庄，围捕朱武等人。这时候朱武判断准确，故技重施，立马和陈达、杨春向史进跪下道："哥哥，你是干净的人，休为我等连累了。大郎可把索来绑缚我三个出去请赏，免得负累了你不好看。"可怜的史进这个法盲富二代，到这份上还要硬撑江湖义气，就与朱武等人一起拒捕，结果祖上留下的庞大产业也就此毁了，从此成了通缉犯。各位看官看到这段，不知有何感想？是不是觉得史大郎颇有点被人卖了还帮人数钱的味道？不过也不得不佩服朱武的手段高，抓住了史进的心理，就这样吃定了史进。

酒店人对心理学还是要多研究，抓住客户的心理进行公关，方能成功。后来史进最终落草少华山，能屈能伸的朱武感慨当时救命之恩，主动让出了大哥的地位，甘居山寨二哥。

后来朱武一伙在梁山打华州的时候并入梁山，之后，心机深厚的朱武沉寂了一段时间，毕竟没进入核心领导层啊！真金不怕火炼。朱武在梁山招安大计上留下了一笔。梁山俘虏了高俅后，宋江、吴用竟然妄想走高俅的门路，曲意逢迎又把人放了，结果发现高俅过河拆桥，根本没有招安的意思，吴用放了通马后炮也无计可施。这时候燕青建议通过李师师直接搭上宋徽宗的线，而朱武则是建议走宿太尉的门路，因为宋江在打华州时跟宿太尉有过交流。后来的事实证明，这两条路合二为一终于成功被招安。从这一细节上来看，朱武的谋略并不比吴用差多少。

梁山招安之后，为朝廷东征西讨时，兵分两路，朱武一直作为卢俊义一方的军师，身份极为重要。朱武最牛的一件事，就是攻打王庆时破了六花阵。而且在打方腊失利时他还说出了一个原因："古人有云：'天时不如地利，地利不如人和。'我等皆是中原山东、河北人氏，不曾惯演水战，因此失了地利。"以上三点皆可说明神机军师朱武的过人之处。

朱武是熟读兵书，深谙兵法韬略，具有运筹帷幄之谋的人。朱武的结局书中写道："朱武自来投授樊瑞道法，两个做了全真先生，云游江湖，去投公孙胜出家，以终天年。"再一次证明朱武是一位全才，对道法也颇有研究，而且看透世事，最终落得个逍遥自在。

研读朱武告诉我等酒店人：

1. 心理学的学习研究不可忘记。

2. 不要计较一时得失，能屈能伸方为大丈夫。

3. 博学很重要，在关键时刻会体现自己的价值。

4. 学会看破和放下，才能得到更多。

040　镇三山黄信

梁山英雄排座次，地煞星黄信排名三十八位，位列地煞星第二。职司马军小彪将兼远探出哨头领，于十六小彪将中排名第一。这是一个有故事的人。

黄信原是青州知府慕容彦达麾下兵马都监（青州军分区的上校副司令），乃青州指挥司总管本州兵马统制霹雳火秦明（青州军分区的大校司令员）之徒，有师傅秦明提携（上面有人），加上自己有一身武艺，提拔到副司令这个职位上也是理所当然的。

这和酒店圈是一样的，自己单闯不如跟着有作为的师傅发展得快啊。师傅做酒店总经理，自己再不济，也能做个部门长什么的。自己有两下子，加上了解自己的人给机会，提携自己，想不升职都难。所以，酒店人要记得提携自己的贵人。

黄信武艺高强，威镇青州。兼那青州地面，所管下有三座恶山：清风山，二龙山，桃花山。"这三处都是强人草寇出没的去处。黄信却自夸要捉尽三山人马，因此唤做镇三山。"此绰号一可拿出来唬唬人，二也是给自己定个工作目标。如果接下来不出宋江管闲事，元宵看花灯被捉这档子事，黄信没准也能熬到兵马统制（大校司令员）的岗位上，可命运和黄信开了个玩笑，绕了坎坷的一大圈，官位从起点又回到了起点。

清风寨知寨刘高捉了黑三郎，误以为是清风山的匪首，花荣来要人，露出破绽，刘知寨心生一计，想借此机会扳倒花队长，自己独霸清风寨。于是就添油加醋报告慕容知府，慕容知府派黄副司令前去把花荣的事情查清楚，拿人。这件事情是很有难度也是很需要技巧的。黄信在水浒众多武将中，算是一位很有头脑也很懂得政治策略的人。像花荣那样武艺高强而又桀骜不驯的主儿，黄信如果是摆着钦差大人的谱儿去，花荣不但不会买他的账，反而说不好还会动武。所以，黄信审时度势，充分地利用花荣的性格，利用自己是上司和同样武官的身份，取得花荣的信任，并且设计了一个鸿门宴的计策。黄信直接去了花荣寨，说是来拜访和调解清风寨内文武官僚不和，并请去喝个调解酒。花队长和黄副司令属于一个级别的军队干部，在以前开会游玩的时候也应该见过面，彼此认识，这就让花队长放松了警惕。花队长让黄副司令几句好话就搞晕了头，还拉着黄副司令的手说，还是兄弟你了解我呀，哪里知道两杯酒下肚黄副司令把杯子一扔，周围来人就把花队长给捆了。

酒店工作，同事之交要和睦团结，慎得罪小人。刘高之流要敬而远之，客客气气。再有能耐的人也经不起小人惦记，天天被人想着给上级打小报告啊！说不定，哪一天被拿下，自己都不知道怎么下课的。当然，刘高这样的小人是没有好下场的。

黄副司令拿了花队长，但是放过了花队长全家，包括日后自己的那个师娘（花荣的妹妹嫁给了秦明），这点也算是秉公执法，上对得起政府下对得起江湖义气。

黄信打算将宋江、花荣二人一并解往青州，途经清风山，被清风山好汉锦毛虎燕顺、矮脚虎王英、白面郎君郑天寿三人合力拦截，黄信双拳难敌六手，三十八计走为上。黄信搞不定这帮人，师傅只好出马，悲剧的是秦司令被黑三郎陷害，全家被屠，搞的无路可走，宋江又许其如花美眷花小妹，只好入伙上了梁山。作为黑道的规矩，黄信就成了秦司令的投名状对象。俗话说，一日为师终身为父，可见师傅这个位置很重要，不是天下的师傅都是好师傅，必要的时候，师傅为了保全自己，照样会牺牲爱徒，秦司令就利用自己是黄副司令的师傅，恩威并举，把黄信弄上黑道的。黄信对秦明忠心追随，在关键的时刻，能够抛却官位前途，而且以义气当先，不愧是一条好汉。

镇三山黄信一直觉得自己的命运和他的师父秦明的命运是紧紧联系在一起的。但是，这两个人的命运又是完全不同的。秦明是直性子直脾气的人，原则性很强，一旦决定的事情从来没有反悔。而黄信很多时候就懂得灵活处世，而且能够在江湖风浪中一身自在。

在梁山上，黄信和他师父是最低调的两位，一般什么都是沉默相对。但是，沉默并不代表他们没有想法，黄信和秦明不同在于，黄信还很年轻。对于见惯了世事浮沉的秦明来讲，他或许对于政治或者说是梁山的方向问题真的不是太在乎了；但是，年轻有为的黄信，他还是希望能展现自己，体现自己的价值。尽管黄信名号很吓人，武功一般，但是战斗时常常冲在第一线。在奠基宋江大业的祝家庄一战中，虽说黄信被捉，但是还是证明了他敢打敢拼的风格。后来，在大战呼延灼的连环马里，黄信不幸中箭。在梁山，我们知道有很多高手是没有受过伤的，一是他们武艺确实了得，二也不能排除他们一般是自矜身份而不肯轻易出战。比如，关胜、杨志等人。但黄信却并非如此。后来梁山被招安，开始为国家征战时，黄信的武艺有了很大的进展，这说明上梁山以后，他对于武功是一直没有懈怠的。在攻打辽国的时候，黄信在乱军之中杀死了贺统军贺重宝，贺统军在辽国战将中仅次于兀颜光。在征王庆的时候，黄信为林冲的副将，在林冲一枪击毙柳元后，黄信同时一刀斩死潘忠。攻取方腊常州的时候，黄信战赵毅占上风，虽然赵毅还是逃脱了。攻取方腊苏州的时候，黄信等八员大将与方貌手下八骠骑分别一对一单挑，黄信战郭世广，最终以朱仝击败苟正而胜利。在歙州，孙立、黄信、邹渊、邹润四人力敌方腊尚书王寅，最终在林冲协助下杀死王寅。这些战绩有秦明的教导，也有黄信自己的勤奋努力。

酒店人始终要明白自己要做什么，什么才是自己立身养家的本领。业务一定要与时俱进，不可一日荒废。在现在的网络时代，很多酒店人也许会感慨：山中方一日，世外已数年。紧跟时代步伐，磨炼自己，走向成熟。不管外部环境如何变迁，自己亦能自在地立于方寸之间。

黄信作为七十二地煞星成员，副将身份，经过征辽、打田虎、平王庆、灭方腊能幸存下来的少数人员之一，是很不简单的。这与黄信的低调性格，勤奋努力，练功不辍，善于用脑等习惯是分不开的。班师回朝后，黄信被封为武奕郎兼诸路都统领，仍任青州做青州兵马都监，也算修得了一个圆满的正果。

天不弃勤，天道酬勤。酒店人谨记之。

041 病尉迟孙立

早几年,随着电影《无间道》系列的上映,"无间道"这个词的原意疑似有变化,好像成了"卧底"的代名词。但是,能做"无间道"的人,综合能力绝非一般。

水浒英雄,地勇星病尉迟孙立就充当了一次"无间道"。孙立原是登州兵马提辖,因为他善使铁鞭、枪,精熟弓马,仿佛民间形象中的唐朝名将尉迟恭,又因"淡黄面皮",故江湖上人称"病尉迟"。登州海边的贼寇遇见他,都望风而降。可见,孙立绝非等闲之辈,事实上也是如此。作为登州驻军提辖,如果不是因为亲戚涉案,以他的修为,官位上升也是很有可能的。案件的发生很曲折,大致如此:孙立的弟弟叫孙新,孙新的老婆是顾大嫂。顾大嫂的两个表弟是解珍解宝,兄弟俩因一只死虎遭毛太公陷害进了监狱,在监狱结识了小牢卒乐和,乐和的姐姐嫁给了孙立。孙新有两个土匪好友是叔侄俩邹渊、邹润。这帮人为救解珍、解宝兄弟,由顾大嫂出面,先游说了老公孙新,后一起又游说了大伯哥孙立,结果,孙立以亲情为重,放弃了事业,劫了大牢,救出了受陷害的解珍、解宝兄弟,并一起投奔梁山泊。

孙立初上梁山,就给宋江送了一份大的投名状。宋江为了在梁山扬马立威,率领自己的嫡系部队,信心满满地准备攻打一个小村庄——祝家庄,练练手。结果是攻打两次,不仅没有成功,还失陷了几个兄弟。正在郁闷无比的时候,"天上掉下来个孙弟弟"。孙立亲自给宋三郎献计说:祝家庄兵马教师栾廷玉正是自己的同门师兄,我可以打着登州兵马提辖助阵的旗号进入祝家庄做卧底。孙立就这样做了一回"无间道"。那个时候没有电话,更没有Wi-Fi;否则,栾廷玉往登州打个电话落实一下,或者上网一搜,自己的师弟劫狱这么大个事网上早就沸沸扬扬了。这更进一步说明,栾廷玉是一个多么朴实的人。可惜自己的师弟不仅出卖了他，而且自己还被宋江一句"只可惜杀了栾廷玉那个好汉"给完了个篇。其实，栾廷玉被谁杀的，书中并没交代，这为《水浒后传》让他复活，埋下了个伏笔。这符合电影创作规则，《水浒无间道2》中，师兄弟俩还有故事。文归正传，最终孙立与梁山人马里应外合，攻破了祝家庄。孙立可以说立了一大功。

可是，在梁山聚义一百零八将英雄排座次时，孙立那叫个憋屈啊！心里面不知道问候了多少遍宋江的祖宗十八辈。宋江给孙立排了个梁山第三十九位，马军小彪将兼远探出哨头领第二名。这明显的有打压的意思啊！大家知道，孙立放弃事业救下的小弟，那两个猎户解珍解宝都是排在天罡星之列的。这不是扇我孙立的脸吗？论武艺，排在五虎上将第八位的呼延灼，我跟他战到三十余合还不分胜败，其他人跟我单挑咱也从未输过，武艺应该可以了吧；说到出身呢，"祖是琼州人氏，军官子孙"，投靠梁山前也是堂堂一郡的兵马提辖，按说出身应该也不差了；其实要论功劳吧，我孙立尚未上山，便送一大礼给你个宋黑子，祝家庄若非我孙立做无间道，你还不知要打到几时？天罡星轮不到，已经够冤得了，地煞星里还排到了第三名！朱武尚可以说是尊重知识分子，但排到了黄信这个自诩镇三山的"大牛皮"之后，这真是悲哉又悲哉。苍天啊！为什么？这是为什么？酒店人看到这儿，可以自己考虑一下，如果你为团队立了大功，自己能力又不差，被上级如此打压，在精神和地位上受到双重侮辱。你会采取什么措施呢？抗争？撂挑子不干？还是采取其他极端措施？让我们接下来看看梁山排座次后孙立的表现。

座次终究改变不了能力，也可以说职位高低也掩不住自身的实际能力大小。梁山将领被招安后，连续征辽、打田虎、平王庆、灭方腊，看孙立是如何用表现对待上级对自己的不公的。征辽鞭毙辽邦先锋寇镇远，由枪、箭、鞭展示了孙立过人而全面的武艺，这一仗书中不惜浓墨重彩，大肆铺陈，其中招数精妙，是描写较为精彩的一战；战田虎手下四威将之一方琼，二十合就占得上风，后来敌阵中放暗箭射倒孙立战马，孙立仍然步战抵挡；城市巷战用鞭打死南国飞虎大将军张威等。历经无数次生死考验，每次战役都以性命相搏，稍有闪失即命丧疆场。尤其是征方腊，最后能活下来的除宋江是重点保护对象之外，其余不是有运气,就是有过人的智慧或高超武功方可能幸免,孙立即是其中之一。孙立虽然排名靠后,但几乎没打过败仗,多次在关键时刻发挥作用,战绩基本上与呼延灼相当。最后梁山上各个小集团战死者众,只有登州帮在孙立这个带头大哥的实际掌控下,活命保全的最多,仅仅折了二解和邹渊。"孙立带同兄弟孙新、顾大嫂并妻小,自依旧登州任用。邹润不愿为官,回登云山去了——乐和在驸马王都尉府中,尽老清闲,终身快乐。不在话下。"孙立在面对不公正待遇时,再一次用实际行动告诉自己的上级:是金子放在哪里都会发光,是钻石放在哪里都会闪亮。不重用我是你的错,我不靠行动展示自己才是我的错。酒店人可以默悟。

无间道者孙立的座次排名对他本人来讲可以说是一悲,孙立的结局可谓是一喜。人生都是在悲与喜的转换中过活,结局全靠自己去掌握。一本《水浒传》,拿在手中翻来翻去看了不知多少遍,但有一个疑团一直无法解开,就是孙立的排名为何如此之低?原因大概如下吧。

第一,自视清高。想来是孙立不会拉关系,不得领导的喜爱;花和尚鲁智深这个直人一见宋江,尚知大拍"马屁",说了一通"久仰"的话,而书中并未见到孙立和宋江会面后有何热烈之词。可以想象,要自视清高的我们的孙提辖作出如李逵、张横等一见便感动得向宋江下跪的举动,是很难的。

第二,宋江用人艺术。孙立上山时拉了一帮人马,且其中还有解珍、解宝这等武艺好手,若将其拔高,怕其在山内建立小山头,难以驾驭;同理,将解珍、解宝纳入天罡星,而将其贬入地煞星,应也包含离间之意。小人宋江心里话:孙立啊,孙立,不要以为立了个大功,就找不着自己了,你还是老老实实地在一线待着吧!

第三,综合素养高,业务能力(武功)强,不合群,招人嫉妒。从孙立造反至上山,均可看出其综合素养较高,冷静、大胆、机智(这几点在祝家庄表现得非常出色),再加上武艺高强,可堪与花荣媲美(而花荣是宋江的死党,故得重用)。这些素质充分表明孙立的处处高人一等,比五虎上将这等勇夫要聪明得多,所以到最后(征完方腊)他上山时的"小集团"大部分成员能保全身。

……

以上几条，作为下属，在职场上摊上任何一条都是很麻烦的，如果全部表现在一个人身上，要想得到领导的重用可谓天方夜谭吧。

酒店现实中也有不少有本事的人，不会拍马，被小人压制。从这点看，《水浒传》其实哲理很深，很多桥段是值得酒店人借鉴深思的。这也是笔者为何要研读透一百零八将的目的之一。

042　丑郡马宣赞

曾几何时，酒店行业从业者非美女帅哥不要，对面容、身材、谈吐的要求是何等严格。犹记得二十一年前，本人以高分考上酒店管理专业，当时的面试是何等严格，可以说是过五关斩六将，PK掉多少竞争对手，方才谋得了一张录取通知书，博得了多少人的艳羡啊！在分数达到的同时，个人形象是何等重要。当年我的竞争对手中，有很多高分但身材丰腴、肤色油亮、个头较为敦实的同学都含恨告别了酒店管理专业。不过我相信，他们在其他行业中发展得也依然很出色。时光荏苒，现如今的酒店业，薪水和前景的竞争明显没有其他行业吸引人，原来酒店业随处可见的帅哥、美女如今都成为稀有动物，即使有几个养眼的也成为酒店的镇店之宝，作为酒店的形象岗以高薪挽留着。

形象岗并非都是花瓶，也有实力派。但是，事实证明，非形象岗中，实力派的英雄更多。梁山好汉地杰星丑郡马宣赞，就是其中的一位。擅长用钢刀的宣郡马在一百零八将中排第四十位，地煞星排名第四。从排名看宣将军可以说武艺高强，但是长得丑，有多丑？"此人生的面如锅底，鼻孔朝天，卷发赤须，彪形八尺"，这就是现实版的大猩猩金刚呀，猛一看，整一个半人半妖的怪物。这种人别说实战能力有多强，朝你面前一站，你就只等着吐吧，等你吐完了，估计也没力气了，等着受死吧！

丑人有丑福，自有天照顾。君不见如今娱乐圈曾经的丑星都很吃香，个个都抱得美人归。宣将军也不例外，自己也赚了一房美娇娘。

机会总是留给那些有实力、有准备的人。一次，徽宗皇帝的一个本门兄弟，也就是一个王爷，在与一个番邦使者饮酒交流中，双方比试武艺，番邦之人平时以骑马射箭为强，估计连胜几场。王爷挂不住了，酒后一冲动，说谁能胜番邦使者，我把女儿许配给他。宣将军出马了，用连珠箭赢了对方。君子一言驷马难追,更何况是大宋堂堂的王爷。再后悔自己当时喝大了,脑子神经暂时短路了也晚了。丑就丑吧,再说男人长那么好看干嘛,帅哥又不能当饭吃,也不能当花瓶摆家里。随后就把自己美丽的女儿嫁给宣赞,宣赞于是就混了个郡马。否极泰来,乐极生悲。我们的郡主在成为宣太太后,竟然因为他长得丑,自己受不了得抑郁症,活活郁闷死了,这是个神马事情啊!实在不行可以离婚呀,自己给郁闷死也真算是千古奇死了。他的岳丈王爷估计也后悔得吐血啊,父母包办的婚姻不长久啊!话说郡主虽然死了,宣将军这个丑郡马的名号却留了下来,因为人丑,再加上郡主之死,"因此不得重用,只做得个兵马保义使"。再加上和朝中权贵不和,因此一直默默无闻。

梁山大军包围大名府,来势汹汹,势不可挡,扬言要荡平大名府,梁中书吓得不轻,连忙给朝中发 SOS 求救。正当大家一筹莫展的时候,丑郡马出来推荐浦东巡检司关胜。经过蔡京面试,最后朝廷破格提升关胜军衔,让他带领人马去解大名府之围。宣赞因为是推荐者,再说在朝中估计也烦了,也腻了,就一起跟着关胜的队伍荡寇去了。

关胜对梁山来了个围魏救赵,不去大名府,而是直扑梁山老巢,黑三宋江慌了神,连忙撤军,去解救梁山,在山下和关胜的政府军干了起来。此时的宣赞还是很牛的,最起码没对不起武艺高强四个字,号称宇宙霹雳无敌神箭手的花荣连射两箭都让宣赞成功避开,直到第三箭才射中宣赞后背护心镜,能够躲开花荣神箭的人天下也寥寥无几,可见宣赞武艺高强确实不是吹的。关胜最后兵败被俘,宣赞也顺道一起投降了梁山,在梁山上混了马军小彪将的位置,混口饭吃,先把性命留住再说。

招安事件宣赞肯定是投了赞成一票的,作为降将,他肯定是想通过招安事件给自己漂白,然后重新进入"公务员"行列。可是宣赞失算了,黑三宋江绞尽脑汁弄出来的招安,朝廷虽然接纳,但是赵老板开出的条件是只有平定辽国、王庆、田虎、方腊,才能让大家进入"公务员"行列。傻子都知道这是借刀杀人计,但宣赞作为一个配角,为了能重返"公务员"行列,只能跟着宋哥哥去南方卖命了。这次还真把命卖了。在苏州一战中,宣将军却一改在梁山岁月的低调,和敌将郭世广死掐,最后全死在饮马桥下,去另外一个世界去找他那曾经的郡主去了。

　　宣赞这个人的特点就是上山前比较勇猛，上山后碌碌无为，招安后就比较勇猛，这说明宣赞心里肯定是不愿意和梁山为伍的，他还是想在正路上混，只因为推荐关胜征讨梁山失利，才不得不暂时在梁山安身，一旦有机会，他还是要回去的。

　　在用酒店中的那些其貌不扬、有实力的人员时，一定要了解他的真实想法，看他是不是想真的为酒店做些事情，还是将酒店作为暂时的栖身之所。如果打开他心中的结，激发他的潜能，把他放在合适位置，他一定是一把好手，至于是不是形象岗都不重要了。

043 井木犴郝思文

天上二十八星宿中南方朱雀七星中有一星名曰：井木犴（àn）。犴即狴犴，是古代传说中的一种走兽，又传说是龙生九子之一，相貌威严。古代常把它的形象画在牢狱的门上。

北宋末年，一郝姓妻氏梦一井木犴投胎腹中，因而有孕，后生一子，名曰郝思文。其人长大后，相貌威严，"十八般武艺，无有不能"。因其母的传奇经历，人送他绰号井木犴。有《西江月》为证：

> 千丈凌云豪气，一团筋骨精神。横枪跃马荡征尘，四海英雄难近。身着战袍锦绣，七星甲挂龙鳞。天丁元是郝思文，飞马当前出阵。

一表人才的郝思文，自幼习得十八般武艺，熟读兵书战策。怀着报效朝廷、辅助君王的崇高理想，希望有朝一日出将入相不辜负"井木犴"这个绰号。二十八星宿可是玉帝的带刀护卫啊，井木犴可是二十八星宿之一啊！可惜有志青年生不逢时，在北宋末年那样一个奸臣当道的时代，郝思文在仕途上屡屡不得志。后来郝思文结识了蒲州巡警队队长关胜，大概跟着混了个临时工编制吧。关胜三十二岁才混了个蒲州巡警队队长的官衔，可见仕途不见阳光。

忽一天，两人正饮茶唏嘘长叹。天上掉了个馅饼（后来证明是个陷阱），关胜一个不受人待见的朋友丑郡马宣赞推荐关胜领兵攻打梁山，一跃成为率兵马一万五千人的正师级的人物。正可谓：一人得道鸡犬升天，好朋友有福同享有难同当。关胜趁机也推荐了好友郝思文，因此郝思文得以成为关胜的副将，跟随他一同攻打梁山。一夜之间转成国家正式干部了，我也算不出这是连升多少级了，估计郝思文那是相当兴奋，展现自己的时候到了。此事再一次证明，跟对人有肉吃，有酒喝。可是，郝思文高兴得太早了。理想很丰满，现实很骨感。梁山第一战，关胜就被呼延灼忽悠，设计拿下，导致全军覆没。（一个巡警队队长，仅仅靠围魏救赵的理论上位，指挥一万五千人，迎接大场面，缺乏应对各类事件的经验，只展望大好局面，跟呼延灼偷袭，不想后果，结果可想而知。酒店中靠理论破格委以重任失败的例子俯拾皆是啊！）郝思文连斗林冲、花荣，不敌而走，被一丈青扈三娘生擒，捉上梁山。宋江亲释其缚，郝思文一看带头大哥都投降了，我硬撑也没好果子吃，愿意投降。可能这就是大哥的影响力吧！士为知己者死，谁欣赏他跟谁干吧！

上山后的郝思文终于有了施展其十八般武艺的机会，作为铁定的关胜副将，他随关胜南征北讨，立下不少功劳。攻打北京大名府，郝思文协助关胜，击败了索超、李成二人。攻打凌州时，郝、宣二人轻敌冒进，被单廷珪、魏定国生擒，后被李逵、鲍旭、焦挺三人救出。梁山军队攻东昌府时，张清石子击中郝思文，幸得燕青救命，成功逃脱。梁山大聚义时，郝思文为地雄星，排名梁山第四十一位，职务为马军小彪将兼远探出哨头领。

招安后，郝思文更是卖力表现，希望能有朝一日，重新得到朝廷的重用。征田虎时，卢俊义、秦明、宣赞、郝思文、韩滔、彭玘杀了索贤、党世隆、凌光三将。征王庆时，宣赞、郝思文二人依萧让的计谋，杀了季三思、倪慑。攻打方腊的润州时，郝思文随关胜，攻破润州，射死守将徐统；征常州时，关胜马失前蹄，几乎丧命，被宣赞、郝思文二人救回。

可惜啊，传说总有破灭时。井木犴是神仙，井木犴郝思文是人。当有人把你捧得飘飘欲仙时，你离落地就不远了，而且很有可能是脸先着地啊！攻打杭州时，徐宁、郝思文二人出哨，不慎被敌人发现，徐宁中毒箭不久身亡，郝思文被活捉进杭州城。这次，郝思文体现了单个英雄好汉的气概，宁死不降，被敌人一刀刀凌迟处死了，而且首级被悬在杭州城上，成为梁山英雄中死得最悲壮的一位。英雄横遭惨死，让人不胜悲叹，或许这就是命运弄人吧。

再神奇的光环也照不了你一世，人终有落地时，默默地奋斗，享受现实才是根本，酒店人，你懂得！

044　百胜将韩滔

梁山一百零八将中，绰号和实际能力不匹配的好汉有好多。比较典型的诸如：一只老虎没打过的打虎将李忠，从没开过天眼的天目将彭玘，还有没怎么打过胜仗的百胜将韩滔等。这些人总让我想起酒店圈里很多这总那总，这总监那总监。可实际水平是否达到这个那个总或者总监的能力有待商榷。

梁山上排在第四十二位的地威星百胜将韩滔，出身北宋首都开封，是典型的帝都人。帝都人说话的底气都很牛，总觉得天子脚下高人一等。当然，生在帝都，教育资源很是丰富和优质，比较容易出人头地。韩滔这小伙子，自幼喜文善武，志向远大。"韬略传家远，胸襟志气高。解横枣木槊，爱着锦征袍。平地能擒虎，遥空惯射雕。"从使用的兵刃枣木槊来看，疑似和双鞭将呼延灼的祖上开国大将呼延赞有些渊源，大胆推测隶属呼延门的门徒。有名师指点，帝都原因，加上自己努力，韩滔参加高考，击败几个对手，中了武举人。韩滔定是春风得意，拍马溜须之人想必是多若繁星。"韩将军武功盖世，横扫千军，百战百胜，可喜可贺。"估计，其绰号"百胜将"就是从此而来了！

韩滔经过几番锤炼，终官至陈州团练使。在宋朝，团练使是没有实际职权的虚衔，可理解为主抓预备役的军分区司令，是一个地方的军事长官，大约是正团级。韩滔从京城大少到远赴外地的地方官，生活概是百无聊赖，整天幻想何时能转正，重回京城，耀武扬威啊！忽一日，京城传来喜讯：陈州团练使韩滔为正先锋，配合呼延灼征讨梁山。原来宋江为救柴进，率兵马攻破了高唐州，杀了国防部长高俅的弟弟高廉。高俅假公济私，保举呼延灼为帅，要荡平梁山泊。俗话说：一个篱笆三个桩，一个好汉三个帮。呼延灼就保举了自己的两个发小和家门有些渊源的韩滔、彭玘（都是当时帝都人）作为帮手。

韩滔从业余部队的头领转成正规军的先锋官，一马当先率领前哨军攻打梁山。第一战就遭遇到霹雳火秦明，二人大战二十余合，韩滔累得气喘吁吁，后在呼延灼的掩护下方才全身而退。此时的韩滔想必感叹：牛皮不是吹的，百胜将都是虚的；山外青山楼外楼，强中自有强中手啊！

这让我想起了前两天我面试的一个刚毕业一年的二十四岁的大学生，从电子简历上已经看到此女在校考取了各种证书，什么茶艺、插花、人力资源、英文四级，据称又在本地一会所干过半年老总等。看综合条件感觉不错，待面谈时才发现此人过于自大，对酒店的各种吐槽迎面扑来，自认做一名人力资源总监绰绰有余。经过二十多分钟的沟通，只一句，你如果能在一周内招募二十名餐饮服务人员，让你做总监，自己就蔫了。翌日，留短信要回炉深造，祝她成功。酒店中很多人喜欢侃侃而谈，真正遇到事情往往就会露怯，世界上没有百胜将军。业内很多所谓专家和讲师的简历上自诩能妙手回春，不管什么样的酒店自己都会扭亏为盈，创造丰富收益。殊不知，自大是失败的开始。

韩滔一战气馁，被秦明打回原形。后来又随呼延灼一起以铁甲连环马战术大胜梁山军队，自己在连环马后挥枣木槊驱驰。可惜好事不久，宋江请来金枪手徐宁教演梁山军队使用钩镰枪，破了连环马。韩滔于乱军之中为刘唐、杜迁所擒，经宋江劝说和在前期投降的彭玘、凌振的游说下投降梁山，变成了梁山的一员。梦想没有照进现实。

韩滔入伙梁山后颇有表现，曾于北京一役放箭射伤敌军急先锋索超，在东平府与董平大战；又于东昌府大战没羽箭张清，虽然失败，急于证明自己能力之心昭然若揭。英雄排座次时，韩滔排名四十二位，星号地威星，职务是马军小彪将兼远探出哨头领第五名。从排名看，基本符合自己能力水平。招安后重回政府编制随宋江南征北战，也算立下赫赫战功。后来随宋江攻打方腊的常州时，被方腊军高可立射中脸庞堕马，又被张近仁一枪杀死。后被追封为义节郎。百胜将最终化为青烟一缕，不禁让吾辈感叹：百胜不百胜，一败便丢命；牛皮无须吹，能耐自己清。

045　天目将彭玘

天上二十八星宿中南方朱雀七星中第二星名曰鬼金羊，亦称：天目。什么叫天目呢？佛教说，人的两眼之间的印堂叫天目。天目也叫天眼，此眼一开，可知晓世间万物并知未来，神通广大。传说中开过天眼的有三位神仙。一是佛祖的十大弟子之一的阿那律，因为眼瞎，后来勤奋修炼，终于开了天眼，可以观六道，看轮回。二是马王爷有三只眼，就是在眉宇间多了一只眼。有句俗语：不给你点厉害瞧瞧，你就不知道马王爷有三只眼。三是道教的二郎神杨戬，他是玉皇大帝的外甥，孙悟空大闹天宫时和他恶斗，在比变幻时，二郎神的天眼起到了作用，看穿了孙悟空的变化。小说《西游记》及《封神演义》《宝莲灯》等都有二郎神天眼的描述。至于下界的凡人能号称有天目的，仅彭玘而已。

彭玘号称天目将，估计和他使用的兵刃和杨戬相似有关，都是三尖两刃四窍八环刀，抑或彭玘的眉宇间长有个痦子，于是得了这个外号。彭玘和自己的铁哥们韩滔都是东京（今河南开封）人，在颍州（安徽阜阳）做团练使，连职务都一样，韩滔在陈州（今河南周口淮阳）做团练使。有八句诗称赞彭玘道：

两眼露光芒，声雄性气刚。

刀横三尺雪，甲耀九秋霜。

舍命临边塞，争先出战场。

人称天目将，彭玘最高强。

可惜的是，韩滔和彭玘这两个人都属于那种名气大于脚气一类的将领，真正水平并不咋地，纯属菜鸟级别。

高俅为弟弟高廉报仇，攻打梁山，彭玘在呼延灼的保举下，成了副先锋，同韩韬正先锋一起，辅佐呼延灼征剿梁山。彭玘出征第一战，跟花荣斗了二十余合后感到力怯，看到一丈青扈三娘上来，以为女人好欺负，就又跟一丈青打，打了二十余合，结果被一丈青红锦套索一套给拉下马俘虏了。厉害的女强人惹不起啊！彭玘被俘后，宋江两句洗脑话一说，他立刻举手投降。最终彭玘坐了梁山第四十三把交椅，号位地英星；被封为梁山马军小彪将兼远探出哨头领第六名，与呼延灼、杨志、韩滔一起驻守梁山正北旱寨。

在征方腊之前，彭玘和韩滔跟着呼延灼左右，跑跑龙套，的确威武秀了几回。可惜在跟宋江征方腊时，菜鸟的命就展现出来了。攻打常州时，韩滔被方腊部将高可立一箭射下战马，另一将领张近仁冲过来对着韩滔咽喉一枪戳下，韩滔当场毙命。彭玘见状大怒，冲过来找高可立报仇，张近仁又从旁窜出，一枪把彭玘也搠下马去，当场身死。彭玘本来想靠这次远征重新获得一次洗牌的机会，再次光宗耀祖呢，谁知道命背，和老哥们一起殉情了，真是人生最大的悲剧。彭玘之死，主要原因还在于自己学艺不精。后来李逵上阵，和鲍旭等轻而易举就把高可立、张近仁的头给砍了。堂堂两个军官，拿着国家俸禄，职业就是习武，却不如李逵、鲍旭等土包子，死了也无话可说，但是为了兄弟，彭玘死得义气。

生存的优胜劣汰，乃自然法则，酒店行业亦是如此。菜鸟没有春天，告别菜鸟行列，要走的路还很长，学好立身的本领才是根本。

046 圣水将单廷珪

古语云:"兵无定势水无常形。"

冷兵器时代及近代战争,善于用水作战的绝非等闲之辈。一旦功成,水带来的杀伤力和摧毁能力是相当惊人的。

三国时期,关羽乘襄江水涨,放水淹七军,生擒于禁、庞德,就是一典型用水的成功之战。

梁山英雄中第四十四条好汉,马军小彪将兼远探出哨十六头领第七位,人称"圣水将"的单廷珪,据传就是一用水高手。单廷珪善用水浸兵之法,放在现在,绝对是一军事战术专家。可惜的是,梁山集团最著名的一场水战——混江龙水灌太原城,却跟圣水将单廷珪一点儿关系都没有,甚至三败高俅的水战,也没有单廷珪的影子。可见,单廷珪的成名却非是自己的特长,或者此绰号徒有虚名。

单廷珪原为凌州团练使。

宋江为救卢俊义,率梁山兵马攻破大名府,大名府的失守,震惊朝野。梁中书求救自己的岳父太师蔡京,朝廷上主和招安的谏议大夫赵鼎被免职,蔡太师推荐特种部队凌州军区两位司令单廷珪与魏定国领兵再打梁山。关胜初上梁山,主动请缨领兵与单廷珪交战,开战第一场,宣赞、郝思文被单廷珪的部队活捉。由此来看,单廷珪的综合能力还是不错的。宣郝二将在被押往东京途中被偷下山的李逵及新收的小弟焦挺、鲍旭三人相救。后来关胜与单廷珪对仗,关胜诈败掉头就跑,单廷珪拍马追赶,举枪便刺,关胜使出神威,拖起刀背一拍,将单廷珪拍下马后活捉。单廷珪被关胜说服归降梁山,成了关胜的投名状。单廷珪随后又劝降了自己的战友兄弟魏定国。梁山大聚义后,单廷珪与林冲、董平、魏定国把守梁山正西旱寨,星号地奇星。

招安后,单廷珪跟随宋江南征北战。大破辽国太乙混天象阵时,单廷珪、魏定国活捉了冒土雉高彪。又参加平田虎、灭王庆、征方腊的各类战役。征讨方腊时，单廷珪跟随卢俊义攻打歙州（今安徽歙县），单廷珪同魏定国因求功心切，逞匹夫之勇，双双连人带马掉进了敌人的陷坑，被方腊的伏兵长枪弓箭戳射而死。后被追封为义节郎。梁山成双配对的英雄好汉大都为了兄弟互救同归于尽，可歌可泣。真是应了那句结拜兄弟时说的话：不是同年同月同日生，但愿同年同月同日死。

单廷珪善以水为战，书中始终没有表现。能为而无所为，皆因环境、机遇所致而不能发挥也是常事。人除了特长以外，综合能力也要强才是真的强。

唯有复合型的人才，才能在社会上立足。酒店人如果需要提升，就要在做到专的同时，掌握综合知识和提升能力。

047 神火将魏定国

梁山一百零八将，有特种技能和特长的人才比较多。由于技能单一，人际关系简单，综合能力相对较弱，绝大部分被排在七十二地煞星之列。

虽然排位靠后，但是每个人都有自己的一套看家本领，绝对不容小视。我们接下来看这一位火得不能再火的哥们——地猛星神火将魏定国。

梁山兵马大破大名府后，朝廷派凌州团练使单廷珪与魏定国领兵再打梁山。关胜领兵与先头部队单廷珪交战，宣赞、郝思文被单廷珪捉拿，幸亏得李逵、焦挺、鲍旭三人在中途相救。后单廷珪被关胜击败。单廷珪归降梁山后，引关胜大军围住凌州城要捉降魏定国。魏定国气得哇哇大叫，开门迎敌。

当时魏定国出马，见单廷珪归顺了关胜，大骂："忘恩背主负义匹夫！"关胜大怒，拍马向前迎敌。二马相交，军器并举。两将斗不到十合，魏定国望本阵便走。关胜却欲要追，单廷珪大叫道："将军不可去赶！"关胜连忙勒住战马。说犹未了，凌州阵内早飞出五百火兵，身穿绛衣，手执火器，前后踊出有五十辆火车，车上都装满芦苇引火之物。军士背上，各拴铁葫芦一个，内藏硫黄焰硝五色烟药，一齐点着，飞抢出来。人近人倒，马遇马伤。关胜军兵四散奔走，退四十余里扎住。

这一仗打出了魏定国的威风，打出了特长——精熟火攻法，上阵专用火器取人，"神火将"绝非浪得虚名。如果不是单廷珪从中劝阻关胜，关胜一定败得更惨。魏定国凭借自己的才华和特长击退关胜的大军，真是了不得。由此可见，魏定国是一个有勇有谋的军事家，懂得诈败、偷袭、以己所长攻敌所短。魏定国的勇似关羽斩华雄，敢作敢为；他的谋似诸葛亮七擒孟获，善于变通。后因李逵等人意外出现，夺了凌州城，凌州最终失陷，魏定国只得奔中陵县屯驻。在无朝廷援兵的情况下只能坚守，关胜爱惜人才，想收魏为助手，提升自己在梁山上的地位和含金量，于是让单廷珪劝降魏定国。单用好言说道："朝廷不明，天下大乱，天子昏昧，奸臣弄权。"魏定国同单廷珪是共生死的朋友，也是职场的拍档，面子可以给，但是你单廷珪的面子太薄，还是让关胜亲自来吧。关胜发挥其祖上关云长单刀赴会的作风，要亲自去劝降。林冲认为魏定国会使诈，关胜却不怀疑，亲自涉险地。于是魏定国归降梁山，成就了"水火二将"的威名。梁山大聚义后，魏定国与林冲、董平、单廷珪把守梁山正西旱寨。排名四十五位，星号地猛星，职位为马军小彪将兼远探出哨头领第八位。

　　招安后，魏定国跟随宋江南征北战。大破辽国太乙混天象阵时，单廷珪、魏定国活捉了胃土雉高彪。又参加平田虎、灭王庆、征方腊等三大战役。征讨方腊时，魏定国跟随卢俊义攻打歙州（今安徽歙县），因求功心切，掉进了敌人的陷坑，被伏兵长枪弓箭戳射，与圣水将双双英勇阵亡。后被追封为义节郎。

　　魏定国的故事，比单廷珪稍微多了那么一点点精彩，表明魏是难得的军事人才，只是一直郁郁不得志，得不到重用，在凌州一个小地方被埋没。这说明，金子固然会发光，但是只能照耀那一小块地方；千里马跑得快，可惜地方太小，你施展不开啊！时间一长，人就变得抑郁啦！职场无人赏识，即使你有天大的本事也注定你碌碌无为。上层没有伯乐给机会，那些才华横溢的中下层人士，何时才能出头呢？唯一的方法只能另谋出路，这个损失到底是谁来埋单呢？酒店高层的伯乐们，你们发现下面的千里马了吗？

048　圣手书生萧让

人生八大雅：琴棋书画诗酒花茶，自古以来，就是华夏风流雅士推崇之物，在唐宋时期盛极一时。尤其是诗书，更是达到了顶峰，至今后世未曾超越。

北宋时期，出现了四大书法高手，分别是苏轼、黄庭坚、米芾、蔡京。此四人的书法名扬天下，成为当时大家争相学习和临摹的对象。其中，蔡京的书法有"姿媚豪健，痛快沉着"的特点，他是"冠绝一时"的书法大家。因为奸相的历史定位，后人将蔡京改为他的堂哥蔡襄。因为蔡京的人品坏，他的才学也就被贬低了，好也无用，这又从反面可解出"字如其人"的另一层含义。人品比才学更重要，蔡京一例足可引以为鉴。

在四大家书法盛极之时，山东济州（济宁）出了一位临摹奇才，他就是地文星圣手书生萧让。此人不但善写当时苏、黄、米、蔡四种字体，又会使枪弄棒，舞剑抡刀，堪称文武全才，跟《倚天屠龙记》中张无忌的老爸武当七侠之银钩铁划张翠山有一比。

萧让因为善于模仿各家字迹，也算是坊间的非著名书法家，又与吴用相识，结果被哄骗上梁山。起因是那个倒霉的熊黑孩子宋江在江州被黄文炳、蔡德章二人陷害，将被处死，但禀报蔡京的书信中途被梁山截获，吴用因此献计，伪造蔡京回信，使宋江被押往东京，梁山便可派人中途夺下。吴用献计让戴宗请圣手书生萧让和善刻金石印记的玉臂匠金大坚到梁山伪造蔡京的文书，以救宋江。为了断了萧、金二人的后路，还把二人的老少孩子都接到梁山。二人不得不"死心塌地，再回山寨入伙"。交友不善啊！

二人到了梁山，萧让着笔，金大坚刻图章，仿了一封蔡京的家书。要不是误用"翰林蔡京"这方犯了讳忌的图章，要不是江州通判黄文炳发现了这家信上不合礼数的图章，还就真骗过了蔡京的儿子江州知府蔡九蔡得章。由此可见，萧让的圣手书生之名，是名副其实的。

萧让上了梁山，倒立了几个小功。攻取祝家庄时，吴用定计让孙立到祝家庄卧底，萧让因此制作了伪文书。最后祝家庄被攻破，萧让又假装知府诱使李应、杜兴二人上山。在征王庆时，贼将季三思、倪慑奇袭宛州，宛州守将只有宣赞、郝思文，老弱一万，以及陈观、侯蒙、罗戬等文官。萧让摆出空城计，季三思、倪慑大乱，宣赞、郝思文趁机杀出，击败敌军。萧让知道宋江有病，特地辞别了陈安抚看望宋江，并奉陈安抚命，即取金大坚、裴宣到宛州，要他们写勒碑石及查勘文卷。河北降将唐斌负责护送，但中途唐斌被贼将縻胜杀死，三人被劫。三人被抓到荆南伪留守梁永面前，三人宁死不跪，感动了城内义士萧嘉穗，萧引发全城起义，救出三人，夺了荆南城池。

梁山大聚义排座次时，萧让作为一名书法家坐梁山第四十六把交椅，星号地文星，职务为行文走檄调兵遣将的将领。萧让凭这手笔墨功夫，靠写字写出了个将军之位，能入四十六位很不易。难怪今天有人唱歌、演戏都能授将军衔。原来这是有历史传统的，今后的画家、作家等都授将军衔也都不足为怪了。最重要的是，你临摹人家的书法到极致，还能受到原创者的赏识，这又是一段奇缘了。征方腊前，萧让被徽宗留在京城，"驾前听用"，避免了血洒疆场。最终萧让在蔡京太师府中受职，作门馆先生。一说明，奸人蔡京也是有肚量的；二说明掌握一门技术，做到极致也是生存之道。君不见，今天靠模仿歌星唱歌混江湖的人大有人在。

非著名书法家萧让又给了我们酒店人一个什么样的启迪呢？难道模仿国外酒店的先进管理模式也是一种酒店生存之道？

049 铁面孔目裴宣

水泊梁山作为北宋末年最大的社团,内部管理尤为重要。为此,宋江专门设定一个岗位:定功赏罚军政司。司长是谁呢?地正星铁面孔目裴宣。这个岗位和职务像极了酒店中的质检部经理,重要并尴尬。

裴宣是京兆府人氏,在府中任六案孔目。

京兆府是围着京城所在地设置的一个行政区,有点像今天的北京市。六案孔目是指总管吏、户、礼、兵、刑、工六房的吏员。可见,裴宣是个手中握有实权的吏员。裴宣"极好刀笔。为人忠直聪明,分毫不肯苟且,本处人都称他铁面孔目"。在北宋末年那个腐败的年代,你走包公、海瑞路线,与同僚格格不入,后果就悲催了。果然,京兆府新来了一个在京城里就臭名昭著的贪官任知府,看着小裴同学自命清高很不顺眼,就找了莫须有的罪名,刺配沙门岛。沙门岛就在今天烟台的长岛。北宋年间,被发配沙门岛就意味着有去无回,客观上这个岛远离陆地,生存环境恶劣;主观上是司法黑暗,发配到此的人,早晚都会被杀死,沙门岛成了发配者的墓地。有点像金庸小说里的侠客岛,接到奖善罚恶令去侠客岛基本有去无回。所以在北宋沙门岛成了犯人心中的第一恐怖地狱。梁山上的二哥卢俊义就差点被送过去。虽然裴宣很幸运地在途经饮马川时被邓飞、孟康所救,但这件事,应该给小裴同学留下了深深的心理阴影,上梁山后虽说掌管定功赏罚军政司,但是再也不敢得罪老大了!

戴宗、杨林在请公孙胜的途中,在饮马川与裴宣相会后,鼓动裴宣等归顺梁山。裴宣为何心甘情愿率团队归降梁山,违背了"宁做鸡首,不为牛后"的常理呢?一是他放不下曾经的"公务员"梦,想背靠大树好招安,重回编制内。二是自己的平台太小、人马太少,抗击打能力差。后来证明,小裴同学自上梁山后,果真支持宋江投降路线,一心盼望皇帝招安,唯老大宋江马首是瞻。虽然掌管定功赏罚军政司，但是在一些突出违纪事件中，并没有承担起应有的职责，枉称为"铁面孔目"。

梁山大聚义后，宋江根据每个人的特长安排了具体的职务和工作，也是参考了每个人以往的就职阅历。安排传说中的铁面无私的裴宣掌管定功赏罚军政司，指望他赏罚分明执法如山。可事实上，在梁山这个称兄道弟的环境中，小裴同学根本做不到。

请看：在梁山排座次后不久的重阳菊花会上，宋江流露出招安的愿望，惹得李逵"睁圆怪眼，大叫道：'招安，招安！招甚鸟安！'只一脚，把桌子踢起，摊做粉碎"。李逵这个行为一则扰乱公共秩序；二则损坏山寨财物，属于违反山寨规矩的行为，应该交由军政司依法惩处。但是这以后并没裴宣的事，李逵到底有没有违规、该怎么样惩罚都由宋江一个人翻手为云覆手为雨说了算。梁山上的规矩就是老大权威是第一位的，至高无上凌驾一切，裴宣只能在一边晾着，功过赏罚没他什么事，规矩在老大权威面前什么都不是。"法不加于尊"说得太明白，尊者的地位在法之上，法到尊者这儿无效，要发威就只有去欺负不是尊的人。妨碍执法的另一个因素是人情面子，"关系"左右着规矩。李逵和宋江关系好，犯了寨规通常可以大事化小、小事化了。李逵不止一次擅自下山、胡乱杀人，换别人早该处罚了，但宋江对李逵也就呵斥几句没事了。

在酒店中，BOSS 最大，可以肯定和否定酒店一切事物，有些 BOSS 根本不考虑酒店的规章制度，一切以自己喜好办事，总经理也没辙。再有就是酒店总经理的违规，有的可以自罚，有的质检部经理只对下而不敢对上，因为他的授权没到而已。即使名义上给他授权很大，事实上却不是那么回事，所以，质检部经理只能睁一只眼闭一只眼，处于可有可无的境地。如果宋江真的支持依法治山，至少要把裴宣弄到天罡星前几名，区区四十七名如何能服众呢？

这说明梁山集团并非法治管理，没有什么法律能够作为准绳可用。一切由宋江说了作数。宋江说对就对，说错就错。宋江的话就是法律，裴宣按宋江的脸色办事，就是按法律办事，这道理是很简单的。若真以法治社会的眼光看，梁山集团就难得找出几件正确的事情来：宋江当头领，既不是遵晁盖的遗嘱，也没有经过民选；将聚义厅改为忠义堂，这样有关政治路线问题的大事，也没有开过头领大会讨论；梁山好汉排座次，则纯属用封建迷信手法欺骗群众。桩桩件件，哪件可以称得上是依法办事？既然没有什么法律可作赏罚依据，怎么能要求裴宣奖罚分明？裴宣对宋江的做法不提反对意见，就是尽职尽责。所以裴宣的岗位只负责管理小兵而非将领，实在是尴尬，但很现实。

　　裴宣到底是"忠直聪明"之人，想当年在京兆府当六案孔目，是个"分毫不肯苟且"之人，这么认真得到的是什么呢？是被知府"寻事刺配沙门岛"。吃一堑，长一智，裴宣这么聪明的人，岂不从此悟出一些道理来？！在官场受了委屈，还可以上山落草；若在山寨被寻了过失，则只有死路一条了，何苦认真来着！裴宣最后能得以善终，全在于他这小聪明。

　　酒店的质检部如果如此设置，还是撤掉算了！最起码无须浪费那五斗米了！裴宣的经历拷问我们每一个酒店 BOSS、酒店 CEO，你真的对质量体系检查部放权了吗？

050 摩云金翅欧鹏

地阔星摩云金翅欧鹏,梁山坐第四十八把交椅。

出场介绍如下:

> 为头的那人姓欧名鹏,祖贯是黄州人氏。守把大江军户,因恶了本官,逃走在江湖上。绿林中熬出这个名字,唤做摩云金翅。

短短数十字,概括了欧鹏的前半生。老家黄州,疑似在今天湖北省东部、长江中游北岸的黄州区。军户是中国古代的设置。世代从军,充当军差的人家为军户。军户的社会地位低,不像现在的军属家庭那么光荣。欧鹏的爹爹、叔叔、大伯以及爷爷的爷爷的爷爷有可能都是军人,也就是说他家祖上是那种世袭的军人,祖祖辈辈都当兵,守卫着长江天险。也算是国家合同兵了,有吃也有喝,估计除了不免费发媳妇,别的粮油米面水果卫生纸都发,如果有机会混个军功,步入军官行列的可能还是有的。

欧鹏因杀了他的上司,而亡命江湖,估计被逼得不轻;否则,谁愿意放弃军籍这个铁饭碗呢?可能是欧鹏祖辈军人的遗传基因的因素,欧鹏身材高大,快步如飞,有一身好武功,暗器一流,从而得了一个摩云金翅的绰号。

摩云是摩天与云端的缩写,而摩天和云端是极高的意思。金翅是什么?是金翅大鹏雕的缩写。金翅大鹏雕又叫迦楼罗鸟,是古印度神话中的神鸟。在佛教中是八部众之一,神通广大。金翅大鹏在《西游记》《封神演义》等中都有出现。如来佛祖说:混沌初开,天地交合,万物皆生。飞禽以凤凰为长,凤凰得交合之气,生下孔雀和大鹏。孔雀曾经把如来吞下肚子,被如来剖开脊背,跨上灵山。此后想杀孔雀,被诸佛劝解,封孔雀为佛母孔雀大明王菩萨。如此来看,金翅大鹏雕也算是如来佛祖的舅舅。在《说唐》中,金翅大鹏雕转世为大隋第一好汉李元霸,转世的李元霸继承了金翅大鹏雕的桀骜狂霸,与之宿敌闻仲转世的宇文成都决斗到底。在中国另一部传奇小说《说岳全传》中，民族英雄岳飞原来是大鹏金翅雕的人间化身。书中是这样记述的：宋徽宗在元旦祭祀上天，祭表是写给玉皇大帝的，但在抄写祭表的时候，误将"玉"字上一点写在"大"字上去了，成了"王皇犬帝"。玉帝看了大怒，说："王皇可恕，犬帝难饶！"就派遣赤须龙下界，降生于金国，成为金国老狼主第四个太子金兀术。玉皇大帝让金兀术搅乱中原，以报"犬帝"之恨。西天释迦牟尼佛恐怕赤须龙下界以后，没有人能够降伏，就派遣专门吃龙的大鹏雕下界，转世为岳飞，保全宋室江山。

之所以罗列出金翅大鹏的种种厉害，表明欧鹏获得此绰号是多么的不易。有诗曰："黄州生下英雄士，力壮身强武艺精。行步如飞偏出众，摩云金翅是欧鹏。"在梁山上除了戴宗，估计跑得第二快的就属他了！

欧鹏凭自己的能力，聚合了蒋敬、马麟、陶宗旺在黄门山落草为寇，做了大哥。后来宋江在江州被判死刑，被梁山好汉救出，路经黄门山下，遭欧鹏、蒋敬、马麟和陶宗旺四人拦截，宋江下跪求放行，四人仰慕宋江便归了梁山，从大哥变成了分舵舵主。从兵到匪的转变，凸显了当时社会的黑暗及欧鹏的无奈人生。

欧鹏上了梁山后，独立作战除了在两打祝家庄时战平扈三娘、败于栾廷玉外，基本都是以副将的身份出现，做做压阵脚的工作。最精彩的一幕是招安后，随卢俊义攻打方腊占领的歙州，与敌将庞万春交手，被其用箭射死。《水浒传》第九十八回原文如下：

> 两军各列成阵势，庞万春出到阵前勒战。宋军队里欧鹏出马，使根铁枪，便和庞万春交战。两个斗不过五合，庞万春败走。欧鹏要显头功，纵马赶去。庞万春扭过身躯，背射一箭。宋将欧鹏手段高强，绰箭在手。原来欧鹏却不提防庞万春能放连珠箭。欧鹏绰了一箭，只顾放心去赶。弓弦响处，庞万春又射第二只箭来。欧鹏早着，坠下马去。

欧鹏就这么死了，一个华丽的落幕。临死那一把接住飞箭的功夫，梁山上估计没有第二个人了。欧鹏用他最后的死，诠释了一个落魄军人的无奈人生。

欧鹏的故事告诉我们酒店人：

1. 如果需要稳定的生活，不要轻易得罪上级。

2. 在组织里，做事不能太冲动；否则，后果很严重，有可能丢掉饭碗。

3. 小集团自己做大哥的日子还是很悠哉的，且做且珍惜。

4. 不要盲目听信江湖传言，盲目崇拜大集团及名人的名气，要经得起忽悠，否则好奇害死猫。

5. 进了大集团，要学会更好地保护自己；往往冲在最前面的，也是死得最快的。

6. 低调做人，高调做事，得饶人处且饶人，否则引火烧身。

051　火眼狻猊邓飞

人们都说："天上九头鸟，地上湖北佬。"说明湖北人精明，不爱吃亏。可是，梁山排名第四十九名的好汉、地阖星火眼狻猊邓飞除外。"原是襄阳关扑汉，江湖飘荡不思归。多餐人肉双晴赤，火眼狻猊是邓飞。"邓飞，盖天军襄阳府人氏，因双眼红赤，人称"火眼狻猊"。狻猊是龙的第五子，因喜烟，所以人们常将其置于香炉之上。狻猊也是狮子的别称。这里借狻猊暗喻邓飞是个侠肝义胆的人物。邓飞在梁山任马军小彪将兼远探出哨头领第十名。说他见义勇为，因他一生为人正直，曾救过梁山多名好汉。

邓飞可能是个军伍出身，因邓飞的江湖好友杨林向戴宗介绍他时，在他的籍贯前特意加了"盖天军"三个字。邓飞虽然有一身本事，但是在军中应该是抑郁不得志。他与因运送花石纲受提调官欺压，一怒之下杀了提调官的孟康，选择了江湖生活，在风景秀丽的饮马川纠结了一帮人，组建了社团，从事着逍遥自在的打家劫舍的活动。

邓飞不仅武功好，人也长得酷：那陆小凤般的小胡子，那古天乐似的古铜色皮肤，足以迷倒众多追星的 MM。尤其那一对火红的眼睛，更是异于常人，疑似孙大圣的火眼金睛，抑或是混血儿所致。邓飞惯用的兵器是铁链，这种异形兵器的使用者大都是怪侠。怪侠一般都是性格很火烈，直性子，最爱干的事情就是见义勇为。

铁面孔目裴宣因得罪了知府，被发配沙门岛。途经饮马川时，被邓飞、孟康救下。邓飞念其岁数大，有文化，自己让出大哥的位置，推举裴宣为饮马川老大。邓飞可谓是宋代的孔融，这和王伦的猥琐、狭隘形成了鲜明的对比。

杨林和戴宗路过饮马川时，被火眼狻猊邓飞和玉幡竿孟康截劫，但杨林认出打劫者是旧相识邓飞，寒暄几句后，被邓飞等请入山寨喝酒。酒桌上戴宗劝说如下：邓："哎呀，哥们，好久不见。混得不赖啊！加入大社团了！"杨林："可不咋地，飞哥，看样子你这地方不行啊，俺两人都要劫，手头紧啊？要不回头跟哥哥上梁山吧！那地方，有山有水有树林，有酒有肉有美眉。中不？"邓两红眼放光如火炬，说道："中，听哥哥的。"得嘞，裴、邓、孟率饮马川的好汉都上梁山去了。

邓飞上山后，大大小小的战役基本都参加了，出满勤。打仗时，邓飞的口头禅还是那一句：兄弟们跟我冲。这句话流传了近千年，不过有的时候会变成：兄弟们给我冲。一个"跟"字一个"给"字，效果是截然不同的。两打祝家庄时，栾廷玉诈败引诱秦明，用绊马索将其绊翻生擒；邓飞纵马去救，结果也被绊马索绊倒生擒。后来，宋江攻破祝家庄，邓飞等方被救出。征讨田虎时，邓飞随卢俊义出征，用铁链把姚约连盔透顶打个粉碎。但是在征方腊攻打杭州的战场上，邓飞这句兄弟们跟我冲却成了他最后的遗言。为了救受伤的索超，邓飞被石宝一刀砍成了两半，可谓死得惨烈。从此那个湖北襄阳汉子，就成了一个光荣的烈士。

邓飞不但见义勇为救人，还让贤，具有这种品质的人可谓凤毛麟角，为人中精品。其人格更尤为可贵，可谓酒店人的楷模。叹酒店中那些无知识、无文化的大老粗，占着位置不让贤，为了所谓的功名利禄耽误酒店的前程！这些人的确需要好好学学，反思一下！

052　锦毛虎燕顺

燕顺可以说是梁山第二侠，这么说很多人也许很疑惑。梁山一百零八位草莽人物，大多都可以称为好汉、英雄、豪杰；但是能被称为侠的人，的确不多。侠的意思是，仗着自己的力量帮助被欺侮者的人或行为。前文曾分析过花和尚鲁智深可谓侠之大者。通读细品《水浒传》后，你会发现能在众多豪强中脱颖而出称为第二侠者，却是排在第五十位的锦毛虎燕顺。

地强星燕顺，山东莱州人氏，原是羊马贩子。燕顺生得如何？有诗赞曰："赤发黄须双眼圆，臂长腰阔气冲天。江湖称作锦毛虎，好汉原来却姓燕。"（红头发黄胡须多彩谓之锦，这个长相有点混血儿，不似纯种汉人。）燕顺最早做贩羊马的生意，结果赔了本，弄得倾家荡产，（下海有风险啊！）不得已依仗自己长相魁伟，会点武功在清风山做起了打家劫舍的勾当，当了山大王。这之后，清风山上又陆续收编了矮脚虎王英、白面郎君郑天寿二位副手。按理说，这是一段逍遥自在的日子，可是燕顺的山大王梦绝非如此。

宋江与武松在瑞龙镇分手后，来到清风山，被一条绊脚索绊倒，押上清风山。清风山三雄要杀宋江，挖心肝做醒酒酸辣汤。宋江不禁仰天长叹："可惜宋江死在这里！"燕顺听见"宋江"两字后，接连追问了四个问题，才确定了宋江的身份。第一句是问小喽啰；第二句怕认错了人，问宋江"你认得宋江？"；第三句是问"你是那里的宋江？"；第四句是完全相信后的确认。这四句一层近乎一层，可见燕顺为人的谨慎和仔细。当最终确认了以后，燕顺立刻夺了刀，割断绳，脱了袄，裹在宋江身上，最后居然直接把宋江抱在交椅上。燕顺只是一个小山头的大王，无论是出于何种原因，他都对大名鼎鼎的圈内名人宋江充满了向往之情。我们可以理解他渴望结交业内名人、寻找更大发展机会的心情。虽然这时的宋江还没有坐在社团圈内大平台梁山的一把手的位置，但是燕顺的眼光和胸襟抱负绝非常人能理解。这就是押宝啊！后来以燕顺的武功修为排在梁山第五十位也是不错的待遇。

这时候的燕顺像极了我们部分单体酒店的经理人。把结识业内名人潜力股或大集团的领导作为日后华丽转身的跳台，这是一个明智的选择。人总会向往更高更大的集团平台，哪怕做不了一把手，职位降低也要加盟，树大好乘凉，追求一种精神和物质的保障，为了更好的生活，这其实无可厚非。

燕顺对手下兄弟也是相当宽容，王英好色的毛病他虽然比谁都清楚，但是他听说捉到刘高老婆做压寨夫人以后还是大笑而过，没想到后果会是什么，就没当一回事。但是，当宋江提出自己的意见把刘高老婆送下山，不要引火上身时，燕顺就变得态度坚决而毅然了。他不管王英肯与不肯，快刀斩乱麻，喝令轿夫抬了去，果断地处理了这件棘手的事情，既给了宋江面子，又及时地斩断事情向坏处发展的趋向。到后来燕顺还是果断地杀掉了恩将仇报的刘高老婆，王英那个破玩意居然要和收留他的过命大哥动刀子，被宋江等人劝住。但是，燕顺也没有计较，并且还一口一个兄弟地给王英把道理讲透。可见，燕顺的温厚和大度。

燕顺的这一点的确值得酒店人学习，带领下属，要有一颗宽容的心，可以容忍下属（王英）的缺点，并用技巧帮他改正。但是，影响大局的原则问题（杀掉了恩将仇报的刘高老婆）绝不姑息，必须坚持原则，快刀斩乱麻。而且，要充分考虑上级（宋江）的意见，并坚决执行。

燕顺非常善良，宋江和燕顺在小酒馆遇石勇的桥段表现得淋漓尽致。当小酒保为了酒店生意，让石勇与他人换个餐位时，石勇不换并欺负恐吓小酒保。在那个时代，我们小酒保也是个绝对的弱者。这时燕顺却挺身而出，说出不换就不换，你吓唬一个不懂武功老实巴交做生意的小酒保算什么好汉的话。读到这时，作为酒店人就会有一种特别的感动。其实，燕顺虽然武功不是一流，但是他在无意识中，就做到了一个侠之大者的风范，比滥杀无辜的李逵、武松，比毛躁了以后就欺负老军的林冲更加侠义、善良，直追花和尚鲁智深的风范。说他为梁山第二侠绝非空穴来风。

燕顺一生热血豪情，义气深重。睦州之战时，当马麟被石宝杀死以后，燕顺面对白钦和石宝两个强敌，丝毫不畏惧，一心向前来战斗，却由于武艺不精，在乌龙岭被石宝的流星锤打死，逃不出战死的结局。宋江听说燕顺折了，扼腕痛哭不尽。宋江在这里，动了真感情。回望这样一生托付和肝胆相照的情义，宋江的眼泪引起了我们的共鸣。

在酒店江湖闯荡，酒店人有时候具备点侠义心肠会让你的形象更加高大，机会也会更容易垂青你！

053 锦豹子杨林

锦豹子杨林只是梁山的小角色，尽管有不少出场机会，却也只是当当配角、敲敲边鼓，起个穿针引线的作用，并没有特别值得一提的表现。但他是一位超级幸运星，最终结局非常圆满。

杨林是个帅哥，从绰号和长相介绍可以看出。锦毛虎燕顺，那个"锦"字是说燕顺衣着华丽，毛发独特。《三国演义》里有锦马超，那个"锦"字是说马超不仅容貌超群，而且醒目出众，像锦一般光彩。比较来看，"锦豹子"杨林的"锦"，和"锦马超"的"锦"是一致的。就是说杨林不仅长得帅，而且非常地醒目，富有光彩。豹子一词，当然是好汉取绰号的一贯用词，意思是武艺高强，像豹子一般勇猛。《水浒传》第四十四回对杨林的穿着和长相描述如下：

> 白范阳笠子，如银盘拖着红缨；皂团领战衣，似翡翠围成绣。膆脖丝绦缠裹肚，腿绷护膝衬翰鞋。沙鱼鞘斜插腰刀，笔管枪银丝缠杆。那人头圆耳大，鼻直口方。生得眉秀目疏，腰细膀阔。远看毒蛇离石洞，近看飞虎下云端。

好一个妖娆的汉子，一表人才，穿着得体，纹丝不乱，真是锦豹子啊！

杨林跟没羽箭张清一样都是河南老乡，而且都很俊秀，帅哥级。彰德府人氏（河南安阳人）。杨林在入伙梁山之前，是个江湖单漂，没有组织的人。犹如我们目前好多单漂的酒店哥们。单漂的哥们虽然逍遥自在，但也很落寞，一心想找个大点儿的组织，心里有个依靠。组织一般分两种：一是政府主导的公务员系统，二是民间的松散实体。酒店亦是如此，一是政府背景的酒店集团，二是民营资本酒店。就锦豹子杨林个人处境来讲，没有当官的爹和干爹或岳丈爹，一介武夫，帅是帅点儿，顶个毛用，进入"公务员"组织是不现实的。所以想加入个大点儿的民间组织。梁山就是比较有名气的高大上团体了。杨林当时的心态像极了我们目前的一些酒店人，加入所谓的正规酒店大集团无门路，找个熟人介绍到民营酒店集团还是可以考虑的嘛！

幸运总会降临到有想法、有目标的人身上！

某日在路边酒店里遇到一个云游道士打扮的人，经攀谈才知道是大名鼎鼎的梁山集团的四把手入云龙公孙胜，相当于集团副总经理。杨林表达了对公孙胜的无比崇拜和对梁山的向往。公孙胜见杨林英雄俊逸是条好汉，梁山集团正是发展壮大时期，急需各类人才。于是给他写了一封推荐信，叫他加盟，并大致对梁山集团作了一番介绍，无非是目前集团老大是谁，老二是谁，我在集团是什么级别，去报到的人事部地点（朱贵的酒店）在哪儿，谁负责接待，主要说了那个日行八百的戴宗目前主要抓人才招聘。能得到集团四把手推荐，杨林的运气不错！大家可能不知道，公孙胜给梁山介绍的唯一一条好汉，那就是杨林。杨林的水平能在梁山坐第五十一把交椅，公孙胜的推荐起了很大作用。

杨林怀里虽然揣着集团副总经理的推荐信，但是也很谨慎，毕竟不是一把手，二是寸功未立，三是江湖名气不够，四是公孙胜又休长假照顾老母，不在集团，怕晁盖、宋江看不上自己，当小喽啰看待，心意未定。于是"进退蹉跎，不曾敢来"。直到遇到了戴宗，加盟有了转机。

又一天，杨林看见个人走路像飞，有点像公孙先生介绍过的戴宗。于是试探着叫了一声"神行太保"，果然是戴院长。有心人，记忆力好也是运气好的一部分。得知戴宗是去寻找公孙胜回山的情况后，杨林说，我很熟啊！表示自己也去过蓟州，可以陪同戴院长去一趟。戴宗当然同意，于是按照规矩，两人结拜，跟集团人力资源总监称兄道弟，杨林真的走运了。结识了集团副总和人力总监，人不转运都不行。

次日途经饮马川，遇见了杨林昔日绿林中的搭档邓飞，要没有杨林在，估计戴宗要有一场麻烦。只是因为杨林和邓飞认识，所以没有发生误会。杨林的江湖人脉可见一斑。之后，戴宗见到了裴宣后商定，四个人（含杨林在内）接到公孙胜后都加入梁山大组织。可惜戴宗、杨林没有找到公孙胜，不过他们倒是结识了石秀，给石秀上山留了条门路。戴宗回到饮马川带领众人上山后，杨林算是真的达到了目的，并且在梁山的出镜率颇高。

一天杨雄、石秀报名来投梁山泊。谁知道此次来投奔，是因为时迁偷鸡被祝家庄逮捕，李应又不能救人才来的。所以宋江只能率领众人下山救人。杨林与石秀领了探路的任务，打扮成一个算命的法师去。不过，杨林这次不太走运，在盘陀路上走不出，被庄丁发现而抓住。不过，杨林又是幸运的，他伤了四五个人，却只是被抓住，没有伤筋动骨或者丢了性命。就是关的时间长了点，三打祝家庄时才被老相识邹渊救出。梁山随后的大小战役杨林基本上都参加了，而且运气相当好。打高唐州，一弩箭射中高廉；大破连环马一开始，呼延灼施展了连环马的威力，宋江等人溃败，是杨林和李逵带着步军埋伏在小路上抵挡了一阵才救回了宋江。三败高俅时，他和其他几个头领上演了"无间道"：冒充高俅军中的水手，并且杀死了八十万禁军教头丘岳，立下的功劳仅次于张顺。打辽国玉田县，他和解珍、解宝、石勇四个冲到了辽兵后方去，竟然能够突围回来。大破太乙混天象阵时，他还和陈达一起活捉了辽将裴直。南征方腊，在杭州染上瘟疫后，其他五个好汉都病故了，连看护他们的朱富也被传染病逝，唯独他能病愈归来。这就体现了他的幸运和他的福气。南征回东京后，受到加封的杨林，没有看中朝廷的恩赐，伙同裴宣一起到饮马川去做闲云野鹤了，后来是孑然一身还是娶妻生子，颐养天年了，不详。来源于江湖，终究回归江湖。杨林算得是修得正果的江湖好汉。

回过头来看，幸运之星为什么总会眷顾他？大概原因如下：

杨林是个善于在江湖上行走的人，并不为别人所左右，他善于交朋友，深得公孙胜、戴宗的喜欢，自不待言，同石秀、邓飞、裴宣、邹渊等都是好友。杨林是《水浒传》中第二个提出"四海之内皆兄弟"这句江湖上的至理名言的人，正是他能理解并遵守这个江湖信条，才使得自己在江湖中如鱼得水。江湖上混得熟了，朋友多，自有便利。对于这一点，我相信很多酒店人应该能理解的吧！

054 轰天雷凌振

如果问你：你认为梁山一百零八将谁最聪明？最有才？中国人多半会说是吴用，西方人恐怕会说凌振或者安道全，这也许是文化的差异（丝毫没有崇洋媚外的意思），机会主义和实用主义的差异。此差异也决定了凌振尴尬的地位。

地轴星轰天雷凌振，祖籍燕陵（今天河北省磁县西），是北宋王朝的第一炮手。凌振善造火炮，还能做风火炮、金轮炮、子母炮等，他造的火炮能打十四五里的目标，故人称"轰天雷"。

凌振在当时是绝对的火炮专家，并可根据不同的地形和需要使用各类炮打击对手。凌振精通武艺，可以算得上当时世界上的高、精、尖的顶级人才了，说他是一个非常厉害的人物，估计没有什么异议。按说凌振这等国家栋梁之材，应该得到朝廷的重用，赋予保家卫国之重任才对。可是万万没有想到他在做什么岗位呢？东京甲仗库副使，就是管理兵器仓库的副主管。这样的人才只在兵器仓库做个仓管，管理个仓库！不被重用，也没有人重视，如同遗弃在仓库中的冷兵刃，这是何等的浪费，何等的让人心痛啊！

是金子总会发光，是钻石都会闪亮。千里马怎能永远卧槽，它的世界是在沙场。正所谓：乱世出英雄，战时出豪强！

宋江在梁山聚众落草为寇，国防部长高俅派兵围剿，上演大宋朝版的梁山剿匪记。第几次围剿记不清了，总之良将呼延灼用装甲部队连环马大败梁山。朝廷得到报捷，就开始发奖金了！皇帝老儿就敕赏御酒十瓶、锦袍一领、钱十万贯，由高太尉差遣了天使前往祝捷。这天使到后，呼延灼向他介绍作战情况，并说只靠装甲部队不行，需要炮兵部队联合围剿梁山定能大胜。于是要求朝廷派凌振这位炮兵专家来帮他围攻梁山。就这样，凌振被提拔为炮兵营营长率领炮兵部队闪亮出场了。可以说，呼延灼就是凌振的伯乐啊！如果不是老呼，凌振将继续看管仓库，不为世人所知晓。

凌振到了阵前，初试锋芒。第一次用炮，打了三发，两炮打水里，另一炮将梁山鸭嘴滩小寨摧毁，梁山群雄被迫避守宛子城。虽只有一发击中了目标，但弄得梁山众头领尽皆失色，宋江心事重重。可见，威力和震撼力的强大。为了解除凌振对梁山带来的威胁，吴用、晁盖遣李俊、张横、张顺、阮氏三兄弟前去捉拿，由朱仝、雷横接应。没有做好防范的炮兵阵地被梁山水军偷袭，凌振被阮小二活捉。呼延灼起用凌振攻打梁山，知道炮的重要性，但疏于协同、防范、配合，犯了致命的错误，给梁山送了个超级大礼。

在朝廷得不到重用的凌振，毫无例外地被宋江感化，归顺了梁山。其才能得到局部的发挥，在所有的重大的军事行动中，如反童贯对梁山的围剿，征辽打檀州，征方腊打苏州、杭州等，凌振的炮兵都发挥了至关重要的作用。打睦州时，凌振用子母炮等不同的火炮攻击城池，一连发了九箱炮弹，那阵势是"天崩地动，岳撼山摇"，打得对方军马是"魂消魄丧，不杀自乱"，方腊手下最犀利的一员大将，就是砍了武松左臂的灵应天师包道乙，被凌振的轰天炮打得粉身碎骨。凌振终于为武松出了一口恶气。

现在，我们假设一下，说的是假设，也就是如果。

从表现来看，凌振可以说是梁山乃至整个大宋帝国首屈一指的军事技术人才。其作用要远高于徐宁，因为徐宁的钩镰枪只能对付连环马，而凌振的火炮技术可以对付任何部队。射程七千米以上、威力巨大的大炮，如能善加使用，在冷兵器时代就是一种非常有威慑力的战略性武器，就好比今天的弹道导弹一样。

如果梁山各大寨都装备了凌振的火炮，岂非固若金汤。要是宋江能用凌振成立一支精锐炮兵部队，再配合上五虎八彪将，据州占府开辟根据地，恐怕未必没有一争天下的本钱。就算不能争天下，割据一方也不成问题。

可惜凌振上了梁山后，并没有受到重用。英雄座次排名仅为第五十二位，这个排名恐怕还是因为他是前政府军中校营长身份的因素居多，职司仅为"专造一应大小号炮"。让凌振这样一个北宋首席火炮专家、高科技人才负责造号炮，这就好比让钱学森博士去研制普通大炮一样可笑而可悲。梁山众人包括宋江、吴用在内都是见识过凌振火炮威力的，岂能不知如此利器弃之不用之可惜？这就好比上天给了萨达姆一个造原子弹的机会，但他不知道珍惜而放弃了。

北宋政府也根本没有意识到凌振这个人才的重要性。梁山平定方腊后，凌振是九死一生的幸存者之一。宋政府虽然知道他"炮手非凡"，但也不过让他以都统领（上校正旅级）的身份回火药局御营任职，当个小官僚，日后似乎也没有任何出众的事迹，碌碌无为地淹没在人众之中。

作为酒店人，每当读到这里，也不禁唏嘘感叹！高科技人才如何在酒店发挥作用？这两年，科技产品、智能产品、网络营销渠道、节能设备、环保设备等在酒店得到了推广运用。但是操作维护保养运营这些设备的人是否得到了真正的重视，发挥了应有的能力呢？值得我们在身边去找一找那些被忽略的凌振们！

055 神算子蒋敬

梁山作为一个大的集团公司，财务往来是相当频繁的，尤其是梁山公司作为当时最大的社团机构，财物粮草的进出必须有人来具体负责和管理，犹如酒店的财务人员不可或缺。

自宋江加入梁山公司主政以来，梁山财务部筹建处第一人就是地会星神算子蒋敬。

《水浒传》中是这样介绍蒋敬的：

> 祖贯是湖南潭州人氏，原是落科举子出身，科举不第，弃文就武，颇有谋略，精通书算，积万累千，纤毫不差。亦能刺枪使棒，布阵排兵。因此人都唤他做神算子。

潭州就在今天的长沙。

蒋敬和现在大多数人一样，希望通过高考来改变命运，毕竟学而优则仕。读书人要过童生—秀才—举人—贡生—进士这几道门坎，才算是修得正果。就像今天的小学—中学—高中—大专或本科，更甚者是硕士—博士—博士后。可惜，蒋敬科举不第，放到现在，可以明年再来。可是在当时再来一次就要等三年五载，蒋敬熬不起啊！于是蒋敬就弃文从武并研究算术了。功夫不负有心人，聪明的蒋敬会枪棒，懂兵法，很有谋略，更了不起的是他的算术，已经很有成就。多大多难数字，他都能算得分毫不错，放到今天，蒋敬考个注册会计师是不成问题的。

所以江湖人称神算子蒋敬。

一个有头脑、有知识或者说有思想的人，总不会被埋没。虽然没拿到官方认可的会计师证，做不成"公务员"，民营企业却很稀罕他。这不，摩云金翅欧鹏在黄门山成立公司，邀请蒋敬做了二把手，当上公司副总，主抓公司财务并兼军师的角色。作为一个小公司，想要生存，不被大公司吞并，必须主动走被兼并的路子，和大公司联手走集团化路线，增强抗压抗风险能力。蒋敬的想法得到了公司核心的其他三个人欧鹏、马麟、陶宗旺的赞同。

机会总是垂青有准备的人。

宋江浔阳楼写"反诗"被捉，梁山好汉劫法场，救了宋江、戴宗。宋江一行人逃回梁山路过黄门山时，欧鹏、蒋敬、马麟、陶宗旺闻讯下山摆过威风后，确认宋江身份，滚鞍下马，拜倒在地，宋江一一扶起，"逐一请问大名"。蒋敬等四人，从此便归降梁山。

上了梁山的蒋敬，发挥了自己的特长，在梁山主管钱粮支出和纳入，做了梁山财务部第一人。随着柴进、李应、杜兴的上山，组建了大的财务部，蒋敬排在部门第三，但是还是很有实权的，梁山一共取了天下多少财富、钱粮，最清楚的人莫过于蒋敬。

从英雄排座次来看，蒋敬位列第五十三位，在一个靠拳头说话的地方，蒋敬的武功没有怎么展现，坐这个位置，已经难能可贵。作为后勤部门人员，冲锋陷阵的机会很少，位置也相对稳定。

NO DO NO DIE（不作死，不会死）。梁山受招安后，被派去征讨方腊，梁山公司财务部柴进、李应、蒋敬、杜兴四人无一战死，得以保全。

作为幸存者之一，蒋敬被封为武奕郎兼都统领。但他看破世事，最终放弃了朝廷的封赏，选择回老家潭州为民。从起点又回到了起点，但这中间多了一个过程。人生的精彩不就在于这个过程吗？

正可谓："高额尖峰智虑精，先明何处可屯兵。湖南秀气生豪杰，神算人称蒋敬名。"蒋敬可称得上是一个聪明的财务人员，酒店财务工作者可效之！

056　小温侯吕方

今天说的吕方，不是唱《朋友别哭》的香港艺人，而是绰号"小温侯"的梁山好汉。吕方是潭州人，和神算子蒋敬一样属于湖南长沙老乡。吕方的偶像是和他同姓的吕布。也许几百年前两人是同族，但吕方不是吕布一脉，跟吕布没有血缘传承关系。只因崇拜吕布的武功骁勇，吕方于是也打造了一柄方天画戟，日夜苦练，希望能达到吕布的武功高度。可惜，差得太远了！只是在江湖上混了个小温侯的绰号。吕布是谁，那是东汉末年的名将，是豺狼之将。曹操评价吕布是"人中吕布，马中赤兔"。当年"三英战吕布"，刘关张都奈何不得他。"辕门射戟"展现了他三国第一高手的风采。吕布因曾被封到温地，才有"温侯"之称。所以，吕方拿他做偶像也是可以理解的！就像儿时很多人崇拜李小龙、霍元甲一样。

练武不能当饭吃啊！吕方就做起了生药的生意。生药就是没有经过加工的原生态的能入药的植物、矿物、动物身上的零部件等。可惜，政治混乱，经济萧条，生药想必保鲜不易，吕方赚钱不成蚀了本钱，无法还乡，不得不用武功混饭吃。于是强占对影山，占山为王，落草为寇，笼络了一帮小喽啰，干起了打家劫舍的勾当。这一点不如石秀。石秀生意赔本，自食其力去砍柴卖柴赚钱养活自己，而吕方靠武力去挣钱。吕方挣到钱后，给自己和团队各置办了一身行头："头上三义冠，金圈玉钿；身上百花袍，锦织团花。甲披千道火龙鳞，带束一条红玛瑙。骑一匹胭脂抹就如龙马，使一条朱红画杆方天戟。背后小校，尽是红衣红甲。"加上吕方本人就很帅，这一打扮，那颜值直接爆表。

对影山是个好地方，好地方都有人眼红。刚站稳脚跟的吕方，碰到了一个对手，此人叫郭盛（射雕大侠郭靖的爷爷，郭盛的故事下回详述），也用方天画戟，人也长得不赖。对影山本就是两座山，中间一条大道，吕方英雄相惜，让了一半，这郭盛偏要全占了。（郭盛应了"卧榻之侧，岂容他人鼾睡"这句话。）吕方能容，郭盛不能。郭盛其实真的不是赖皮就是存心想切磋武艺，比一比谁的戟法更高。总之，两人为此而连日鏖战，接连干架了十几天也不分胜负。

这天，花荣为救宋江，反了清风寨，一同上梁山，正好路过对影山，难得地欣赏了一场唯美的棋逢敌手、将遇良才的打斗。

但见绛霞影里，卷一道冻地冰霜；白雪光中，起几缕冲天火焰。故园冬暮，山茶和梅蕊争辉；上苑春浓，李粉共桃脂斗彩。这个按南方丙丁火，似焰摩天上走丹炉；那个按西方庚辛金，如泰华峰头翻玉井。宋无忌忿怒，骑火骡子飞走到人间；冯夷神生嗔，跨玉狻猊纵横临世上。左右红云侵白气，往来白雾间红霞。

当时两个壮士，各使方天画戟，斗到三十余合，不分胜败。花荣和宋江两个在马上看了喝采。花荣一步步趱马向前看时，只见那两个壮士斗到间深里，这两枝戟上，一枝是金钱豹子尾，一枝是金钱五色幡，却搅做一团，上面绒绦结住了，那里分拆得开。花荣在马上看见了，便把马带住，左手去飞鱼袋内取弓，右手向走兽壶中拔箭，搭上箭，拽满弓，觑着豹尾绒绦较亲处，飕的一箭，恰好正把绒绦射断。只见两枝画戟分开做两下……

两人便不再斗。花荣的这一箭射得令吕方和郭盛心服口服，二人知道强中自有强中手。随后二人跟随宋江一起上了梁山。正可谓不打不相识，吕方同郭盛一起，成为仅有的二位守护中军马军骁将，位列一百零八将的第五十四位，星号地佐星。

吕方上了梁山，也立了不少战功。吕方在三打祝家庄时，同郭盛一起杀了祝虎；大战曾头市时，单挑曾涂；征方腊战石宝；最牛的是，一戟刺死厉天祐；最后在乌龙岭与白钦大战时，双双失足摔下悬崖而死。

可叹风流倜傥少年英雄，转头皆成空。

酒店业中，长得漂亮固然是好事，但是行头和第一印象及能力展示也很重要，尤其是在你的上级面前。吕方首次出现在自己的领导宋江面前，不仅打扮得体，本领展示也很有感觉，给了宋江一个好的印象。爱美之心，人皆有之。宋江直接将他安排到自己身边做了保镖和贴身秘书。跟了领导，朝夕相处，有了感情，一些照顾是免不了的！每次分派房子，吕、郭二人住的都是除领导核心人员之外最好的，跟领导在一个小区；分银子也照分一份不误，不出力照拿，只要拿着家伙在领导身后一站就了事，哪怕你李逵们在阵前冲得要死要活。

酒店人颜值很重要，行头和能力也不容忽视，做花瓶也要讲究结实和品位！谁说不是呢？！

057 赛仁贵郭盛

梁山集团老大宋江有两对贴身保镖：一对是马上保镖吕方、郭盛，一对是步将保镖孔明、孔亮。尤其是地佐星小温侯吕方和地祐星赛仁贵郭盛，可谓双子星座，并蒂莲花。

郭盛是西川嘉陵人，嘉陵在今日的四川境内，所以梁山集团内他的巴蜀老乡是霹雳火秦明（开州人，今属重庆开县）。

郭盛打小喜欢舞枪弄棒。他的授业恩师姓张，张是当地的兵马提辖。张提辖爱用方天画戟，受其影响，郭盛也爱使方天画戟。郭盛的偶像是唐朝名将薛礼薛仁贵，从坐骑、兵刃到衣着打扮，郭盛处处都学白袍薛仁贵，于是人送绰号：赛仁贵。

郭盛的偶像可不简单。薛仁贵那是初唐名将，戎马一生，败回纥，伏高句丽，征吐蕃，破突厥，为大唐立下了赫赫战功。唐太宗李世民评价薛仁贵是："朕旧将并老，不堪受阃外之寄，每欲抽擢骁雄，莫如卿者。"唐高宗李治说薛仁贵是："古之勇猛者，无一人可敌卿，卿左突右杀，所向无敌。"薛仁贵爱骑白马，着白色战袍，惯用一把方天画戟。所以，郭盛也学薛仁贵，骑白马，穿白色战袍，连旗号都是白色的。对于郭盛的行头，《水浒传》中描写如下：

> 头上三叉冠，顶一团瑞雪；身上镔铁甲，披千点寒霜。素罗袍光射太阳，银花带色欺明月。坐下骑一匹征骕玉兽，手中轮一枝寒戟银蛟。

郭盛不仅自己穿白挂素，带的小弟也是如此。"背后小校，都是白衣白甲。"

郭盛想靠做冷门生意——倒卖水银，发家致富。水银是一种化学物品，也是一种毒品。卢俊义就是服了蔡京、高俅下的水银酒，"致使水银坠下腰胯并骨髓里去，册立不牢，亦且酒后失脚，落于淮河深处而死"。不幸的是，当郭盛投注身家在水银上，想做一笔大买卖时，途经黄河遇到风暴翻了船，连本带利都折了。幸好人还活着,被迫落草为寇。靠武力招徕了几十个小喽啰,打起了游击。后来听说对影山不错,想霸占了作为自己的根据地。原寨主吕方也比较大方,让给他一半。郭盛惺惺惜惺惺,看到人家也使方天画戟,定要跟吕方斗个胜负。打了十余天,不分胜负。这一天,两人大战三十回合不分上下,两枝方天画戟搅在一起,被路过观战的小李广花荣一箭射开,二人方心服口服。之后二人跟随宋江上了梁山,并做了宋江的左右保镖。

郭盛同吕方算得上是棋逢对手,是一对不打不相识的冤家,用现在的话来讲:缘分啊!大哥!做生意,一个做生药、一个贩毒药,而且都维持不下去才走了打家劫舍的道路。武功路数、武器兵刃、身材长相、能力水平不分伯仲,又同时被宋江收编,从此以后二人是吕不离郭、郭不离吕,戏称"铝锅"。

郭盛投奔梁山后,同吕方做了一样的职务:守护中军马军骁将,成为经常出现在领导身边的人。虽然多次随宋江出征,但每次战斗都虚张声势的吆喝,真正去搏杀的时候少了很多。三打祝家庄时,郭盛同吕方合伙戳翻了祝虎;征讨方腊攻打乌龙岭时,郭盛被山上飞下巨石连人带马砸死。随后吕方与对手也坠崖而死,真是一对好兄弟!虽不是同年同月同日生,却做到了同年同月同日死,黄泉路上继续做兄弟!

郭盛上梁山后,应该是娶妻生子了,很向往加官晋爵封妻荫子了。理由有二:曾经向陈太尉俯伏招安,据传射雕大侠郭靖是他孙子。(详看金庸《射雕英雄传》。)

郭盛的结局虽然很凄惨,戎马半生,但是为了妻儿去拼搏个好的前程也是我们酒店人的真实写照!

058 神医安道全

老子云：祸兮，福之所倚；福兮，祸之所伏。这句话的意思是说：祸是造成福的前提，而福又含有祸的因素。也就是说，好事和坏事是可以互相转化的，在一定的条件下，福就会变成祸，祸也能变成福。这句话在无数人身上得到了验证，梁山第五十六条好汉地灵星神医安道全就是一个典型的案例。

安道全原本是建康府（今南京）的一个名医，"祖传内科外科尽皆医得，以此远方驰名"，被人称为"当世华佗"。施耐庵有诗赞他："肘后良方有百篇，金针玉刃得师传。重生扁鹊应难比，万里传名安道全。"酒店业中的祖传技艺恐怕只有厨艺了！安道全凭借祖传医术和自己的钻研成为杏林高手，照理说是幸福美满的，可惜"拙妇亡过"。想必他老婆不是因病而亡，否则以安道全的医术定会起死回生。亡妻本是伤心事，奈何又遇一红颜。我们的安神医在老婆去世后，手中医金颇丰，也许为了排解寂寞，在出入烟花之地时，迷恋上一个美貌的小姐李巧奴，从此徜徉在温柔乡之中。

古语又云：人怕出名猪怕壮。安道全的名气大了，也带来了更大的麻烦。宋江为救卢俊义、石秀率军攻打大名府，天寒地冻，久攻不下，好生忧闷。某夜在军帐中梦见晁盖告诉他有百日之难，只有江南地灵星可解。次日，宋江背上长了个毒疮，无人可医，只得班师回梁山。这时候张顺就推荐了安道全，原因是安道全曾经治愈过张顺老母的顽疾。于是宋江就让张顺带着一百两蒜条金去请安道全。一路上，可是费了一番周折。没带雨具的张顺，顶着雨雪，在数九严寒的冬季，行了数千里。在过江时，又被截江鬼张旺劫了医金，依仗自己水性过人，张顺保全了性命。随后张顺得到了他的粉丝火闪婆王定六的帮助，才顺利到达建康，见到了安道全。

安道全并没有因为张顺空手而嫌弃他，在张顺的哀求下，答应跟张顺去山东医治宋江，并且带张顺回家喝酒。可见，安道全的医德还是不错的。回家后，那个做小姐的相好李巧奴却不愿意他去，在安道全大醉后，驱赶张顺离开，张顺只好待在门首小房等安醒来。结果冤家路窄，劫了医金的截江鬼张旺夜里来找巧奴厮混，惹得张顺直接用斧头把巧奴和虔婆劈了，又在墙上留下"杀人者，安道全也"。然后天将明时告诉安道全，你只有两条路，要么跟我上梁山，要么我自己走了你留下吃官司。这等逼上梁山的手段并不是第一次使用，无奈之中安道全只能整理细软上了梁山。可怜的安神医，本来可以享受温香软玉乐趣的性福生活，从此不得不过上苦行僧一般的日子了。以他的医术之高明，他在床上的雄风自然也会让人侧目。但是，这一切随着张顺的那残酷的一斧头，神马都成浮云了。安道全以赤脚医生的身份加入梁山后，命运出现了第一次转折。

高手就是高手，安道全一上梁山不但手到病除将宋江的病给治好了，而且安道全还展示了自己的整容技术，把宋江脸上的金印消去了！这是相当牛的。安道全以后就在梁山当军医，随军出诊，救治了梁山许多好汉和军士。英雄排座次时，完全不会武功的他排在第五十六位，不算太低，主要可能考虑到他救过宋江的命，而且他的医术是不可替代的。

梁山招安后，安道全的命运再一次发生了改变。

宋江被招安后，奉旨征讨方腊，宋徽宗借故自己生病，特地从征讨方腊的前线秀州把安道全调回东京看病。安道全也趁此机会彻底脱离了梁山系统，梁山好汉却因未能及时救治而伤亡严重。安道全医好宋徽宗的小疾之后，官封太医院的金紫医官，成了皇帝赵佶的私人医生，领导核心身边的红人。金紫医官是个什么官呢？大约相当于今天的卫生部中央保健局副局级干部。安道全从一个开诊所的普通医生成为北宋卫生部门的高级官员。这是他在正常情况下，奋斗一辈子都很难达到的位子。不得不说，在梁山转这一圈的镀金岁月使安神医成为梁山一百零八位好汉中命最好的一个。梁山组织的最终结局很悲惨，而安道全因机缘巧合却依靠梁山达到了他个人事业生涯的顶点。

安道全的经历给了我们酒店人很多启示：祖传的技艺需要一代代传承和发扬，犹如酒店业中各种菜系的第几代传人。运用好祖传技艺不但可以成就自己还可造福他人。另外，人生的境遇并没有绝对的好坏之别，祸兮福所倚，福兮祸所伏。自性的清明、智慧，才是一切意念的本源。日月经年，世事无常；人生如月，盈亏有间。人生在世，难免有忠奸善恶，是非情仇，成败得失，荣辱浮沉。我们应当不逃避，不强求，一切随缘，任由世事变迁，宠辱皆不惊，以一颗恬然淡定的心，泰然处之。是你的，就是你的！

059 紫髯伯皇甫端

神话传说中，天上管理马匹的神仙不是弼马温孙悟空，而是叫伯乐。于是在人间，人们把精于鉴别马匹优劣的人，也称为伯乐。第一个被称作伯乐的人本名孙阳，他是春秋时代的人。由于他对马的研究非常出色，得到秦穆公信赖，在秦国军马训练中，作为相马师立下了汗马功劳，被封为"伯乐将军"。后来人们便忘记了他本来的名字，干脆称他为伯乐，延续到现在。伯乐后来将毕生经验总结写成我国历史上第一部相马学著作——《伯乐相马经》。该著作成为后世马爱好者的必修教材。

北宋末年，伯乐有了出色的传人，他就是皇甫端。皇甫端原是东昌府城内著名的兽医，同没羽箭张清是好友。宋江攻下东昌府，张清投降梁山，又向宋江推荐了兽医皇甫端：

此人善能相马，知得头口寒暑病症，下药用针，无不疼可，真有伯乐之才。原是幽州人氏。为他碧眼黄须，貌若番人，以此人称为紫髯伯。梁山泊亦有用他处。可唤此人带引妻小，一同上山。乞取钧旨。

正可谓：江山代有才人出，各领风骚数百年。

皇甫端不仅会相马，而且还会医马，会给马看病，这在冷兵器及农耕时代，那可是一个了不起的手艺。兽医皇甫端手艺口碑了得，在东昌府为民时，颇受人称颂："传家艺术无人敌，安骥年来有神力。回生起死妙难言，拯危扶危更多益。"皇甫端与官场人员也有交往，东昌府兵马都监张清在宋江面前力荐皇甫端，足见皇甫端与他交情非同一般。另外皇甫端同张清的关系亲密度从另一件事情来看，也可见端倪：张清投降了梁山，跟皇甫打了一个招呼，皇甫端就拖家带口上了梁山。据臆测，张清的坐骑——青骢玉勒马，想必也是一匹不错的千里马。

皇甫端长得也是比较另类："碧眼重瞳，虬须过腹。"宋江看他一表非俗，夸奖不已。皇甫端的出身值得琢磨。皇甫氏是非常古老的多民族、多源流姓氏群体。此姓的渊源很多，其中之一是源于蒙古族，属于汉姓夷化为氏。蒙古族皇甫氏，实际上是宋朝时期蒙古军队掠去的汉族皇甫氏族人，成为蒙古族人的帐奴（仆役），后逐渐融入蒙古族，成为今蒙古族皇甫氏，后有简改为单姓皇氏、甫氏者。从皇甫端的貌相和祖籍幽州来看，大约是来源于这一支。

皇甫端是水泊梁山一百零八将中最后一个上梁山的好汉，做了梁山专管马匹的头领和专职兽医，算是人尽其才了。由于医道高明，诊治马病，手到病除，为梁山马军立下功劳，贡献较大，梁山排名第五十七位，位列安道全之后，封号地兽星。

皇甫端在梁山征辽后，被朝廷留用，留在京城，封为御马监大使，没有随军征讨方腊。皇甫端从一流落民间的兽医，来了个华丽大转身，一跃成为吃皇粮的"公务员"，而且是天子脚下。在感叹造化弄人的同时，我们不得不承认：把冷门不起眼的技术手艺学精，同样也可以通向成功之路。酒店管理中我们是否也需要冷门人才呢？哪些又是酒店管理中的冷门呢？是地毯翻新吗？是水资源循环利用吗？抑或是……

060　矮脚虎王英

梁山群雄好色者不少，诸如：董平、史进、周通、王英。其中的佼佼者，非矮脚虎王英莫属。此人属于见钱见色都会掉进眼里的人，自控能力很差！

王英祖籍两淮（今天的安徽），因他五短身材，人称矮脚虎王英。他原是车家出身（赶马车拉货的司机），半路见财起意，便劫了客人，事发被捕，后越狱逃走，不得已到清风山投奔锦毛虎燕顺落草为寇，后来又收了白面郎君郑天寿一同打家劫舍。打劫自己的客户，绝非好汉所为，的确让人鄙视。另外，王英的出场还有一首诗描述他："驼褐衲袄锦绣补，形貌峥嵘性粗卤。贪财好色最强梁，放火杀人王矮虎。"看这首诗便知，王英穿着不得体，相貌难看，身材矮短，性格粗鲁，贪财好色，杀人放火，猥琐龌龊，是个典型的江湖大恶人形象。

对于王英的好色，书中至少有三处描写：一是清风寨知寨刘高的妻子上坟路过清风山。王英好色，得知消息后便将刘高妻抢上山来，带回房中取乐。二是宋江率兵攻打祝家庄时，因贪图扈家庄女将一丈青扈三娘的美色而前去挑战，被活捉。三是征讨田虎时，王英随宋江在襄垣城南与女将琼英交战时，家里已经有一朵花的他又色心大发，心猿意马，结果被琼英刺中左腿，受伤落马，幸被孙新、顾大嫂救回。不仅如此，王英还是个见色忘义之徒。刘高妻二次被王英抢回山寨，想做压寨夫人时，却被燕顺杀死。王英见了大怒，夺刀便欲和燕顺火并，全然不顾当初自己落魄时，燕顺对他的收留之恩。多亏被宋江等人劝住，并承诺日后成全他一桩亲事，才避免了兄弟反目。王英虽然粗俗鄙陋，却是个幸运有福之人。他能顺利越狱，实在是运气不错；碰着燕顺收留并且做了清风山二把手，运气也算不错；最大的运气是遇着宋江，宋江不但给了他荣华富贵，也给了他令人艳羡的艳福，娶了梁山第一美女一丈青扈三娘。

人的成功有时候是机遇，有时候靠跟对带头大哥，站对队伍。王英就是一个走了牛屎运的人。宋江到清风寨投奔小李广花荣，路过清风山时，被小喽啰抓住。王英酒醉，让人取宋江的心肝做醒酒汤。宋江情急之下，叫出自己名字，被燕顺听到。王英三人得知他是大名鼎鼎的山东及时雨宋公明，连忙松绑，纳头便拜，并留宋江在清风山小住。这是缘分，也是改变王英命运的一次相遇。

王英随花荣、秦明等群雄上了梁山后，始终对宋江忠心耿耿，言听计从。攻破祝家庄后，宋江认扈三娘为干妹，并将她许配给王英为妻，而不是活捉扈三娘的林冲，可以说是一朵鲜花插在牛粪上。可见，宋江对王英多么偏爱。对自己的干小舅子，宋江也是关爱有加，让夫妇二人做了梁山专掌三军内探事马军头领这样一个肥差。尤其是在排座次时，把王英这个大流氓、大色魔排第五十八位，星号地微星。这也许是宋江为了报当年在清风山王英的不杀之情、救命之恩吧！

王英夫妇为了回报宋江，每次征战都是身先士卒。先后随征青州、大名府、东平府、东昌府，两赢童贯、三败高俅、征讨辽国、战田虎、灭王庆、打方腊等，处处都有二人的身影。

俗话说：花无百日红，人无百日衰。

人的好运总有用尽的时候。宋江攻打睦州，方腊派包道乙与郑彪、夏侯成前去救援。王英与扈三娘率三千马军迎敌，恰遇郑彪。郑彪先与王英交战，在战斗中突然用法术变出一个金甲天神。王英大惊，吓得手忙脚乱，被郑彪一枪戳下马去，落马而死。扈三娘上前报仇，也被郑彪用镀金铜砖打死。好色的王英运气到此为止，但是跟自己的老婆同归于尽，也算不枉一生。后来朝廷追封王英为义节郎，扈三娘为花阳郡夫人。王英也可含笑九泉了！

现实中像王英这样的本领稀松、贪财好色、见异思迁之酒店人不在少数，可像王英这样活得这么潇洒绚丽的不多。王英仅仅是偶尔解救了宋江这样的潜力股带头大哥，并一直跟随到底。可以说，王英是选对了人和队伍！

由此可见，帮助有潜力的贵人，也许会带给你意想不到的结局！

061 一丈青扈三娘

如果你读过《水浒传》，提起一丈青扈三娘，最想吐槽的一句话是什么？不知道你们怎么说，但我只想说：一朵鲜花插到牛粪上！作为梁山第一美女，武艺高强，一对日月双刀神出鬼没，更有阵前用绳套捉人的绝技，但其人生却让人感到心塞！

扈三娘出身豪门，是独龙冈上李家、扈家、祝家三强势集团之一的扈氏千金。从扈三娘的绰号来看，其不仅家庭富有且人也长得漂亮！什么叫一丈青呢？中国古代女人头上用的簪子，往往是用金银玉等材料做的。一丈青是青玉做的簪子，想必那时候，青玉是比较贵重的吧！后来一丈青延伸为玉簪的别称并形容女子的容貌美丽漂亮。

一丈青扈三娘的首次出场外貌描写也可见其绝非脂粉女子：

雾鬟云鬓娇女将，凤头鞋宝镫斜踏。黄金坚甲衬红纱，狮蛮带柳腰端跨。霜刀把雄兵乱砍，玉纤手将猛将生拿。天然美貌海棠花，一丈青当先出马。

像海棠花一般的女子，其未婚夫祝家庄的三少爷祝彪，也是年轻勇武，英俊潇洒，二人可以说青梅竹马，两小无猜。

自古红颜多薄命啊！如果不是时迁偷吃人家的一只报晓公鸡引发的梁山大围剿，扈三娘的人生定是玫瑰纷呈。

宋江为救时迁攻打祝家庄，扈三娘首战便捉了后来成为她老公的矮脚虎王英，连败摩云金翅欧鹏和铁笛仙马麟，后来扈三娘还欲擒宋江，反而被赶到的豹子头林冲生擒。后来的结局，大家都知道了，三庄同盟被梁山各个击破，扈家老弱妇幼被李逵两把板斧杀了个一干二净，只有哥哥扈成逃脱。身遭如此灭门惨痛，可以说扈三娘跟梁山结下了不共戴天之仇。但是，大仇未报不说，扈三娘又被宋江强行认了干妹妹，并把她当成一只羊羔许配给了相貌丑陋、品行不堪的超级大色狼矮脚虎王英。两人无论是人品、武功、相貌都相差甚远。自古美女配英雄，按说以扈三娘的姿色要嫁也应该是豹子头林冲这样的大英雄。可就是一个所谓的"义"字，断送了扈三娘的一生幸福。"一丈青见宋江义气深重，推却不得，两口儿只得拜谢了。"这么一个能上马杀敌的女神扈三娘因何甘于被杀父仇人驱使呢？可见，宋江的洗脑水品之高，不亚于今天的传销讲师啊！

扈三娘上了梁山嫁给王矮虎之后，是不是后悔了不得而知。通读一百回本的《水浒传》，没有见到扈三娘吭声一句，于无声处的抗议可见一斑。

正是"千古艰难惟一死，伤心岂独息夫人"，犹如春秋时期被灭国的息夫人，又如三国时期的"徐庶进曹营——一言不发"。扈三娘把自己命运不幸的怨怒全部挥洒在了战场上，战呼延灼，捉彭玘，拿张道原等，立下了赫赫战功。然而，扈三娘从不计较自己的地位高低，英雄排座次时，她只排在梁山好汉的第五十九位，且不说他那个不成器的老公王英，她手下败将彭玘却位列第四十三位，都比她高十六位，还有欧鹏这样的败将都比她排名高。这也许就是职场上不会哭的孩子没糖吃的原因吗？

扈三娘在梁山上与王英专掌三军内探事马军头领，算是一个不错的差事，毕竟属于军队中的总后勤部门，油水是不少的，有油水又何必计较职位高低呢？可见，宋江还是有私心的！职位低，也许是欲盖弥彰，掩人耳目吧！

这对外人看来不和谐的夫妇，在征方腊的过程中却死得莫名其妙。宋江攻打睦州，清溪军先锋郑彪来救，宋江安排扈三娘夫妇迎敌，没想到人称郑魔君的郑彪会道术、懂妖法。王英跟郑魔君作战正酣之时，郑魔君使出妖法。当王英抬头看到云中有一个金甲天神，手持降魔宝杵，于是大惊失色，一不小心被对方一枪戳于马下。扈三娘一看，拍马冲上前去，被郑魔君从口袋里掏出一个镀金铜砖，砸在面门上，倒下马死去。夫妇二人同归于尽，对王英来讲是一个圆满的结局，只可惜了女神扈三娘啊！

酒店中女神级的人物很多，但是女神的结局总是让人哭瞎眼，自古以来皆有之啊！

062　丧门神鲍旭

台湾有个 F4，帅到亮瞎眼，曾经风靡亚洲；梁山也有个 F4，丑到不堪入目，典型梁山敢死队。

台湾的 F4 是言承旭、朱孝天、周渝民和美籍华人吴建豪组成的艺人组合；梁山的 F4 是李逵、鲍旭、项充、李衮组成的"杀人四人组"。

台湾的 F4 个个貌美如花，所以称为 Flower 4，简称 F4；梁山的 F4 个个都是全职杀手，所以称为 Fulltime Killer 4，也简称 F4。

台湾的 F4 有暴龙言承旭，梁山的 F4 有地暴星丧门神鲍旭。

鲍旭，寇州人氏，原是枯树山寨主，手下有五七百小喽啰，三二千匹战马，靠打家劫舍为生。长相凶恶："狰狞鬼脸如锅底，双睛叠暴露狼唇。放火杀人提阔剑，鲍旭名唤丧门神。"

丧门神是阴间的一种凶煞，又叫"丧门星"，丧门临户，家人必有凶险之事。

鲍旭平生有个最大爱好就是杀人，手持一把丧门阔剑，堪称一个杀人的恶魔，在河北、山东一带打下了名气。自占据枯树山做了山大王，想必也是自由自在，风光无限。

但乱世无宁日，命运随势转。

梁山揭竿替天行道，朝廷大怒，视为奇耻大辱，遂派各路兵马围剿。凌州"水火二将"单廷珪、魏定国受命征讨梁山，关胜出梁山迎击，准备先下手为强，攻打凌州，结果自己的副将宣赞、郝思文被擒并被押往东京邀功。凌州大战，乐坏了杀人为乐的黑旋风李逵，宋江估计想考验一下关胜独立作战能力，不让李逵下山相助，结果这货不听军令私自下山，而且还误杀了欲投奔梁山的好汉韩伯龙。随后途中撞见相扑高手焦挺，被焦挺摔得没了脾气，两人不打不相识，成为好哥们。焦挺打听到寇州有座枯树山，山上的鲍旭是条好汉，正要投奔。于是二人前往枯树山。鲍旭与李逵一见如故，相见恨晚，"便和亲兄弟一般接待"。三人商议准备攻打凌州，作为上梁山的投名状。谁知正赶上押送宣赞、郝思文的囚车，途经枯树山下。李逵、焦挺、鲍旭下山劫道。这个鲍旭是个快刀手，还不等众人反应过来，就一剑砍了押送宣、郝二人的副将，救了宣赞和郝思文。这是鲍旭为梁山立的第一功。而后五人率领众喽啰趁关胜在南门与守军作战，从北门偷袭，一举夺取凌州。

鲍旭随李逵上了梁山，因二人性情相投，鲍旭成了李逵的副手，作战时也常是结伴而行。鲍旭上了梁山后，把自己的阔剑让金钱豹子汤隆改造成了大阔板刀，这样砍人利索。

梁山排座次时，鲍旭排第六十位，星号地暴星，职司为步军将校。

两赢童贯时，鲍旭与李逵、项充、李衮配合作战，伏击官军，一举成为最佳F4。梁山受招安后，鲍旭四人组随宋江南征北战，先后征讨辽国、河北田虎、淮西王庆、江南方腊，立下赫赫战功。征讨田虎时，鲍旭随李逵攻入陵川，生擒守将耿恭；征讨方腊时，常州之战鲍旭杀死润州统制官张近仁；杭州之战中，鲍旭先后杀死守将苏泾、廉明。杭州之战时，李逵、鲍旭、项充、李衮四人因不满宋江重视马军的做法，一心要捉石宝以树步军威风，在作战时鲍旭不等宋江将令便冲进杭州城，结果却被躲在城门处的石宝一刀砍死；李逵在项充、李衮的掩护下撤出城来。可见，鲍旭的勇猛、彪悍不输李逵，是真勇士。

杀人魔王李逵在《水浒传》中只哭了两次：一是自己的老娘被虎吃掉，二是鲍旭之死。可见，二人感情之深厚。李逵可谓是鲍旭的知己，"士为知己者死"，鲍旭死得英烈。鲍旭本可以不单人去死，如果还是在自己的四人组团队里，结果也许会不同，毕竟一个人的能力有限，组合互补威力更大。比如，我们耳熟能详的BEYOND、小虎队、F4、唐朝等组合，单飞以后明显受限。

酒店人找到自己的最佳拍档、最佳组合，也许是通往事业成功的一条捷径！

063　混世魔王樊瑞

现代人喜欢看魔术，魔术是能够产生特殊幻影的戏法。

著名的魔术师大卫·科波菲尔、刘谦、克里斯·安吉尔、蒙面魔术师法尔·范伦铁诺、大卫·布莱恩、傅琰东等都是大家耳熟能详的魔术师。

魔术在古代又称法术，《水浒传》中就有很多善使法术之人，比如：公孙胜、高廉、乔道清、包道乙及他的高徒郑彪郑魔君（这家伙曾杀死矮脚虎王英和一丈青扈三娘夫妇），还有八臂哪吒项充和飞天大圣李衮。另外还有一位，就是公孙胜的徒弟混世魔王樊瑞。

提起混世魔王，爱听评书的朋友最先想到的可能是程咬金。因为混世魔王的意思是扰乱世界、给人们带来严重灾难的人，有时也指成天吃喝玩乐、到处胡闹的有钱有势人家的子弟。程咬金大抵是到处胡闹之流吧！而樊瑞却非如此。

地然星樊瑞，濮州人。北宋时的濮州，相当于今天山东鄄城及河南范县和濮阳市一部分。樊瑞可以算是濮阳出来的好汉。

樊瑞"幼年学作全真先生，江湖上学得一身好武艺，马上惯使一个流星锤，神出鬼没，斩将搴旗，人不敢近，绰号作混世魔王"。全真先生大抵是道士的别称，早于王重阳创建的全真教。樊瑞幼年出家，形象和装束也很特别，有《西江月》为证：

　　头散青丝细发，身穿绒绣皂袍。连环铁甲晃寒霄，惯使铜锤更妙。好似北方真武，世间伏怪除妖。云游江海把名标，混世魔王绰号。

由此可见，樊瑞是个不一般的道士，有武艺，道行很深，能呼风唤雨，降魔除妖。也许厌倦了云游四海的辛苦，也许看透了官府的黑暗，想找个落脚的地方，可以边修行边解决温饱问题，于是他将芒砀山作为自己的道场。

芒砀山坐落于豫、鲁、苏、皖的交界处，是汉高祖刘邦斩白蛇起义创建四百年大汉王朝之发家地，也是个名胜之地，有孔子避雨处、陈胜墓、张飞寨及西汉墓群等历史遗迹，尤其西汉梁孝王陵墓斩山作廊、穿石为藏，结构复杂，气势恢宏，宛如地下宫殿群。道士研究风水，樊瑞的落脚之地选得相当不错！

樊瑞占芒砀山为王之后，很快就集聚了三千人马和两位好汉作为左膀右臂，分别是八臂哪吒项充和飞天大圣李衮。樊瑞很有头脑，他后来发现一块更好的风水宝地。此处有山有水，很有灵气，很适合修炼起事，那就是梁山。于是很想入伙，但他深知冒昧自荐，不一定会受到重视，再说梁山那些人是乌合之众还是传说中的高人也不清楚，不如先较量一下，试试深浅，万一赢了呢，去梁山做老大岂不更拉风！于是，挑衅开始，叫板梁山，对外宣称要吞并梁山。梁山情报特工旱地忽律朱贵得到消息，马上上报宋江。宋江一听，什么？活腻了吧！扁他！想亲自走一趟，会一会芒砀山的强人。正好，刚从少华山入伙的史进、朱武、陈达、杨春想为加盟梁山献礼交投名状，就想去拿下樊瑞。结果，樊瑞根本没有露面，仅项充、李衮率兵出战，便将史进的人马杀了一半，史进的兵马一气退了六七十里。杨春反应得慢了，马被飞刀伤了，只得弃马而逃；史进险些被项充的飞刀取了性命。少华山帮派威风尽失。最终还是宋公明带大队人马，和更高明的法师公孙胜过来收降了樊瑞三人。樊瑞的目的达到了，展示了自己的能力，加入了梁山，找到了更好的修炼之地。樊瑞的意外之喜就是拜公孙胜为师，并学习了五雷天心正法。

樊瑞上梁山之后，南征北战，并和关胜一起干掉了方腊的名将、法师郑魔君郑彪，也算给自己曾经的左膀右臂项充、李衮报了仇。但是大多时间樊瑞都是跟公孙胜修心修道。征讨方腊凯旋之后，被封为武奕郎兼都统领。不过，修道的樊瑞选择过闲云野鹤的生活，功成身退，和朱武一起投奔公孙胜，继续潜心修道去了！

樊瑞加盟入职方式值得酒店人借鉴。人往高处走，水往低处流。从小单位（芒砀山）跳到知名大单位（梁山），一般有两种方法：一是托熟人介绍，这也要看这个熟人在大单位的地位，这会决定你以后的地位，如鲍旭投李逵。二是自己就是个牛人，静等大单位来挖角，如卢俊义。如果你想加盟，实力不耀眼，又没有熟人搭线，该怎么办？那只有效仿樊瑞，挑战你的目标，抢目标单位的风头，逼着它注意你，然后充分展现自己，从被动等候到主动 show 自己的实力，迟早有一天伯乐会出现在你身边，达成你的夙愿。

064 毛头星孔明

文中的孔明跟三国蜀相诸葛亮八竿子打不着，估计跟孔子也不怎么沾边。孔明是青州地界白虎山脚下孔家庄的大少爷，外号人称毛头星，星宿对应地猖星。有诗赞曰："白虎山中间气生，学成武艺敢相争。性刚智勇身形异，绰号毛头是孔明。"毛头是鲁莽愣头青小伙子的意思，而毛头星就是今天所说的彗星，旧时认为是灾祸的象征，可代言容易惹祸的人。可见，孔明的口碑不怎么好！

孔明的家庭条件不错，他老爸孔太公很有名望，据书中故事分析可能是开连锁酒店或者餐厅的，他还有个弟弟叫孔亮。孔太公望子成龙，希望兄弟俩有出息，继承家业，荣耀门楣。于是就想给二人请一个有名气的师傅，当时江湖上名号最大的是谁呢？山东呼保义及时雨宋江。于是，孔太公就千方百计地寻找名满江湖的宋江。此时的宋江杀了自己的情妇阎婆惜后，正在柴进庄上避难，既然有人盛情相约，于是就来到孔家庄收了孔明孔亮两个徒弟。宋江自称："因他两个好习枪棒，却是我点拨他些个，以此叫我做师父。"宋江的武功虽说很一般，但是见多识广，理论水平高，唬住两个毛头小伙还是可以的。因此孔明孔亮的真实武功可想而知了！

拜在名声在外的宋江名下，孔明孔亮兄弟便自我膨胀起来，以为自己武功盖世，功夫了得。武松在孔家酒店，与孔明弟弟孔亮发生争执与其交手，结果连一招都没过，就被武松直接放倒。正所谓：打仗亲兄弟，上阵父子兵。孔明听说弟弟受辱，直接带着几十个人，带上家伙，就来找武松。武松醉酒厉害，武功不能全方位施展，于是被捉住，好一顿毒打。书中写道："且捉这厮，去庄里细细拷打。""教取一束藤条来，细细的打那厮。"这个时候，如果不是宋江出来调停，打虎英雄将要死在这两个纨绔子弟之手。宋江问："你兄弟两个又打甚么人？"请注意这个"又"字。由此可见，兄弟两个仗势打人成了习惯，这样的习惯迟早要出事的。宋江作为老师，教育还是有问题的，思想教育没有跟上。虽然知道习惯不好改，但是总要教给正确的做事方法吧！喜好打人的坏习惯终于闯下了个大祸。宋江离开孔家庄后的某一天，孔明和本乡的一个财主发生争执。习惯打人的孔明哥俩竟然杀了人家一家老小！此等灭门手段真真令人发指！杀了人，出了命案，为了保命，只好上白虎山去落草做了土匪。可叹好好的一个家族产业被孔明这个败家子给毁掉了！

俗话说：跑了和尚跑不了庙。

在当时犯法株连九族，家在青州的二孔的叔叔孔宾突然天降横祸，被官府直接先拿下，送进了监狱。在官府还没出兵围剿白虎山时，孔明、孔亮先领着人马杀向青州去救叔叔，正好撞着被梁山打败的呼延灼。由于孔明武艺不精，被呼延灼活捉。宋江同二龙山、桃花山、白虎山三山人马攻下青州，救出了孔明。孔明投奔梁山，作为宋江的嫡系心腹，被封为守护中军步军骁将，也就是宋江的贴身保镖。宋江没有亏待自己的徒弟，让孔明坐了梁山第六十二把交椅。孔明在征讨方腊时得了瘟疫，病死在路上。相比那些惨死的头领，这应该算不错的结局了。

作为一名富二代，却为富不仁，喜欢打架斗殴，而且喜欢率众群殴，怎么来看都不是好汉行径。当坏习惯成自然后，再教育就会显得那么柔弱无力，捅娄子是迟早的事情，如果酒店有这样的员工，我们就要格外注意了！

065　独火星孔亮

梁山上的孔老二,不是孔丘孔仲尼孔老师,而是毛头星孔明的弟弟独火星孔亮。独火星的绰号源自他的性格:"性急,好与人厮闹,到处叫他做独火星孔亮。"

孔亮虽贵为纨绔子弟,但是不好色,不喜欢调戏良家妇女,这一点在那个时代是难能可贵的。为什么这样说呢?有诗为证:

> 顶上头巾鱼尾赤,身上战袍鸭头绿。脚穿一对踢土靴,腰系数尺红膤膊。面圆耳大,唇阔口方。长七尺以上身材,有二十四五年纪。相貌堂堂强壮士,未侵女色少年郎。

不过,男人二十四五穿红挂绿,还未近女色,处男一个,是不是个人心理或生理有问题呢?不得而知。虽然不近女色,喜好聚众喝酒打架倒是有男人本色。

孔亮一出场就是一场打斗,可惜碰到的人是武松。武松血溅鸳鸯楼留下"杀人者武松"的血书于墙壁上,杀人逃逸后结识张青、孙二娘。孙二娘将武松打扮成行者,让他以出家人的名义,投奔青州二龙山鲁智深。此时正值天寒地冻,官府到处通缉,武松只得选择险峻之道赶路。这一日,走到白虎山下一酒肆,又饥又寒的武松进店便要酒肉,店家说只有酒和蔬菜,没有肉。无奈之下,武松一连要了四角酒下肚。由于空腹喝酒,再加上冷风一吹,很快武松有了醉意。就在此时,店中来了个大汉,身后还跟着几个随从。店家高兴地迎上说:"大郎请坐。"并告之:"鸡与肉都已煮熟了,只等大郎来。"在对答应酬之间,店家"捧出一尊青花瓮酒来",打开封泥,倒在白色的大盆里,香气四溢,惹得武松眼馋。当两只熟鸡、一大盘熟肉及蔬菜摆在那大汉面前时,武松更是垂涎三尺。为什么我掏钱买肉没有,别人一来又是鸡,又是肉,这不是看不起老子吗?难道老子没钱?再也按捺不住的武松,便同店家激烈地理论起来。双争无好语,动起手来,武松只一巴掌，就将店家的半个脸打肿了。旁边的大汉就是孔亮急了，同武松动起手来。孔亮作为宋江的徒弟，怎么是武松的对手，武松打孔亮，同大人打孩子一般。武松将打得半死的孔亮提起来，丢到了溪水中，孔亮的几个随从被吓傻了，慌忙捞起主人逃了。艺高人胆大，得胜的武松，自己独享孔亮这桌酒肉。结果，醉饱了的武松，出了店门，被冷风一吹，狂吠的黄狗惹恼，不小心醉倒在溪水中，不省人事。身为地头蛇的孔亮怎么能咽下这口气，于是叫上哥哥孔明带领了几十个混混过来报仇。如果武松不醉酒，这几十号混混肯定不在话下，可惜武松醉得不省人事，又在溪水里，结果轻而易举地被捉。其实，这一举反而救了武松，如果武松一直泡在冬天的冷水溪里，不被冻死也要留下伤寒后遗症。二人把武松弄回家里抽打，孔明要将武松送官，而狠毒的孔亮要杀了武松，烧掉，毁尸灭迹。多亏宋江正好在孔家，使得武松化险为夷！

喜好打架，心狠手辣的兄弟两个，与邻家争财产，灭了人家满门，把自己逼上了做土匪的道路，即二人占据白虎山落草。受二人牵连，其叔叔孔宾被抓，兄弟俩攻打青州救叔叔，孔明被呼延灼所捉。后来三山聚义打青州，全部归顺了梁山。孔亮同哥哥一起，做了梁山守护中军步军骁将，是梁山第六十三条好汉，封号地狂星。

征讨方腊时孔亮随三阮打常熟，却因落水不会游泳而被淹死，这是死得不甘心啊！平时家里这么富裕，请得起武艺稀松的宋江做老师为什么不再请个游泳教练呢？

酒店人在条件允许的情况下，多学习一门技术是多么重要啊！保不齐有利于自己再就业，甚至会救你一命呢！不过，做人还是要遵循：与人为伴、与人为善的原则吧！可不要学孔亮哦！

066　八臂哪吒项充

你可以不知道项充,但你一定知道哪吒。

"头戴乾坤圈,臂绕混天绫,脚踏风火轮,手持火尖枪。"说的就是哪吒。

"铁帽深遮顶,铜环半掩腮。傍牌悬兽面,飞刃插龙胎。脚到如风火,身先降祸灾。哪吒号八臂,此是项充来。"说的是项充。

在《封神演义》里,哪吒是陈塘关总兵李靖的三公子,太乙真人的徒弟。哪吒闹海打死东海三太子敖丙,被敖广逼罪,哪吒剔骨割肉还父还母,魂魄被太乙真人收存,以莲藕、荷叶为骨肉造就新的哪吒,并且传授他三头八臂之变化,八只手可同时使用多般兵器。

在《水浒传》中,项充是徐州沛县人,和汉高祖刘邦是同乡。项充和樊瑞、李衮结伙在芒砀山占山为王。项充右手持标枪,左手持一圆盾牌,背上插二十四把飞刀,百步取人,无有不中,江湖人称八臂哪吒。项充可以说是暗器高手。梁山上善使暗器者莫若张清、花荣、项充、李衮矣!这让我想起了金庸笔下的千手如来赵半山,古龙笔下的小李飞刀李寻欢。

用哪吒形容项充,可见项充面相不错,大抵是个少年才俊。项充虽没有神话人物哪吒那么多法宝,但二十四把飞刀,再加上标枪、盾牌一起使用,让人目不暇接了。项充一出手,果然是个名副其实的活哪吒。加盟梁山的史进,想立功作为见面礼,领少华山的兵马来攻打芒砀山。项充和李衮率众迎战,双方一交手,史进的兵马折损了一半,败退了六七十里。杨春迟疑一步,险些就中了项充的飞刀,弃伤马而逃。可见,项充的绰号绝非浪得虚名。

梁山人马攻打芒砀山时,公孙胜用法术破樊瑞的妖法,活捉了项充,项充就归降了梁山泊。梁山英雄排座次时,项充坐了梁山第六十四把交椅,职务为梁山步军将校第三名,星号地飞星。项充归顺梁山后,与李逵、鲍旭、李衮优化组合为梁山的F4敢死队。这个组合，团结协作，英勇善战，勇往直前，是梁山一个独特的步兵作战团队。破常州城，就是这个魔鬼组合的经典之作。粗略估计，李逵四人组共擒杀敌方名将段鹏举、贺云、张亢、耿恭、和潼、桑英、郭信、张近仁、高可立、廉明等十数员之多。F4组合成了梁山步军阵营一道独特而亮丽的风景，远攻进取、攻守自如。施耐庵笔下的梁山F4组合，甚至可与全真教的"天罡北斗阵"，少林寺的"十八罗汉阵"，丐帮的"打狗阵"相媲美。

可惜可叹的是，勇猛的项充在同宋江征方腊时，攻打睦州牺牲了！且看书中的叙述：

> 且说郑魔君那厮，又引兵赶将来。宋军阵内，李逵、项充、李衮三个见了，便舞起蛮牌、飞刀、标枪、板斧，一齐冲杀入去。那郑魔君迎敌不过，越岭渡溪而走。三个不识路径，要在宋江面前逞能，死命赶过溪去，紧追郑彪。溪西岸边抢出三千军来，截断宋兵。项充急回时，早被岸边两将拦住。便叫李逵、李衮时，已过溪赶郑彪去了。不想前面溪涧又深，李衮先一交跌翻在溪里，被南军乱箭射死。项充急钻下岸来，又被绳索绊翻，却待要挣扎，众军乱上，剁做肉泥。可怜李衮、项充，到此英雄怎使！只有李逵独自一个，赶入深山里去了。

项充被乱军剁作肉泥。算是一百零八将里死得最惨的几个人之一了。

一个人的力量是有限的，靠团队才能取得更大的成绩。不过，一旦团队出现波动，出现单兵作战，那离失败也不远了！项充悲哉！

067　飞天大圣李衮

诗云：

　　缨盖盔兜顶，袍遮铁掩襟。
　　胸藏拖地胆，毛盖杀人心。
　　飞刃齐攒玉，蛮牌满画金。
　　飞天号大圣，李衮众人钦。

此诗描述的就是梁山好汉李衮，地走星李衮。李衮，邳县人氏，绰号飞天大圣，"会使一面团牌，背插二十四把标枪，亦能百步取人。左手挽牌，右手伏剑"。毛盖杀人心，证明李衮体毛比较发达，这也许是称他为大圣的原因吧！能飞天，说明李衮轻功很高，腿脚轻快，跳得高，跑得快，身轻如燕，机敏灵活。

李衮早先是樊瑞、项充的同伙，在徐州城外芒砀山占山为王。梁山人马攻打芒砀山时，他被公孙胜用石阵法诱入陷坑被捉，后来就归降了梁山集团。李衮是梁山第六十五条好汉，梁山十七名步军将校头领第四名。后跟李逵、鲍旭、项充三人组成梁山F4。每次出战，后面都打着一面认军旗，上书"飞天大圣"。远远望去，可以说是拉风至极！李衮和项充堪称哼哈二将，主将的左膀右臂。身旁站着飞天大圣和八臂哪吒，想想都感觉到格调高！

酒店职场中，若没有得力的助手，孤掌难鸣，不易成大事。而一旦助手过于被倚重，就有必要考虑考虑：这些助手我还能驾驭得了吗？助手一旦有独特实力，性格又孤傲，就不一定完全听命于老大；若手下助手团结一心，共同对付老大，老大就麻烦了。

项充、李衮被宋江擒获时，就在宋江面前说道："樊瑞那人，无我两个，如何行得？"并说要把樊瑞说服投拜宋江，夸口道："若是樊瑞不从投降，我等擒来奉献头领麾下。"口气之硬，根本没有把樊瑞当老大看待。而事情的结局也正如项充、李衮所预料：樊瑞乖乖地降了宋江。可见，樊瑞这个老大做的并没有让项充、李衮信服！

正所谓：不用助手难，用助手也难。一些颇有心计的大哥，就会在用助手上仔细掂量掂量了：或用平庸的助手；或在助手之间设一些障碍，让他们不能够团结一心，形成不了合力；或干脆制造一些矛盾，让他们变为对立面，自己再从中调停，巧妙周旋，做到让助手们认为，只要取得老大的信任和支持，就能在权力斗争中取得胜利，这既让助手之间形成不了合力，也提高了头领的威望，可谓一石二鸟！不过，话说过来，士为知己者死，遇到好的老大，献出自己生命都在所不惜。项充、李衮就属于这类人。

项充、李衮到了梁山之后，受到了李逵哥的赏识，成了李逵的小弟，成为梁山 F4 不可或缺之成员。正是：项充李衮俩好汉，飞刀标枪使得欢；有朝一日遇明主，甩开膀子跟着干。他们原来的老大樊瑞，也认了个老大，就是公孙胜。芒砀山组合上了梁山，被彻底地拆分了。

李逵喜欢杀入敌阵，近距离攻击；而项充、李衮的战斗模式适合远距离攻击对手。李逵这种横冲直撞的战法，二人是不适应的，直接导致了他们两个人的死亡。可怜的李衮，南征方腊时，在乌龙岭追击敌人的时候，因为要紧跟李逵，没想到"前面溪涧又深，李衮先一交跌翻在溪里"，被乱箭射死。

可叹！出来混总归是要还的。就算你是真的大圣也不行，何况是假的。你厉害，你咋不上天呢？最终李衮飞天了，不过是一缕幽魂。

068 玉臂匠金大坚

篆刻学又称为印学，它是书法与雕刻相结合的一门艺术；与书法绘画一样，它也是东方的一门古老而独特的艺术。

篆刻的"篆"字，古时写作"瑑"，从玉字旁。凡是在玉石上雕琢凹凸的花纹，都叫作"瑑"。篆刻分很多流派和名家，诸如：徽派、浙派、西泠八家、晚清名家等。

北宋末年，山东济州（今济宁）就隐藏着这样一名篆刻高手，他就是金大坚。金不仅略会一些枪棒厮打功夫，而且善刻碑文、印章，金石功夫堪称一绝，故人送绰号"玉臂匠"。

从金大坚的名字和绰号来看，含有"金石"两字，这两个字正说明了这个人的全部，取大坚之名，说明金石之坚硬和篆刻的不易。在那个崇文的时代，篆刻这手功夫非同寻常，金大坚靠此养家糊口，绰绰有余。有诗曾赞："凤篆龙章信手生，雕镌印信更分明。人称玉臂非虚誉，艺苑驰声第一名。"

金大坚本来过着悠然自得的生活，却因为一件事被骗上了梁山。宋江醉酒在江州浔阳楼题"反诗"，被黄文炳告发锒铛入狱。梁山要救宋江，吴用献计，伪造一封蔡京的家书，从而使蔡九把宋江押送到东京，然后趁机打劫。伪造蔡京的回信，需要两个关键人物：一个是能模仿蔡京笔迹的人，一个是会刻制各种印章的人，而圣手书生萧让和玉臂匠金大坚就是吴用最终的选择。吴用派戴宗去济州，以泰山岳庙要重修五岳楼，需撰写碑文和刻碑为名，以每人银子五十两为聘金，骗金大坚和萧让上路，半路上戴宗先溜了。之后两人遇上王英、宋万、杜迁、郑天寿四人和近百人的围堵，两人虽挺着杆棒相搏，终不是对手，被带上了梁山。两人有家眷之虑，吴用早已安排，他俩前脚到梁山，两人的家眷随后也被骗来梁山。没有回头路的萧让和金大坚，一人伪造书信，一人伪造印信。当戴宗刚带着伪造的蔡京家书赶往江州后，吴用发现了伪造中有疏漏。原来，这封伪造的蔡京家书用的印章，被刻成了"翰林蔡京"。这是公文用章，不是家书的用章。这个错，错在吴用，也错在金大坚，金大坚只管刻得像不像，却不知用印还是非常有讲究的。因此疏忽，此计不成，险些断送了宋江、戴宗的性命。此后金大坚与萧让落草于梁山，为文职将领。金大坚掌管专造一应兵符印信，排梁山第六十六位，星号地巧星。

作为一名文职将领，金大坚在水泊梁山干得最出色的一件事，就是雕刻那个天降石碣。随着梁山群雄越聚越多，各个小团伙、小帮派的管理提上日程。如何让群雄服从管理，只有用"天意"。在古代，天最大，天的决定谁敢不服？于是公孙胜装神弄鬼，吴用一手策划了忠义堂石碣天文受命事件，排定了每个英雄的座次，相对完美地对集团人力资源进行了梳理和整合，使宋江提前预定和炮制的人事调整安排得以落实。这个行动除了宋江、吴用及公孙胜，当然萧让和金大坚不可或缺。至于其他参与的小喽啰是不是被灭口了呢？你可以想象。

梁山征讨方腊之前，金大坚被皇帝召回驾前听用，留在京师，之后在内府御宝监为官。从模仿蔡京到效力朝廷与蔡京，是缘分还是蔡京不计前嫌、爱惜人才呢？金大坚平常是不是和皇帝、蔡京进行过篆刻交流，就不得而知了！

作为一名专业性极强的小众人才，总会有能人欣赏，生活会相对安定许多吧！不信，想想你酒店里的那些技术工种，那些平常很低调的技术股同事。有些岗位也许可以靠脸吃饭，而他们却是靠自己那双灵巧的双手。那么，你属于哪一种人呢？

069　铁笛仙马麟

读过金庸武侠小说《书剑恩仇录》的应该记得,红花会的十四当家余鱼同。此人擅长吹笛,武器是一根以金铸造的笛子,武功不错,曾经考上秀才,因此被称作"金笛秀才"。而梁山上也有一名用笛高手,不过用的是铁笛,他就是坐梁山第六十七把交椅的地明星马麟。善于吹笛之人也许给人的感觉总是有种仙袍飘飘的感觉,犹如八仙之一的韩湘子,故江湖上人称马麟为"铁笛仙"。

马麟,祖贯是南京建康人氏。"原是小番子闲汉出身,吹得双铁笛,使得好大滚刀,百十人近他不得"。小番子,在北宋时期,有可能是辽国人,极有可能是少数民族或外族行伍后裔。这样说来,他跟锦毛虎燕顺很近。作为一个当时的外国人在中原,必须要起一个中原名字,这也许就是马麟之所以姓马的原因吧!独自在异国他乡讨生活,想必是异常艰辛,估计是没条件也没心思好好学习、天天向上,提前踏入社会混帮派,给人当个小弟,做个打手什么的。不过,马麟不是一般的普通小弟,在平时做跟班小弟打打杀杀的过程中,学了两项本领:一是舞双刀,二是吹铁笛。舞双刀在乱世之中是立身的根本技能,吹铁笛证明马麟是一位很有才情的人,作为一个粗狂的辽国人混迹江南,学会江南才学吹笛,而且是铁笛,那是多么拉风的一件事啊!江湖人士送他一个"铁笛仙"的外号,那是相当有视觉、听觉冲击力的。

有才艺的人总是会引起别人的关注,就像现在的歌星。马麟的古惑仔生活被一个落魄军人所赏识,他就是摩云金翅欧鹏。欧鹏说:兄弟啊,不要跟别人做小弟了,以你的才能,跟哥哥混吧,做大佬。于是马麟就同欧鹏、蒋敬、陶宗旺在黄门山落草为寇坐了第三把交椅。黄门山的日子虽然舒坦自在,但是毕竟是个小团伙,劫个过往客商还可以,要真的面对政府出兵围剿,恐怕也不是对手。不过,欧鹏听到了个消息:在离黄门山不远的江州,宋江被判死刑要被咔嚓,欧鹏脑子发热就想去劫狱，赤裸裸地要跟政府作对。老二神算子蒋敬算盘一打，成功系数是零啊！不同意。马麟身为老三，就彻底弃权，心里想，你两个傻帽，争什么呀，这事情明摆着就干不成么，这欧老大的脑子真是让驴踢了，然后就离开现场，找一个没人的地方去吹铁笛子去了。至于老四九尾龟陶宗旺，作为农民，嘿嘿，不表态。于是欧鹏只得打消劫狱的念头，静观其变。后来劫法场的梁山好汉经过黄门山，被欧鹏、马麟等人请上山，酒足饭饱以后，黄门山就加入了梁山集团。

马麟上了梁山以后，在梁山群雄中笛子是吹得最好的，武艺就不行了。两打祝家庄时，跟祝龙交战落了下风，宋江甚至要出动秦明来替换了。后来又遇到一丈青扈三娘，见到美女，马麟雄性荷尔蒙超常发挥，和扈家妹妹双刀对双刀，四把短刀上下飞舞，好像风飘玉屑、雪撒琼花，使梁山头领对马麟刮目相看。梁山英雄排座次后，马麟成了梁山马军小彪将中的一员。

随着梁山被招安，昔日的小混混也成了"公务员"，可惜的是命运的终结也近了。当他以官军校佐的身份重新踏上江南的土地攻打方腊时，死亡之途也从脚下开始延伸。不知道为什么，通常在马军编队的他，在富阳县的战斗中，和樊瑞等人一起作为步军突击队搞起了巷战。主帅不能知人善用，这样做，某种意义上就是故意让自己兄弟去送死。在乌龙岭上，马麟还没来得及展示自己的双刀刀法，就被白钦一标枪给戳了下去，然后石宝赶上来，一刀砍为两段，死得相当惨烈，尸首都不全了。最终马麟就这样化作一道阴魂，从此在曾经酷烈、终归清冷的乌龙岭四周徘徊。

可叹铁笛失音，铜刀尘封。归来，归来，金陵的老宅依旧无人打扫，睦州山岭的坟堆可有人祭扫？从小混混到将佐，高光之日也是没落之始，酒店人可曾悟到其中的道理？

070 出洞蛟童威

蛟，龙与鲲交合的产物，中国古代的神兽。传说虺（huǐ）五百年后为蛟，蛟千年后为龙，龙五百年后为角龙（头上长角），角龙千年后为应龙（有翼）。又曰：蛟是中国古代汉族民间传说中能发动洪水的海龙，又名蛟龙。蛟栖息在湖渊等聚水洞穴处，也会悄悄地隐居在离民家很远的池塘或河流的水底。隐栖在池塘与河川的蛟龙，一般会被称作"潜蛟"。蛟头有角，角直而短，没有分叉。蛟有退化的足，一共有四只爪子，同古代皇帝着装上面的飞龙的爪子相似。无论哪一种传说，都说明蛟不是凡物，水性极好。梁山好汉地进星童威的绰号就非常响亮：出洞蛟。出洞的蛟龙，不同凡响，虽然初时为蛟，假以时日，定然成龙。童威很好地诠释了自己的绰号。

童威兄弟两人，他还有个胞弟，人称翻江蜃童猛。兄弟两个打小生活在浔阳江边。自幼生活在水边的孩子下水去摸个鳖抓个鱼捕个虾什么的，那都是家常便饭。童威哥俩慢慢地都练了一身好水性，在江湖上混上了自己的名头。兄弟二人为了生活，干起了贩卖私盐的违法生意。自古以来，盐一直是国家在操控的，平民百姓是不准参与制造和贩卖盐的。在古代，贩卖私盐是违法的，严重的都要掉脑袋。可以说，贩卖私盐是黑道生意，干黑道就要和黑道上的人打交道。童威所在的揭阳镇，有黑道上的三股势力，人称："揭阳三霸"。一是在揭阳镇上收保护费的穆弘、穆春兄弟；二是浔阳江上的江盗张横、张顺兄弟；三是揭阳岭上的混江龙李俊，他的来钱道是揭阳岭上开黑店的跟李俊私交很好的催命判官李立。人在江湖漂，不得不选队。况且兄弟二人势单力薄。揭阳三霸中，童威看好李俊，于是加入了二李团队，最后干脆住在李俊家里。李俊向宋江介绍童氏兄弟，说他们是"此间浔阳江边人"，做私盐买卖，投在李俊家里安身，擅长驾船、潜水。话说童威的眼光还真贼，揭阳三霸中，李俊慢慢地做成了精神领袖，张横、穆弘见了李俊都要给足面子。宋江被发配江州时，途经浔阳江边的揭阳岭，在催命判官李立的酒店里吃酒，结果与两个押解公人张千、李万一同被麻翻，正要被李立宰割之时，李俊带着童威和童猛出现，救下了宋江。之后，李俊在浔阳江中从张横手中二次救了宋江。宋江要攻打无为军捉黄文炳报仇，童威与张横、三阮等负责保护载着埋伏好汉的大船，其中宋江、晁盖就在童威的船上，可见，童威深得领导信任。后来童威与其他好汉一同攻入无为军。此战结束，宋江报得仇后，童威便随着大队人马上了梁山，成为水军头领。

童威在梁山上的岗位，多次变动，兄弟二人都无怨无悔，毫无牢骚，不仅如此，而且工作零差错。兄弟俩曾在西山经营酒店兼打探消息，守过金沙滩小寨，守过山下水寨。大聚义排座次时，童威排名第六十八位，星号地进星；职位为八位水军头领之一；安排岗位时，童威又被安排与阮小五一同把守东北水寨。

童威随梁山南征北战，一直跟随李俊左右，可以说在童威的心里，全世界的大哥只有李俊一个人；宋江虽然说是梁山最高领导人，但是童威的心中最亲近的还是李俊。征方腊结束，宋江大军班师回京，童家兄弟跟随诈病的李俊留在苏州，之后三人回太湖找到了费保等人，一同从太仓港出海，"自投化外国去了"。李俊后来做了暹罗国主，"童威、费保等都做了化外官职，自取其乐，另霸海滨"。

人的一生中，每个人都在选择。有句话说得好，你是谁不重要，重要的是你和谁在一起。在梁山默默无闻、形象很模糊的童威，还真选对了人。很多人死心塌地跟了宋江，落了个一命呜呼的下场。但是童威跟了李俊，最后却当了暹罗国的高官，过着神仙一般的日子，谁不羡慕？！

童威的故事告诉我们酒店人，跟对大哥很重要，尤其是自己托付终身的领导大哥，不管大哥处境怎么样，只要跟到底，结果都不会差，这就是忠诚的回报。

071 翻江蜃童猛

前文说出洞蛟童威有个胞弟叫童猛,这亲哥俩长得十分相似,不仅如此,童猛的绰号也跟哥哥相似:翻江蜃(shèn)。

蜃是个什么东东呢?蜃,栖息在海岸或大河的河口,模样很像蛟,也有可能是其中的一种。蜃头上有像鹿一样分叉的角,脖子到背上都生着红色的鬃毛,鳞片是暗土色的,据说从腰往后的鳞片都是向前逆生的,脚像蛟一样,前端很宽。

另说蜃是很稀有的龙,这都是因为蜃的生育方法的缘故:蛇和雉鸡在正月交配,生下一粒很小的蛋,这粒蛋会引来满天云雷,雷击中蛋将它推入土中,在几十米的地方会变成盘卷着的蛇的样子,在两三百年后,蛋周围的土变成石头,开始向天空上升,找到月光后岩石崩落,才会有生成的蜃出现。至于那些受到雷击却没有进入地下的蛋,只能长成雉鸡,有许多雉鸡都是由变不成蜃的蛋孵出来的,但如果这些雉鸡跳进海里,就会变成蜃。很奇特吧?据说,蜃最爱吃燕子,为了引诱燕子,蜃会吐气变幻成海市蜃楼,吸引燕子自投罗网。

所以,蛟和蜃可以说是同宗,外形上的区别:蛟头有角,角直而短,没有分叉;而蜃头上有像鹿一样分叉的角。当然,童猛生活在江州揭阳镇(今江西九江一带)浔阳江边,其水性也是极好的,所以人称"翻江蜃"。童家兄弟的绰号无论是蛟抑或是蜃,都是龙的属种,跟混江龙李俊左右,也是绝好的搭配。

童猛的人生经历跟自己哥哥基本是一样的。先是跟随哥哥童威投靠揭阳三霸之一的混江龙李俊,做起了贩私盐的黑道生意,只要不被捉,这应该是一个暴利行业,可以堪比今天的贩毒业。由此看,童家哥俩的日子应该是非常惬意的,也许积攒了很多钱财,否则上了梁山,依据二人的本领排名超过梁山元老杜迁、宋万、朱贵是不可想象的,把自己多年赚的钱捐给梁山,这也是因素之一吧。有例为证,看柴进、李应。童猛跟着两位哥哥(义兄李俊、胞兄童威)在自己的地盘救了宋江两次，算是跟宋江有过见面的交情。后来为救宋江群雄闹江州，劫了法场，童猛也跟着一起上了梁山。作为水军统领，和阮小七一起驻守西北水寨。

童猛在战场上基本上是跟随两位哥哥，李俊每次出战都是把兄弟二人带在左右。童猛也甘心做李俊副手，摇橹扬帆毫无怨言。可以说跟李俊关系情同手足，忠心耿耿。即使见到了大大哥宋江，依然没有见风使舵，对李俊是不离不弃。梁山号称忠义，可童威、童猛二人真正地把忠字做了出来。童猛的选择是正确的。李俊此人非同一般，具有超凡的眼光和魄力。征讨方腊凯旋，李俊走到半路说自己生病了，请求宋江留下童威、童猛照顾自己，用此伎俩瞒过宋江后，回到太湖，带上事先结义的费保，四人坐船出海到了暹罗（今泰国），并在日后混到了暹罗王的位置上。童猛也成为高级官员。童猛从私盐贩子—落草梁山—招安—出国—位居高官，可以说是很成功的，成功的关键就是跟对了人。不管老大怎么变化，在童猛的心目中，李俊就是他永远的老大。

做人混社会，童猛再次诠释了跟对老大很重要，即使暂时寄人篱下，日后终究有一天会成功的。相信老大，那就是相信自己。这个忠字虽然写起来简单，但是做起来却不容易。

童威、童猛兄弟二人梁山英雄排座次时的星号很能说明问题。童威是地进星，童猛是地退星。二人得以全身而退，获得好的结局，做人忠诚，不留恋到手的所谓荣华富贵，懂得适时进退是一个很重要的原因。这一点像极了我们做酒店职业经理人的某个关键时期。

072 玉幡竿孟康

说起梁山好汉孟康，不得不提中国的造船业。自古至今，中国造船业经历四个时代高峰：秦汉、唐宋、明朝、现代中国。尤其是最近，中国自行建造的一艘大船，引起世人关注。那就是：我国第一艘国产航空母舰——001A型即将面世。这是继辽宁舰后中国的第二艘航母。说起辽宁舰，不得不提起辽宁舰的总工程师罗阳。罗阳为了中国的航母事业献出了宝贵生命。能在造船史上留下名字的不多，罗阳是一个，孟康也算一个。

孟康，祖籍真定州（今河北正定县一带）人氏。孟康是个帅哥，长得人高马大，又极白净，"一身好肉体"，船头一站，貌似白帆，故人称"玉幡竿"。孟康的武功水平估计也就是个防身自卫水平，但是他一手好技术，那就是善于制造大小船只。这在当时可是一个了不得的手艺。有诗赞曰："能攀强弩冲头阵，善造艨艟越大江。真州妙手楼船匠，白玉幡竿是孟康。"由此可见，孟康不但有巧夺天工的造船绝技，而且又是擅长水陆两栖作战的明星，是梁山上非常难得的人才。孟康的造船技术是托起梁山水军的基点，对梁山水军起着较好的战略支撑。

有技术的人一般情况下总会有饭吃，比如酒店的工程部人员。当官府的人知道孟康具有造船的技术时，就破格录取他为"公务员"，负责监造押运花石的大船。也就是很多梁山好汉栽倒在上面的花石纲。什么是花石纲？花石纲是中国历史上专运送奇花异石以满足皇帝喜好的特殊运输交通名称。在北宋徽宗时，"纲"意指一个运输团队，往往是十艘船称"一纲"。花石纲是宋徽宗时运输东南花石船只的编组。宋代陆运、水运各项物资大都编组为"纲"。如运马者称"马纲"，运米的称"米饷纲"，马以五十匹为一纲，米以一万石为一纲。按道理讲，孟康做到监造船只的头目，应该是衣食无忧了。可是，应了那句话：性格决定命运。孟康工作时，受到提调官的催逼责罚，忍无可忍，最终一怒之下杀死提调官，弃家抛业流落江湖，后在饮马川与铁面孔目裴宣、火眼狻猊邓飞一同落草为寇。可以说，孟康自己打破了铁饭碗，下海创业了！纵观整个《水浒传》，因不能忍受欺凌，干掉上级，纵横江湖的比比皆是。

一天，邓飞、孟康下山做生意——劫道。恰巧劫到戴宗、杨林。邓飞因与杨林有旧交，便将二人请上山寨。戴宗提到梁山正在招贤纳士，孟康三人便决定到梁山入伙。三败高俅时，孟康作为水军头领参战。梁山排座次时，孟康排第七十位，星号地满星；担任掌管监造诸事头领，专工监造大小战船。

梁山受招安后，孟康随宋江南征北战，先后征讨辽国、河北田虎、淮西王庆、江南方腊，常与李俊、三阮等水军头领一同作战。征讨方腊时，张顺战死杭州，宋江到西陵桥吊祭。杭州守将茅迪、汤逢士等人率军出城，意欲截杀宋江，却因宋江早已备下伏兵，仓皇退回。孟康与阮小二、阮小五从保叔塔山背后杀出，截断南军归路，一同生擒茅迪，并将汤逢士乱枪戳死。乌龙岭之战中，孟康与阮小二驾船作战，却被南军水军围困在长江边上。南军火炮齐发，并以长枪挠钩搭住宋军战船。阮小二怕拿住受辱，自刎而死。孟康急要下水逃生时，被一炮击中头盔，透顶打做肉泥。后追封为义节郎。

一个做后台技术工作的，非要推到一线，不失败、不付出代价是不可能的！孟康的死，说明他的总经理宋江要么安排调度有误，要么没有办法不得已而为之。无论如何，作为酒店管理者，把合适的人放到合适的位置是尤为关键的！

073 通臂猿侯健

提起服装设计，可能大多数人会想到法国巴黎那些大腕，每年的巴黎时装节，更是业内盛事。

人生在世，衣食住行吃喝拉撒睡，样样不可少，并且"衣"排在第一位，正是：人靠衣服马靠鞍。现在的人不是树叶兽皮裹身时代了，服装越来越讲究了。

当然，酒店人的职业装也愈加时尚了！

在宋代，有一个职业装设计高手，他不仅会做职业装，而且会私人定制大旗。这个人就是梁山好汉通臂猿侯健。

侯健，祖籍洪都（今江西南昌），裁缝出身，也爱舞枪弄棒，曾拜病大虫薛永为师，学了几招三脚猫的防身术，只因人长得黑瘦轻捷，手臂修长，江湖人送绰号"通臂猿"。

侯健虽说武功不怎么样，但是缝纫技术很出名，受到了江州通判黄文炳（副市长级别）的青睐，专门请他上门做衣裳。

如果不是他的武术教练病大虫薛永的再次出现，侯健的私家裁缝生涯有可能一直下去。故事还要从宋江说起。

宋江因在江州浔阳楼题"反诗"，被通判黄文炳发现，后经过戴宗传假信等事，黄文炳执意要置宋江于死地。宋江最终被判处死刑，但梁山好汉劫了法场，救出了宋江等人。为此宋江执意要报仇，攻打黄文炳所在的无为军。此时梁山大军皆在城外，不知备细。薛永站出来说自己在江湖上行走，对无为军熟悉，可以去打探一下，宋江便派他去打探。薛永混进江州遇到在黄文炳家做服装设计师的徒弟侯健，于是将他带回去拜见了宋江。之后，侯健告诉了宋江黄文炳家的备细。最终薛永、侯健潜入城内做卧底，里外策应，协助宋江杀了黄文炳一家。

由此可见，再坚强的堡垒，再牛的团队，坍塌都是从内部不起眼的小人物、小事情开始的。提醒酒店人，多关注基层，多关注那些有特殊技能的员工，用温情留住他们有多么重要！他们被挖墙脚，跳槽到对手阵营，有可能是致命的！

大破无为军，杀了自己的雇主后，侯健便上了梁山。上梁山后，侯健所担任的工作基本上都是管造衣袍铠甲旗帜之类，也曾代其他好汉看管过酒店。攻取祝家庄时，吴用定计让孙立到祝家庄卧底，同样做过卧底的侯健发挥了自己的设计水平，私人定制了孙立的登州提辖旗号。祝家庄热情招待孙立，可惜，孙立不是来交流传经送宝的，而是来踢馆的。最终，祝家庄沦陷，侯健发挥了一定的作用。

梁山群雄大聚义排座次后，侯健负责制作旌旗、袍袄等军服。石碣排名上，侯健是梁山第七十一位好汉，星号地遂星。已经把他师傅薛永（第八十四位）甩出十几个身位。

由此可以看出，决定一个人地位的不一定是大家都掌握的技术，而是自己的独特能力。

梁山受招安后，梁山集团就被政府当枪使唤，征辽国、平田虎、打王庆都不算，最后直接给送到江南征讨方腊的战场上。侯健作为技术性很强的人才，却没和萧让他们一样被政府挖走，这是因为前面几位一来没命案在身，二来大部分都是文化人，而侯健却是个草根服装设计师。

江南的战场上，要走了很多梁山人的命。侯健——伟大的服装设计师，也没能够幸免于难，被宋江派到水军那边，跟着阮小七作战。不料在杭州城外船被风吹到大海里面去了，侯健与段景住掉到水里给淹死了，一代神手裁缝就这么稀里糊涂地做了个水鬼。

侯健这么一个做后勤供应（战袍）的优秀人才，却被派到前线战斗，还被派到水军里面，等于给侯健直接判了死刑。作为七十二地煞之一，侯健死后同其他兄弟一样被追封为义节郎。

小人物侯健的死，再次告诉酒店人，只有把合适的人放到合适的位置，才能发挥更佳的结果；否则后果是两败俱伤，甚至是致命的！

074　跳涧虎陈达

梁山众多好汉，大多有点功夫，且多是性格直爽，做事鲁莽，遇事喜欢直接跳出来与人家PK。第一个跳出来与人打架的就是陈达，对手就是后来成为他老大的九纹龙史进。怪不得人送绰号"跳涧虎"，即遇到不平，就是舍身落涧亦在所不惜。

陈达，邺城（今河南安阳附近）人氏。邺城曾经是曹操的发迹地。陈达原本是个无业游民，善使一条白点钢枪，武功虽稀松平常，但是性格比较冲动，是一个谁都不愿惹的主。后来结交神机军师朱武、白花蛇杨春，三人霸占了少华山，在山上坐了第二把交椅，并在江湖上打下了自己的名头。有诗赞曰："生居邺郡上华胥，惯使长枪伏众威。跳涧虎称多膂力，却将陈达比姜维。"

少华山下不远处有个史家庄，甚为富庶。陈达眼红不已，于是主动请缨下山准备去打劫。朱武、杨春劝阻不下，只好祝他好运。可惜跳涧虎陈达没有想到，史家庄少庄主九纹龙史进却是个难缠的主。史进、陈达二人斗了很久，结果陈达技不如人被史进活捉，真是：偷鸡不成蚀把米，算来斗去坑自己。

功夫最好的二当家被捉，朱武自忖武功不济，白花蛇杨春去跟史进斗估计也是歇菜。于是神机军师朱武施了《水浒传》中第一计：苦肉计。朱武、杨春亲自下山，不带喽啰造访史家庄，请史进将他俩和陈达一同送官治罪，过程少不了一番言语。结果，头脑发热的热血青年史大郎见他们义气深重，便放了陈达。朱武和杨春的苦肉计成功，陈达被救。

少华山三人于是和史进成了铁哥们，日常开始把酒言欢。结交史进这个事情上，算是不打不相识，陈达起了一定作用。四人结交，却害了史进。在当时跟草寇来往，属于通匪，史进终于被人告密揭发。中秋佳节之晚，华阴县尉率领大批官差将史进住宅包围了。后来史进亲自烧了他老爸留给他的家产，上了少华山做了老大！史进为了兄弟感情，倾家荡产，命运转变，陈达具有不可推卸的责任。从此，陈达的命运也跟史进挂上了钩。由于史进与梁山高层领导鲁智深有交情，与梁山一般干部李忠也有师徒情分，所以当史进华州遭难之时，宋江很仗义地出手相救，大闹华州，救下史进。史进因此带领朱武、陈达、杨春加入梁山，至此梁山集团成功兼并少华山集团。

陈达上了梁山，职位是梁山泊马军小彪将兼远探出哨头领第十三名，是梁山第七十二条好汉，星号地周星。陈达的排名在孔明、孔亮后面，有一定的不公平成分，原因是陈属于鲁智深派系，而鲁智深派系的实力仅仅次于宋江派系。二孔是宋江的徒弟，陈达上面没人。还有那个流氓王英，论人品、论武功，肯定都不是陈达的对手，但是没办法，谁让咱陈兄上面没有人呢？陈达上梁山以后南征北战，和三弟杨春始终跟随史进左右，只是偶尔会跟随花荣、石秀等人，但是那也是跑跑龙套，随便客串一下的群众演员，也许只有跟着史进，陈达的心才能够踏实一些。

在征方腊昱岭关一战中，陈达、杨春、史进兄弟仨连同石秀及李忠、薛永六人一起被庞万春、雷炯、计稷等乱箭射死，诠释了一段什么才是：不求同生但求同死的真正兄弟情义。

陈达用死告诉酒店人：你为我倾家荡产，我定当与你生死与共！这种义，恐怕很难有人做到！

075　白花蛇杨春

从前有一个穷汉，生活穷困潦倒，可又偏偏得了一种怪病：毛发脱落眉目成花，全身疮疹，皮肤奇痒，抓之溃烂成疮，人人避之不及。无奈之下，他只好到野外一个废弃的酿酒作坊去住。幸运的是酿酒作坊里有半缸没有卖完的剩酒，饥不择食的他每天就饮一杯缸中的酒御寒解渴。谁知过了一段时间，奇迹发生了！穷汉全身的癞疮竟然好了。众人好奇不已，经仔细询问查看，才发现在他饮酒的缸内有一条白花蛇，已经泡得皮肉腐烂。这时人们才明白，原来是这白花蛇酒治好了他的癞疮病。后人通过白花蛇泡酒饮，也同样得到了满意的结果。

什么是白花蛇？白花蛇为蝮蛇科动物尖吻蝮（五步蛇）的统称，剧毒的银环蛇、金钱白花蛇都属于白花蛇的一种。可见，看事物要有两面性，最使人恐惧的，也有有益的一面。

梁山好汉中就有这么一位！他是谁？白花蛇杨春。

杨春，蒲州解良（山西永济县）人氏。解良出了一位名人大英雄，那就是关羽关二爷，关二爷祖籍就是解良。杨春跟关羽同乡，也使一口大杆刀，武艺精熟，江湖人称"白花蛇"。不了解杨春的人，乍一听这个外号挺威猛，加上有个非常牛的老乡照耀，又会耍大刀，以为是位十分厉害的人物，而且还有以下两首赞诗：

　　蒲州生长最奢遮，会使钢刀赛左车。
　　瘦臂长腰真勇汉，杨春绰号白花蛇。

　　腰长臂瘦力堪夸，到处刀锋乱撒花。
　　鼎立华山真好汉，江湖名播白花蛇。

如果以诗看人，杨春本领一定十分高强，但是整部水浒中的白花蛇杨春出场并不多，属于小人物。

好似一些酒店同行，自诩什么扭亏为盈专家、资源整合专家、酒店筹备专家等，名头听起来很大，事实上，呵呵！专家的帽子可不是自己戴的！

杨春的出身跟陈达应该有几分相似，大概是犯了事，然后流落江湖，结识了朱武和陈达，歃血为盟结拜成了兄弟。再后来这三人，就上了少华山，弄了个山寨，做起山大王了。虽然说政府也曾经搞过几次少华山剿匪记，但是仗着天险，始终平安无事。杨春在少华山虽然位居第三，但是心思要比二哥陈达缜密一些，不像陈达那么鲁莽。老二陈达去洗劫史家庄，杨春劝说未果，陈达就独自下山，结果被活捉，才引出了结识史进并最终上梁山的故事。

梁山英雄排座次，杨春列七十三名，星号：地隐星。刚好是地煞星的中间位置，这个位置对杨春来说也算公道。梁山每次出征，杨春、陈达大部分都是作为史进的副将。杨春最为高光的一次露脸就是用大杆刀一刀劈死了武能，也就这一回才显出了白花蛇的威风。不过，武能这个名字怪怪的，本领大抵不会太高。经过朝夕相处，协同作战，杨春和陈达二人形影不离，比亲兄弟还要亲，已经成为铁打的好兄弟。在征方腊昱岭关一战中，陈达、杨春、史进兄弟仨连同石秀及李忠、薛永六人一起被庞万春、雷炯、计稷等乱箭射死。听闻兄弟之死讯，朱武痛哭流涕，悲伤不已。回想起兄弟四人的光辉岁月，可谓有情有义，肝胆相照，可如今只剩朱武一人。也许那一刻，朱武顿悟，看破红尘，不久后就随公孙胜求道而去，保全了美名。

杨春的故事告诉酒店人什么呢？两肋插刀、生死与共的兄弟情义真的有，但是在当今，像恐龙一样稀有。如果你遇到这样的情义兄弟，恭喜你，请珍惜！

076 白面郎君郑天寿

最近流行语：只恨自己太倔强，明明可以靠脸吃饭，却偏偏要靠实力。又或者：明明可以拼颜值，而她却拼才华。

爱美之心，人皆有之。古往今来，美女帅哥大家都比较喜欢！

梁山上有这么一位人物，《水浒传》百回本有诗赞曰：

> 绿衲袄圈金翡翠，锦征袍满缕红云。
>
> 江湖上英雄好汉，郑天寿白面郎君。

一百二十回本诗云：

> 衲袄销金油绿，狼腰紧系征裙。
>
> 山寨红巾好汉，江湖白面郎君。

两首诗说的都是同一个人，他就是苏州小生：地异星郑天寿。其性格鲁莽，重义气；生得白净俊俏，瘦长身材；善用吴钩剑，但武功平常，江湖人称"白面郎君"。

苏州，作为人间天堂、江南水乡，自古以来盛产美女帅哥，独特的气候让这里的姑娘小伙皮肤白皙，面容姣好，可谓：人杰地灵之地。这里自古以来出现了众多的名人：春秋战国时期的吴王阖闾以及夫差，铸剑大师干将和莫邪，西楚霸王项羽；汉朝美女赵飞燕以及赵合德；三国陆逊、陆抗；唐朝的草书大家张旭；明朝四大才子唐伯虎、文徵明、仇英以及祝枝山；现代的歌手韩雪、影星刘嘉玲的出生地也是苏州。名人可以说是不胜枚举。这些人大都有一个特点：颜值都不错，但主要还是靠实力。郑天寿似乎也是走的这个路线。

郑天寿出道的第一份职业是个银匠，希望靠打制耳环戒指的手艺来养活自己。在乱世之秋，他也顺道学了几手防身功夫。后来郑天寿发现，盛世时代，银匠可能比较吃香，勉强能养家糊口，可北宋末年，民不聊生，谁有闲钱打戒指手镯啊，一日两餐都成问题。于是不得不流落在江湖上混口饭吃。在途经山东清风山时，被一个小矮子带一群土匪给劫道了，二人斗了五六十回合不分胜负，小矮子跳出圈子放下武器拱手行礼，说自己是这清风山的二把手，名叫王英，江湖人称矮脚虎，见郑银匠也有两下子，诚心邀请郑银匠上山一起干一番大事业。郑银匠思量再三，上了清风山坐了第三把交椅，和燕顺、王英一起做起了山匪。

后来宋江前往清风寨投奔小李广花荣而路过清风山时，被小喽啰抓住。郑天寿三人酒醉，便命取宋江的心肝做醒酒汤。宋江情急之下，叫出自己名字，恰巧被燕顺听到。三人得知他是山东及时雨，连忙松绑，纳头叩拜请罪，并留他在清风山小住。再后来宋江被清风寨刘高陷害关押，郑天寿等与花荣一起救了宋江，加入梁山社团。

郑天寿在梁山上基本属于跑龙套的角色。守过鸭嘴滩、金沙滩小寨，也经营过南山小店。智取大名府时，吴用调拨八路兵马，郑天寿隶属第五队，与杜兴一同担任穆弘的副将。梁山排座次时，郑天寿排第七十四位，星号地异星，职司为步军将校。两赢童贯时，郑天寿在九宫八卦阵中镇守中央阵西门。三败高俅时，郑天寿随水军作战，与曹正、薛永、李忠一同生擒汝南节度使梅展。梁山受招安后，郑天寿随宋江南征北战，先后征讨辽国、河北田虎、山西王庆、江南方腊，但并无突出战绩。在征讨方腊时，郑天寿随卢俊义打宣州，被城头飞下的磨盘砸成了相片。后被追封为义节郎。

文章到此，不禁感叹：人有颜值要珍惜，不靠颜值拼实力。实力必须杠杠滴，否则仍是足难立。

077　九尾龟陶宗旺

《礼记·礼运》曰："何谓四灵？麟凤龟龙，谓之四灵。"可见龟之地位极高。据传龟有三足，亦有九尾。《尔雅》注云："南方之龟有九尾，见之者得富贵。"至于是否有人见到过九条尾巴的乌龟，目前还没有听说过；至于上古时代是不是有神兽九尾龟，不得而知。不过，如果现代人不注重环保，出现畸形九尾龟，也极有可能。当今社会，世风不古，乌龟却成了极卑鄙龌龊的诨名：妇女或有外遇，人称其夫为"乌龟"。这是有来历的：春秋时期，齐国管仲设女闾三百，以为兵士休宿之所，这便是妓女的滥觞。唐时官妓多隶教坊，设教坊司以管领女乐。那教坊中的人役，皆头裹绿巾，形似乌龟一头两眼，取其象形，这也是"绿帽子"的由来。另传，龟不能交，那雌龟善与蛇交，雄不能禁，因此大凡妇女不端，其夫便有乌龟之号，大家常看到的龟蛇合体雕塑，大抵如此。

龟，以长寿著称，在唐宋应是褒义。记得唐玄宗时期有个著名的歌星李龟年吗？如果龟不是褒义，谁会起个这样的名字呢？之所以为龟洗白身份，因为梁山好汉中有位农民出身的英雄陶宗旺，他的绰号就是"九尾龟"。

陶宗旺，祖籍光州（今河南省信阳市潢川县）人氏，田户出身，个子不高，但是人很敦实，身健体硕。自幼生在贫农之间，两臂有千斤之力，使一铁锹——既是劳动工具，又是防身武器。从古至今，能够把大铁锹使唤得神出鬼没的人从未听说，只有陶宗旺刷新了所谓的十八般兵器：手持大铁锹，几十人也不是对手。武器大铁锹，也是他身份的象征，地地道道的河南农民兄弟。说梁山造反属于农民运动是比较牵强的，因为梁山群雄中唯一的农民就一个，他就是陶宗旺。

陶宗旺从一个老实巴交的农民，怎么上黄门山做了土匪，书中没有交代。估计也是为了生存，不得不告别自己土生土长的那片土地，上了黄门山，做了第四把交椅。后来梁山众人江州劫法场救出宋江，路过黄门山，被黄门山四雄欧鹏、蒋敬、马麟、陶宗旺"劫道"，宋江下跪乞求活路，四人仰慕宋江威名转投梁山。

陶宗旺上梁山后的职位是工程部主管，总监工程项目，负责掘港汊，修水路，开河道，整理宛子城垣，修筑山前大路等，基本属于后勤部门。梁山大聚义排座次，陶宗旺名列七十五位，星号为地理星。作为后勤部门人员，极少到一线参与战斗，从事的工作虽说是又苦又脏又累，但是毕竟不用把脑袋拴在裤腰带上，天天夜里睡觉都做噩梦。累是累了点，但是分银子照样也不少，比起在光州做农民的日子，这简直就是天堂了，首先不要纳粮，不要缴税，而且大小也是个头，手底下也有一群人。再就是三天两头的吃吃喝喝，多逍遥自在的日子呀。可逍遥自在的日子总是很短，宋江为了自己的前途，带领兄弟们进了体制内，招安做了朝廷的人，端别人的碗被别人管，梁山群雄刚从北方战场胜利归来后，又马不停蹄地被派到南方战场去剿灭同为反贼的方腊。

征方腊首战就是攻润州。作为老实巴交的农民兄弟，也许立功心切，也许想刷存在感，陶宗旺站在了队伍的最前列。战斗打响，敌军乱箭齐发，我们的农民好兄弟旺哥被乱箭穿身，马踏身亡。和他一起牺牲的还有云里金刚宋万、没面目焦挺。作为最先阵亡的三位好汉，三人之死让宋江声泪俱下，痛心彻骨。陶宗旺死后和大多数阵亡的兄弟一样被追封为义节郎。

陶宗旺从一个农民，变成一个"草寇"头领，再成为一个"公务员"，本打算好好地过日子，最终还是战死了。不能不说是环境改变了他的命运。农民爱好和平，谁愿意去打仗呢？有时候，有些事情，看似个人因素，但是更多的是，这些事情和行为，并不是个人愿意去做的。谁一开始就愿意去酒店为别人端盘子、打扫卫生间、铺床，看别人眼色呢？原因有很多种，有很多无奈，人不就是为了改变现状，换个活法吗？即使没有达到最终的梦想和目标，结局可能会惨败，不过努力的过程不也是一种享受和多彩人生吗？！

078 铁扇子宋清

大多数的高端酒店都有一个部门：宴会部，再不济也有一个宴会预订专职营销人员，负责安排宴会相关事宜。

酒店对宴会主管人员的业务技能要求是非常高的，比如与客人的沟通能力、宴会统筹能力、菜式的合理搭配、菜肴的成本控制、宴会场地的布置等。所以说，成为一个出色的宴会主管人员不是一件简单的事情。

梁山群雄之中，就有一位专门掌管排设筵席之人，他就是梁山一把手宋江的胞弟、绰号"铁扇子"的宋清。

提起铁扇子，脑海中顿时闪现金庸小说中风流倜傥的欧阳克、风度翩翩的慕容复，古龙小说中绝代双骄之花无缺、风流侠客楚留香等人。可以说，使扇子之人大多容貌清雅，功夫独特。

而宋清，却是八字不占一画。不知道，施老爷子为何给宋清安个这样的绰号，实在令人费解。难道真像别人说的，绰号"铁扇子"多半和韦小宝的绰号"小白龙"一样，唬人为主的？

据说，宋江有兄弟四人，"海河江清"。宋江排老三，江湖人称黑三郎。老大宋海、老二宋河可能是幼年夭折了，只剩下宋江和宋清。宋太公倾己之力，把宋江培养成了"公务员"，做了郓城县押司。老四宋清是个闷葫芦，性格内向，没什么武功本事，人又老实巴交，只好在家守几亩田园过清贫日子，伺候老爸，可以说是个顾家孝顺的孩子。如果不是自己的哥哥犯事，杀了给他戴绿帽子的情妇阎婆惜，宋清凭宋太公挣下的家业，过一个安稳的小康生活是很正常的。可他的哥哥是宋江，一个喜欢在外面工资乱花，不拿回家，只为朋友，博取虚名的及时雨。据现在人看来，宋江这货就是瞎折腾、败家子。家里出个这样的人，其他家庭成员肯定不会安生，受连累是必然的。

宋江的老爹是个有智慧的人，他料到宋江迟早会有闯祸的那一天，提前在县里告宋江忤逆，并保留了县里回复的相关证据。平时宋江也不回家住，在名义和形式上基本是脱离了父子关系。

宋江杀了阎婆惜后，急忙跑路。宋太公一边安排宋清陪着宋江去柴进庄上避难，一边将数年前在县里告宋江忤逆的凭据拿出来，公人就不捉他爷俩了，宋清也避免了牢狱之灾。

不过，宋江在浔阳楼题"反诗"，被判了死刑，梁山泊又劫了江州法场，这下玩大了，勾结土匪杀官差，事情闹得原来的出籍文书可能也保不了宋太公和宋清了。宋清对前往搬老父上梁山的宋江说："本县县差下这两个赵都头，每日来勾取，管定了我们不得转动。只等江州文书到来，便要捉我们父子二人，下在牢里监禁，听候拿你。日里夜间，一二百兵士巡绰。"被监视居住了，没有了自由，并且有可能进监狱被杀头，宋清只能带着父亲随哥哥上了梁山。

宋清上了梁山干什么？宋江费了一番脑筋，冲锋陷阵肯定轮不上他，舞文弄墨也不是他的特长，最后终于想出一个职位：宴会部主管（排设筵宴）。

掌管梁山人马的吃喝拉撒，这个职位既轻松又实惠，又不像膳食房的负责人，还要负责做饭菜，只要排排酒席就行了。宋清座次排名在梁山一百零八将中排第七十六位，星号地俊星。

作为一把手的亲弟弟，排名不算过分，虽然比梁山的创帮元老杜迁、宋万要高，也比能够一脚搞定李逵的焦挺高，还比专门负责打造军器铁甲的汤隆、建造房屋的李云高，但是基本上属于不显山露水的座次，大家基本能接受。这个位置，同酒店业的宴会负责人在酒店的位置基本比较契合。

宋清在梁山上，一直默默无闻，从来没因自己的特殊身份，仗势欺人，心态平和，而且始终如一，和他哥哥的机关权谋完全不同，无论是梁山上下还是官府评价：宋清是个老实人，不会惹事，之所以落草为寇，纯属是权欲熏心的宋江所累。

宋江征方腊回来，靠牺牲众多兄弟性命临时博得一顶官帽，可是"卧榻之侧岂容虎狼酣睡"，最终，宋江还是被朝廷害死，落得竹篮打水一场空。

朝廷为掩人耳目，让宋清接任哥哥的位置，面对这突如其来的富贵，宋清果断地说了 NO，借口风疾不能为官，理智地选择辞官返乡务农。正是他清醒地归隐身退，才确保宋家后裔开枝散叶。后来宋清的儿子宋安平应过科举考试，官至秘书学士。

　　大智若愚的宋清给我们酒店人上了一堂令人回味的人生课：认清自我、坚守本色、低调做人、不忘亲情、孝顺顾家。和家人在一起，不管在哪里，都是安静祥和的乐土。

079　铁叫子乐和

当年超级女声、快乐男声、中国好声音等选秀节目大行其道的时候，我脑海中就隐隐约约出现了一个水浒人物的轮廓，他就是乐和（Yuè Hé）。

如果乐和是一名中国好声音参赛选手，一曲过后，如果导师汪峰问：请介绍一下你自己。乐和也许会说：我是登州看守监狱的一名狱警，家是山东茅州（今山东昌邑县）的。随机的场景一定是一片"哦"的感叹声。你的梦想是什么？乐和：我喜欢唱歌，我希望通过唱歌能走上更好的舞台，展现自己。

乐和自己可能都没想到，自己真的走上了更大的舞台，但却不是因为唱歌。

乐和是一个很有才情的人。自小聪明伶俐，各种乐曲，一学着便会，又有一副好嗓音，人称"铁叫子乐和"。除此之外，"说起枪棒武艺，如糖似蜜价爱"。可以说，乐和爱乐好武，这是非常令人惬意的爱好。他可比《笑傲江湖》中的刘正风和曲洋。

乐和的音乐天赋是谁开发的不得而知，但功夫爱好一定受一个人的影响，那就是乐和的姐夫、登州的兵马提辖病尉迟孙立。作为登州军界的主要官员，孙立把自己的亲小舅子安排到下面做一个不起眼的狱警是轻而易举的事。有自己姐夫这层关系，平时自己的功夫再受姐夫点拨一二，乐和的工作一定轻松而又愉快。但是，乐于助人的一件传话小事改变了乐和的命运。

乐和认识两个猎户：解珍、解宝。这二人跟乐和有拐弯的亲戚，他们的表姐顾大嫂是乐和姐夫孙立的弟弟孙新的老婆，这关系够复杂的吧！兄弟因为猎杀一只老虎与毛太公争功，被毛太公陷害，从而被打入登州城牢里。

热心肠的乐和，就赶快告知顾大嫂，顾大嫂就联手孙新，说服孙立，伙同孙新的好友、登云山的邹渊与邹润一起劫狱，救了解家兄弟。投奔梁山的途中，几人又顺便帮宋江攻下了祝家庄。随后乐和就上了梁山，人生的轨迹发生了第一次转变。

乐和排梁山第七十七条好汉，星号地乐星，职务是军中走报机密步军头领第一员，相当于情报处，类似于酒店营销部的传讯人员。

照理来讲，乐和的出场很是拉风。刚一出场，就点燃了一出大劫牢的导火索，逼反了孙立，进而卧底祝家庄，为宋江下山第一仗的全面胜利奠定了坚实的基础。按理进驻梁山乐和应该得到重用，但是看排名和职务，似乎被边缘化了。

"乐和是个聪明伶俐的人，诸般乐器尽皆晓得，学着就会；作事见头知尾；说起枪棒武艺，如糖似蜜价爱。"由此可见，乐和应该是个文武全行，且兴趣广泛、聪明绝顶的风流人物。综合实力，不亚于燕青。

在运作招安这一关系梁山前途生死存亡的大事时，吴用从一百零八将中，单单挑了乐和和萧让随高俅去东京面圣，因为吴用知道，只有乐和这样的综合实力超强的人才能完成这个任务，燕青都逊色几分。

乐和在梁山上应该是比较失意的，祝家庄一役一结束，乐和就被安排去朱贵的酒店帮忙，这一干就干到梁山一百零八位好汉排座次，才被勉强提拔为戴宗的副手，做了军中走报机密步军头领的首位。这样的生活，也许不是乐和策划劫狱想要的结果。

在大势所趋方面，人就愈发显得渺小，很多事情绝非所愿。所以，聪明的乐和选择了隐忍。

在宋江征讨方腊的前夕，乐和的命运再次发生转折：乐和被王都尉指名要走，留守京都，从而躲过了南征方腊的生死厮杀。

在陈忱的《水浒后传》中，乐和大放异彩，充分发挥了自己的头脑优势，审时度势，未雨绸缪，当机立断，辅佐混江龙李俊成为一方霸主。

李俊在成事后感慨地说：当初宋江何等才干，又有吴学究指点军机，卢员外等一般人物，梁山泊方成得局面，我本一介愚夫，全凭贤弟指教，来到海外，反成这个基业，岂不是侥幸。

乐和的故事告诉我们酒店人：人的成功不在于你的出身是否低微，而在于自身综合素质的高低和把握机会的能力。很多酒店总经理出道之初也许是门童、洗碗工、厨房小弟、保安等，乐和放在现在酒店业也许是个康乐部DJ，但这些不重要。学会隐忍、把控，迟早会有美好的一天。

080 花项虎龚旺

梁山好汉绰号带"虎"的有八位，如果加上老虎的别称大虫，共计十位，分别是：插翅虎雷横、锦毛虎燕顺、矮脚虎王英、跳涧虎陈达、花项虎龚旺、中箭虎丁得孙、青眼虎李云、笑面虎朱富、病大虫薛永、母大虫顾大嫂。

这些人别看绰号是虎，主要指的是自身外形特点，在梁山上除雷横以外，大多是跑龙套的角色，地煞星之列，功夫平平，可以说以唬为主。

比如下面这位：

龚旺，"浑身上刺着虎斑，脖项上吞着虎头，马上会使飞枪"，所以绰号"花项虎"。仅仅因为脖子刺个虎头，就成虎了，如果刺个龙头、狼头，是不是就叫花项龙、花项狼呢？保不齐很有可能。

龚旺原来是东昌府兵马都监张清手下的副将，在马上会使飞枪。由此可见，龚旺也不是全靠唬，应该有点功夫；否则，靠武力吃饭的军营，也做不到副将。

梁山为选老大，吴用支招让宋江、卢俊义各带一支人马分别攻打东平府和东昌府。宋江很快就拿下东平府，收服了双枪将董平。而卢俊义攻打东昌府，遇到个硬茬——会打飞石的没羽箭张清，并且还有两个助手：一个会投飞叉的叫中箭虎丁得孙，另一个就是会投飞枪的花项虎龚旺。卢俊义出师不利，吃了败仗。谁都知道，这是吴用算计好的阳谋，光明正大地给卢俊义挖了个坑。卢俊义攻打东昌府不利，宋江前去支援。

龚旺出战，跟梁山林冲、花荣对敌，想展示飞枪，结果不成，被林冲、花荣联手活捉，被送到梁山囚禁。张清被俘投降后，龚旺也归降了梁山。梁山英雄排座次时排第七十八位，星号地捷星。

龚旺被封为步军将校第十四名，比较搞笑。龚旺原本是马上将领，马上飞枪使得好，却被安排成步兵将校，这有点儿无厘头。好比酒店人员安排，明明是个一线的营销人员，却被安排成工程部的水电工。

这只能说，要么宋江、吴用不能知人善用，要么是刻意培养全能工，要么就是单纯地为了补缺。这种乱点岗位的事情，在梁山上体现了好多处。如果酒店人遇到了类似情况，当事人就当是领导安排你去各岗位锻炼，刻意培养你吧！

龚旺、丁得孙本来与张清配合，算是一个默契的铁三角组合，但是上了梁山后，不知是宋江刻意还是无意，与张清的配合被拆分了。龚旺在多次战役中，基本上被淹没，露脸的机会很少。

当他高光出现之时，正是龚旺跟随呼延灼征方腊攻打德清县时。龚旺战场上追赶敌将黄爱时，"和人连马，陷倒在溪里，被南军下水乱枪戳死"！使飞枪的却被乱枪戳死，难道这就是传说中的"以彼之道，还施彼身"？

龚旺的故事告诉我们酒店人：人的外表不论是真帅还是刻意刺青扮酷，都不是最重要的，内涵很重要；否则不能长久，遇到实战时总会露馅。内涵、内涵、内涵。重要的事情说三遍！

081 中箭虎丁得孙

人生在世，有的人活得窝窝囊囊，却死得潇潇洒洒；有的人活得潇潇洒洒，却死得窝窝囊囊。中箭虎丁得孙属于后者！

丁得孙是东昌府兵马都监张清手下的两员副将之一，另一位是花项虎龚旺。二人的职责就是当没羽箭张清用石子把对手打伤或打落马下时，冲过去把对手捅死或者活捉。二人可以说是张清的左右护法，犹如明教的逍遥二使：杨逍、范遥。

作为张清右护法的丁得孙，"面颊连项都有疤痕"，至于什么原因造成的，施耐庵老爷子没有交代。如果是幼时出天花，只会反映在脸上，而丁得孙是连脖子上都有疤痕，就像中了箭留下的伤疤一样，所以江湖人送绰号：中箭虎。

既然人送绰号为虎，一定绝非庸人。不错，丁得孙的绝活是在马上使飞叉。把叉当作兵器，要么是猎户，就像解珍、解宝，要么是渔夫。马上使飞叉，除了丁得孙，难觅第二人。

宋江率军攻打东昌府时，丁得孙展示了自己的本领，先叉中了攻防俱佳的步军骁将项充，而后又与龚旺缠斗索超，逼林冲、花荣、吕方、郭盛四将助战。随后又独力抵挡吕方、郭盛二人，并不逊色。浪子燕青知晓射人先射马的原则，用弩弓射中了丁得孙的马蹄。战马受伤，丁得孙摔下马，被吕方、郭盛活捉。理论上来讲，燕青如果想射死丁得孙，一定是非常容易的事。毕竟是英雄惺惺惺惺惺，燕青箭下留情。

一场恶战，双拳难敌四手。丁得孙和左护法龚旺一同被活捉，两人随后被送到梁山囚禁。张清被俘投降后，龚旺、丁得孙见老大被劝降，二人也就顺水推舟加入了梁山社团。

这又是一出"公务员"投身"草寇"的典型案例。

丁得孙位列梁山第七十九位，星号地速星，被封为梁山步军将校第十五名。从马上使飞叉的将领，被奇葩地调任步兵将领。可见，宋江在这件人事安排上并没有做到知人善用。

丁得孙在梁山好汉中，一直不显山露水，也许是对岗位安排不太满意。在征战方腊时跟随卢俊义阵营。在攻打歙州途中，卢先锋下令清点本部将佐时得知，"丁得孙在山路草中被毒蛇咬了脚，毒气入腹而死"。被毒蛇咬死，丁得孙应该是一百零八将里死得最窝囊的。如果丁得孙还在马兵营，毒蛇即使咬，也是咬马，何至于咬到自己的脚。从这个层面上来看，丁得孙的死，跟老大宋江的不能知人善用有很大关系。

用人不能用其长而偏用其短，害了别人也会耽误自己。酒店高管在用人之时，可以想想丁得孙之死。

082　小遮拦穆春

穆春属于北宋末年的富二代。富二代，英文为 Rich 2G，最初的定义是：七八十年代出生、继承数十亿或以上家产的富家子女，他们被称为"富二代"。他们靠继承家产，拥有丰厚财富。如果说某某是富二代，实际上是在骂人。因为中国有句老话"富不过三代"，现在都富二代了，骂人不带脏字，中国语言有内涵！

穆春的爹爹穆太公是浔阳江边揭阳镇上的富豪，不仅如此，他哥哥穆弘也很牛，绰号：没遮拦。大致意思是干什么事没有什么能挡住他的。哥哥牛，弟弟沾了光，人送绰号：小没遮拦，为了顺嘴，就喊成了：小遮拦。

有钱有势有武艺又是地头蛇，在揭阳镇为人做事就很嚣张，尤其是年轻时期的小遮拦穆春。

病大虫薛永闯荡江湖，穷困潦倒，一分钱憋死英雄汉，途经揭阳镇街头卖艺。薛永初来乍到，不懂规矩，没有提前拜码头，没有去穆家庄上供。于是穆春交代镇上的百姓不准打赏。由此可见，穆家兄弟带有很强的黑社会垄断性质。可怜的薛永辛苦半天，一个子没得到，场面那是相当尴尬。

正可谓：天无绝人之路。他遇到了宋江。要不宋江的绰号叫及时雨呢！

宋江被刺配江州服刑，途经揭阳镇时，正好欣赏到了薛永的表演。于是，善心大发，赏了薛永五两银子。五两银子换算成现在的人民币大约是一千五百元人民币。这已经不是现在的街头乞讨给个十块八块的了。

作为一个服刑的犯人，还是这么阔绰，宋江的确很牛！

宋江的赠银行为，惹恼了小遮拦穆春。遇到了一个不识时务的病大虫也罢，还碰上了一个更不长眼的黑三郎。你俩也不看看这是谁的地界。

穆春认为宋江有意灭揭阳镇威风，便欲出手教训宋江，却被薛永从背后撂倒。堂堂的富二代穆二公子着了卖艺草根病大虫薛永的道，那也是相当尴尬。

穆春不吃眼前亏，怀恨离去，并让人吩咐镇上百姓，不许他们容留宋江、薛永。软的欺，硬的怕，这也许是大多富二代的通病。宋江与薛永分别后，在镇上找不到客店投宿，误投穆家庄，被穆太公收留。富一代心地都比较善良，但大多教子无方，纵容富二代。

穆春派人跟踪薛永，并率众将薛永抓走痛打，打算次日将其沉江。又是一出强龙难压地头蛇的悲剧。不仅如此，他返回家中，要寻哥哥穆弘一同去捉宋江。当宋江发现投宿的地方，竟然是穆春的老窝，惊吓之余，仓皇逃走。穆弘与穆春率庄客追赶，一直追到浔阳江边。宋江欲乘船逃走，却上了张横的黑船，差点被谋财害命。真是人倒霉喝凉水都塞牙缝。好在李俊与童威、童猛恰巧撑船经过，忙将宋江救下。之后当穆弘、穆春得知宋江的身份时，都是纳头便拜，请罪不已。

一个人的好名声到关键时刻总是会起到作用的，酒店人真的要做好自己的口碑！

穆春兄弟将宋江请回穆家庄，热情款待，并放出薛永，将他留在庄中。不打不相识，打成好朋友是梁山笼络人才的经典套路。

再后来，宋江在江州醉酒题"反诗"，遭黄文炳告发，与戴宗被判处斩刑，穆春兄弟与众好汉白龙庙小聚义，劫法场，攻打无为军。穆春兄弟提供了攻城所需的芦苇、油柴、布袋等物，以及驾船的人手。攻破无为军后，穆春兄弟收拾全部家财，放火烧掉庄院，舍弃田地，带着父亲家小，随宋江入伙梁山。

梁山排座次时，穆春排第八十位，星号地镇星，被封为梁山步军将校第七名。以穆春的能力坐这个位置，这也是看了他哥哥的面子和捐出家财的贡献。

穆春随宋江南征北战，先后征讨辽国、河北田虎、淮西王庆、江南方腊，但并无突出战绩。征讨方腊时，穆春随军攻破杭州，而后被留下照顾患病的穆弘、张横等人，未能继续征战，从而侥幸逃过战死沙场的命运。

穆春在江南平定后归队，被封为武奕郎、都统领，"管军管民，省院听调"。后因不愿为官，辞官返回揭阳镇，从此做了良民。

穆春武艺平平，之所以能在龙蛇混杂、纷争激烈的揭阳镇耀武扬威、盘剥过往，完全是仰仗着自家的财势及哥哥穆弘的威风，是典型的仗势欺人、狐假虎威。

穆春加盟大的团队——梁山集团后，明显低调很多，几乎找不到存在感。由此可见，改变一个人的性格和做事方法，找一个大平台，想法融入进去才是硬道理。

小地方的酒店人要想有成就，不应该故步自封，自我满足。当你加入大的团队，进入大的平台，你会明白：山外有山，天外有天，一山更比一山高！那哪是一个小小的揭阳镇所能比的！

083 操刀鬼曹正

有句话说得好：英雄不问出处，哪怕您是屠户。

梁山一百零八位英雄好汉，出身各异，每个人都有自己独特的人生风采。

屠户出身的曹正就是其中的一位。

曹正，开封府人士，祖代屠户出身。

曹正打小继承了家传手艺，杀猪剥牛手段极好，人称"操刀鬼"。

在北宋时期，屠户应该是个有油水的职业，杀个牲畜，下水应该是可以带走的。孩提记忆中，会杀猪的人家，家里都没有断过荤腥，尤其是逢年过节、红白喜事。

曹正平时除了杀猪宰羊，还拜了当时的八十万禁军枪棒教头林冲为师，也是学了一身相当不错的本领，至少能跟青面兽杨志斗三二十回合。

年轻时代的曹正想必也是充满理想，不甘心一直作为屠户生存下去，于是想做生意，靠经商发点财。

当地的一个土财主看曹正不错，就让他去山东做一担生意，而且生意比较大，五千贯！五千贯相当于两千到两千五百两银子，折合成现在的人民币，五千贯大约不会少于五十万元。能放手把五十万元的生意交给曹正去干，可见曹正的魅力是真不小。

结果呢？曹正给赔了个精光。没脸回去给人家交差，只有流落江湖。

这让我想起了酒店人，在做自己擅长的酒店时，还能混碗饭吃，偏偏去挑战陌生的领域，改行做老板。殊不知，隔行如隔山，老板不是谁想干就能干的，落魄之后，重回酒店业也是大有人在。

落魄的曹正，只好入赘黄泥冈附近一农家为婿。在过去那个男权社会里，入赘（俗称"倒插门"）应当是很没面子的事，但为了活着，曹正也得"嫁"到老婆家里去。

没活干，开饭店。

曹正和家人一起开了个饭店。杀猪宰羊剥牛的手艺也派上了用武之地。曹正的饭店和孙二娘、朱贵的不一样，正经八百儿地做生意，没有什么人肉包子之说，也没有劫掠过往客商的记录。可见，曹正的人品还是不错的！

曹正的人生改变是因为遇到了一个吃霸王餐的杨志。

青面兽杨志在黄泥冈被晁盖、吴用等七星劫了生辰纲，身无分文，走投无路，来到曹正的酒店吃肉喝酒。酒足饭饱，杨志觉得无颜告诉店老板自己没钱付账，毕竟自己堂堂七尺男儿，而且还是一个制使呢。于是，扭头就走，想跑单。

曹正一看，那哪能行，于是二人就干上了！二人斗了三二十回合，曹正便落败。曹正的家人和庄客不愿意了，要群殴杨志，却被曹正制止了。

曹正大喝一声："且都不要动手！兀那使朴刀的汉子，你可通个姓名。"看到这，曹正的作为真正让人钦佩，不以多欺少，好汉行为！

当杨志报出姓名，曹正一听说杨志是师傅林冲的朋友，就急忙叫老婆和妻舅都来拜了杨志，一面再置酒食相待。当听说杨志遭此大难（生辰纲被劫），无家可归，便推荐他投靠二龙山。杨志投靠二龙山途中却遇上鲁智深，得知二龙山主邓龙不欢迎外客，两人便折返曹正店中。曹正听得情况，便生出一计。他假装捉住了鲁智深，把他押送到邓龙面前后发难，杀了邓龙并占领了二龙山。

这一段，书中描写得非常精彩，你难以想象这是一个屠户的主意，真是有智慧不在于职业啊！

请看曹正怎么说：

> 制使也休这般打扮，只照依小人这里近村庄家穿着。小人把这位师父禅杖、戒刀都拿了，却叫小人的妻弟带六个火家，直送到那山下，把一条索子绑了师父。小人自会做活结头。却去山下叫道："我们近村开酒店庄家，这和尚来我店中吃酒，吃得大醉了，不肯还钱，口里说道：去报人来打你山寨。因此我们听的，乘他醉了，把他绑缚在这里，献与大王。"那厮必然放我们上山去。到得他山寨里面，见邓龙时，把索子拽脱了活结头，小人便递过禅杖与师父。你两个好汉一发上，那厮走往那里去？若结果了他时，以下

的人不敢不伏。此计若何？

鲁智深、杨志齐说："妙哉，妙哉！"事情果然像曹正预测的一样，不费吹灰之力，轻松拿下二龙山。后来曹正伙同武松、施恩、张青、孙二娘一起入伙二龙山，在三山聚义打青州时，和桃花山、白虎山共十一名头领加入梁山泊。梁山英雄排座次时，曹正坐了第八十一把交椅，也算是九九归一的一个命数，星号地稽星。

作为"下下人具上上智"的曹正，上了梁山后被那些大英雄们的身影淹没了，被剥夺了出谋划策的权利，"泯然众人矣"。

曹正随梁山群雄征讨方腊，在攻打宣州时，中毒箭阵亡。

在一百零八将中，操刀鬼曹正这个角色，实在算不上什么大人物，但是曹正为了朋友，出谋划策，舍家相随，无怨无悔，这就是顶天立地的好汉！

真正有智慧的酒店人，与出身是否卑微无关！

084　云里金刚宋万

地魔星云里金刚宋万是梁山集团的元老之一。

何谓元老？元老即 senior statesman，古时称天子的老臣，现今大多泛指组织机构的创始人及其最早的一批共创者。比如马云旗下的十八罗汉。

如果你是某个酒店开创筹备组成员，多年后，你也可以自诩为某酒店的元老。

宋万、杜迁、王伦是梁山泊的共创者，故宋万是梁山集团的元老。

宋万的绰号相当牛：云里金刚。

此处之金刚应是指执金刚杵的佛的侍从力士，因手拿金刚杵（古印度兵器）而得名。北宋元照《行宗记》卷二上："金刚者，即侍从力士，手持金刚杵，因以为名。"

从古籍来看，金刚是以领袖的护法身份出现的，形象应该是高大威猛的。宋万的体形应大抵如此。

宋万的绰号是王伦给封的，还是江湖人送的，不得而知。为什么有此疑问，因为宋万的武功的确稀松平常。王伦心胸狭窄，不会用比自己能力强的人，见林冲入伙流程即知。

王伦落第秀才出身，武功应该不敢恭维，但是又想装腔作势，找两个高大威猛之人充个门面也是可以的，云里金刚宋万、摸着天杜迁就有了机会了。从二人的绰号来看，要么是姚明级别的，要么是吹牛吓人的。王伦封宋万个金刚绰号，心中是想成佛的念头也是有可能的。

林冲被高太尉所逼，火烧草料场，杀死陆虞候等人，急谋安身之地，柴进因有恩于梁山泊大头领王伦，便推荐林冲投奔梁山泊，并介绍了王伦、杜迁和宋万三位头领的名号。林冲上梁山，宋万等人待林冲很礼遇，觉得林冲是有本事之人，应该收留，但王伦妒贤嫉能，害怕林冲与他争位，便劝林冲下山，除非林冲交上人头作投名状，林冲便一口答应。

林冲不愿滥杀无辜，恰逢杨志，二人斗了"三十来合，不分胜败。又斗了十数合，正斗到分际"，宋万等人便出来劝止，王伦见杨志武艺高强，便想招揽他牵制林冲，但杨志坚决不肯与王伦为伍，王伦没面子，不得不在宋万等人苦劝下收留林冲。

由此可见，宋万的胸怀比王伦宽广不止一个档次，难道宋万不怕能人加入影响自己的地位吗？

有些酒店的元老们可以向宋万看齐。只有广揽各式人才加入才能成其大。虽然你是原始股，企业做不大，你的股值不是照样缩水吗？能人加入，可能稀释了你的股权，但是市值却变大了！这个道理，看似莽汉的宋万从行为上读懂了！

晁盖等人劫生辰纲之事败露，便决定上梁山，宋万等人便热烈款待，但王伦故技重施，不愿收留晁盖等人。林冲大怒便一刀杀了王伦，并让晁盖做了大头领。晁盖原本要宋万、杜迁坐第五、第六把交椅，可是宋万见王伦被杀，"自身本事低微"，心知自己已是外人，便让位给他人，自己坐上第十把交椅。

大智若愚型的元老宋万啊！让我为你点个赞！

后来宋万参与多场战役和行动，立了不少小功，比如和杜迁、王英、郑天寿把萧让和金大坚捉上山，帮助宋江脱罪。

梁山英雄排座次时，宋万被封为步军将校第十名，是梁山第八十二条好汉，星号地魔星。

宋万随军征讨方腊，在宋江智取润州城一役中，与焦挺、陶宗旺"乱军中被箭射死，马踏身亡"，成为一百零八将中的第一批战死者。后和其他战死的地煞兄弟们一起被追封为义节郎。

宋万的一生很普通，但是他有大局观，心胸宽广，不看重自己的利益和地位，为企业发展前途着想，这样的元老是值得我们尊敬的！

085 摸着天杜迁

水浒里的人物在出场亮相时，有个特点，就是配对。

比如，有珍就有宝，解珍、解宝；有明就有亮，孔明、孔亮；有威便有猛，童威、童猛；有超就有霸，董超、薛霸（两个押解）；有富就有贵，朱富、朱贵；当然有万，必然会有千（迁）。说过了云里金刚宋万，就少不了摸着天杜迁。

地妖星摸着天杜迁也是梁山泊的元老之一，书中说他是第一个上梁山的好汉。因为身长猿臂，人称"摸着天"。好家伙，不但身体高长，手臂还长，真是异人！如果练习打篮球，绝对是 NBA 的灌篮高手。

杜迁和宋万在梁山上的经历基本一致，都是梁山泊的元老。早先同王伦、朱贵一齐占山为王，本事平平，武艺一般。在林冲加盟的问题上，二人观点相同，以江湖义气为重，极力说服王伦收留林冲。

杜迁道："山寨中那争他一个？哥哥若不收留，柴大官人知道时见怪，显的我们忘恩背义。日前多曾亏了他，今日荐个人来，便恁推却，发付他去。"

杜迁虽说是三把手，却第一时间站出来为林冲说话，这比我们酒店行业中，唯老大马首是瞻，不敢表达自己看法的人强了何止百倍。

当然，宋万也极力劝道："柴大官人面上，可容他在这里做个头领也好；不然见的我们无意气，使江湖上好汉见笑。"作为杜迁的好搭档，宋万的配合在左右王伦意见的改变方面是不可或缺的。毕竟，在重大决策上，左膀右臂的言语重量也是不得不考虑的。

林冲火并王伦后，杜迁、宋万及时转变方向，先后投诚在晁盖、宋江手下担任头目。但是，作为前任的旧臣及自身能力所限，杜迁基本上属于不受待见型，在梁山集团中属于边缘人物。在梁山英雄排座次时，被封为步军将校第十一名，排梁山第八十三条好汉，星号地妖星。

从封号和座次上可以看出，杜迁已经沦落为小妖级别，从第三把手到第八十三，这是一个多么大的落差啊！不知道杜迁是该埋怨自己当初的决定（劝留林冲）呢，还是埋怨王伦的不识时务而丧命呢？

杜迁随宋江南征，在即将攻入方腊的老巢、马上看见胜利曙光之际，却在乱军之中被乱箭射于马下，马踏而亡。正是"出师未捷身先死，长使英雄泪满襟"。杜迁成为最后一批战死的梁山好汉，他的好兄弟宋万是第一批战死的。从第一批上山的头领，到最后一批战死的好汉，杜迁从始至终，从生到死，一个轮回，成为梁山的一个忠魂。

杜迁的江湖义气值得酒店人赞赏，在选老大站队伍上眼光不够犀利，方落得地位直线下滑。当然，这跟自己的能力不足有极大的关系。不过，杜迁的容人之胸怀，心态之端正，配得上"摸着天"的称号，这一点上，是我们酒店人的榜样！

086　病大虫薛永

中国的汉字很有意思，同一个动物名字就有各种称呼。比如，蛇，又叫长虫；老虎，又叫大虫。

梁山好汉的绰号带虎的有八个，叫大虫的有两个，而且是一公一母，分别是：病大虫薛永，母大虫顾大嫂。

地幽星病大虫薛永，河南洛阳人，原本是官三代。

薛永在揭阳镇遇到宋江曾自我介绍道："小人祖贯河南洛阳人氏，姓薛名永。祖父是老种经略相公帐前军官，为因恶了同僚，不得升用，子孙靠使棒卖药度日。江湖上但呼小人病大虫薛永。不敢拜问恩官高姓大名？"作为曾经的官家出身，沦落到街头耍枪弄棒卖膏药，可见政界也是不好混的。

能被江湖人称大虫，说明薛永有些本事，毕竟也是武官后裔。薛永出场亮相，两招放倒小遮拦穆春即可见一斑。

　　只见那个使枪棒的教头从人背后赶将来，一只手揪住那大汉头巾，一只手提住腰胯，望那大汉肋骨上只一兜，浪跄一交，颠翻在地。那大汉却待挣扎起来，又被这教头只一脚踢翻了。

使棒的教头就是薛永，大汉就是穆春了。

薛永威猛如虎，但面色泛黄，如同生病，所以人称"病大虫"。病大虫薛永并不是说他有病。这"病"字在此应为"名为动用""使……病"，意思是让谁发愁、畏惧，有超过、赛过的意思。梁山另一好汉病尉迟孙立的绰号也是这个意思，赛过尉迟恭；病关索杨雄也是大抵如此。

薛永从将官子弟到流落江湖，真可谓是：脱毛的凤凰不如鸡，下山的老虎被犬欺。终日靠舞枪弄棒，卖跌打膏药糊口度日。终于有一天，薛永遇到了自己的贵人：宋江，才告别了自己颠沛流离，四海为家的生活。

薛永在揭阳镇上使枪棒卖药，因为事先没有拜码头，被地头蛇穆春故意刁难。地头蛇穆春是这样说的："叵耐那厮不先来见我弟兄两个，便去镇上撇呵卖药，教使枪棒，被我都吩咐了镇上的人，分文不要与他赏钱。"薛永辛辛苦苦使了一回枪棒，又使了一回拳脚，拿起盘子向围观人群掠了一遭，却是一个子儿也收不到。薛永的这番场景，让我联想到背井离乡讨生活的酒店人，有时候在外面历经艰辛讨生活，辛辛苦苦，最终却有可能拿不到一个子，还会被一些所谓的地头蛇欺负、恐吓。有时候想想都忍不住潸然泪下。

宋江被发配江州，路过揭阳镇街头，见薛永枪棒使得好，便赏了他五两银子，并请他喝酒，两人因此相识，却惹了大祸，被穆家兄弟逼得差点送了性命。当然，后来的结局还是不错的，宋江凭借自己的江湖威望和名气脱险，而且新结交一批朋友。后来宋江浔阳楼写"反诗"，被押往法场杀头，薛永也随众好汉去劫法场，大闹江州，并推举了自己的徒弟侯健，做了卧底，里应外合，收拾了黄文炳，一起上了梁山，算是立了一功。

薛永在梁山英雄排座次时，被封为步军将校第五名，排梁山第八十四条好汉，星号地幽星。作为一名落魄之人，有此位置，也算说得过去。

薛永在梁山上的表现，一直不温不火。在三败高太尉一战中，曾经在官军水兵中卧底，趁机刺中颍州汝南节度使梅展，并将其擒获。这一出无间道是他在梁山上值得炫耀的亮点。

薛永的归宿也是命洒江南。征方腊期间，薛永在卢俊义麾下效命。在攻取临安首战中，薛永、史进、石秀、陈达、杨春、李忠六人一起出阵，却被那敌将小养由基庞万春设计埋伏，乱箭射成刺猬，六人一并阵亡！

五两银子买了薛永的一生，也算是对"士为知己者死"的一个完美诠释吧！

薛永流落江湖，四处卖艺糊口像极了我们背井离乡讨生活的酒店人，有时候人在外，出点银子来保护自己也是立身之道，毕竟不是谁都有机会碰到为你掏钱的"宋江"。

087　金眼彪施恩

彪，传说是虎的第三个儿子。通常母虎只产两崽，偶尔也会生出第三崽，这便是彪。从这个字的造型上也可以看出，虎字多三撇，排行是老三。由此可见，彪与虎有一定的血缘关系，但是二者却是不共戴天的仇敌，这是什么原因呢？

彪作为虎的第三胎，因营养都被虎大虎二汲取了，虎三就相对先天不足，多瘦小孱弱，且一身褐色绒毛而没有虎皮的黑条斑。母虎便不认这么个儿子，不喂它奶且踢咬驱赶，甚至将它叼到饿狼出没的蛮荒之地遗弃。谁说虎毒不食子？也许虎觉得养活不了那么多孩子吧，只有保大舍小。作为被遗弃的兽中之王之子，没有父母庇佑的小彪成了众兽之敌，屡遭凌辱，多数夭折。

为了生存，彪常饿得吃枯叶败草、动物残尸，啃泥土石块，喝污水脏泉，而且常年老疤新伤不断。为了活命，彪不得不学会飞山、越涧、爬树、攀藤，与比自己大且凶残的野兽搏杀。克服了生命里的种种危难，在炼狱般的环境里长成的彪，叫声似狼嚎、如狮吼，且具备各猛兽最冷酷、最毒辣的秉性。一旦时机成熟，它第一个袭击的目标，便是遗弃它的生母虎后，紧接着则是被虎后备加宠爱的两位兄长。

是的，它没感情，因为生活只给了它仇恨，仇恨所有欺负它的猛兽，尤其称霸森林的庞然大兽；但凡有恶霸出现，它即闻风而至，血战到底，却并非为争夺什么。搏杀后往往无暇舔血、疗伤，即奔向另一个战场。它经常受伤，浑身没一块完整的皮毛，死后亦找不到一块未断过的骨头。

所以，彪逐渐被现代人演绎为"二、傻、憨"的代名词。如果被人称为"彪子"，其实暗喻他为傻子、憨子。

而施恩，却是一个极为聪明之人，虽然绰号是"金眼彪"，但其经历在某些方面也的确符合彪的本性。也许此绰号是为结识武松而埋的伏笔。武松打虎，彪恨虎，有着共同敌人的人很容易走到一起；亦或许施恩的经历像彪一样，对自己仇人想尽一切办法来报复吧！

施恩出身酷吏之家。其父为孟州牢城管营，也就是监狱长，所以，外人称他为小管营。施恩的父亲的官衔虽小，但是很有实权。新入狱的犯人，如若没有"人情"相送，稍有不逊，就用"盆吊""土布袋"等没有伤痕却足以致人死命的狠招加以杀害。可以说，施父是一个作恶多端、心黑手辣、贪得无厌的酷吏。

作为孟州监狱长的儿子，平时又使得一身好拳棒，加上可以调动八九十个弃命囚徒，于是施恩就干起了收保护费这种不劳而获之事。

此间东门外有一座市井，地名唤做快活林。但是山东、河北客商们，都来那里做买卖。有百十处大客店，三二十处赌坊、兑坊。往常时，小弟一者倚仗随身本事，二者捉着营里有八九十个弃命囚徒，去那里开着一个酒肉店，都分与众店家和赌钱兑坊里。但有过路妓女之人，到那里来时，先要来参见小弟，然后许他去趁食。那许多去处每朝每日都有闲钱，月终也有三二百两银子寻觅，如此撰钱。

施恩之所以如此嚣张，独霸快活林，借助的是其老子的淫威也。

在一个无法无天的环境里，金眼彪施恩的好日子也不长久。如此赚钱的快活林，终究引得张团练眼馋，于是张团练派了个强人出头抢了施恩的地盘。这个强人就是绰号"门神"的蒋忠，简称蒋门神。施恩与其交手，被其打伤。好好的一个聚宝盆被抢走，施恩心里的憋屈无处可诉，于是千方百计想物色一个高手为自己报仇。

这时候，打虎英雄武松出现了。武松杀了西门庆、潘金莲后，被发配孟州服刑。孟州监狱规矩之一就是，进来先打一百杀威棒，据说是宋太祖赵匡胤定下来的。武松刚来孟州报到，施恩就盯上了他。初见武松，只凭几句耳语，武松就免打了一百杀威棒。接着就是施恩的表演，先是叫家人送酒、送肉；当晚又为武松挂起了纱帐，铺上了藤簟，放了凉枕；第二天一早，又请武松离了单身房，搬进了"里面干干净净的床帐，两边都是新安排的桌凳什物"的房间。住得舒坦！伙食也由头日的"一大镟酒，一大盘煎肉，一碗鱼羹，一大碗饭"改为"一注子酒"以及"四般果子，一只熟鸡，又有许多蒸馕儿"。武松也由昨日自己动手吃，改为来人"把熟鸡来撕了，将注子里好酒筛下，请都头吃"。吃喝得爽！乖乖，这哪里是犯人，这就是住的 VIP 套房啊！

施恩以监狱长儿子的身份，招待罪人武松，好食好住，看上去有点儿纡尊降贵。实则：礼下于人，必有所求。每日好吃好住的日子，武松蒙圈了。几个意思啊？我是罪犯啊，是来受苦力的啊？是谁在厚待我啊？最终施恩及父亲出场，通过一捧："久闻大名""如雷灌耳"；二试：天王堂前举大石墩；三激：蒋门神"三年上泰岳争交，不曾有对；普天之下，没我一般的了"；四拢：他们不顾武松是囚犯，自己是官营之家的身份，让施恩和武松结为兄弟。父子俩一唱一和，使武松自愿充当打手，最终醉打蒋门神，夺回快活林。

后来武松落草二龙山。施恩因武松杀了张都监而逃走在江湖上，最终还是投靠了武松。在三山聚义打青州后跟随二龙山头领上了梁山。梁山英雄排座次时，施恩排第八十五位，被封为步军将校第六名，星号地伏星。施恩跟随宋江征讨方腊时，在打常熟时落水而死。武松难过得大哭一场，也算是感激当年的关照之恩吧！

欲借其势，必先交之；食君之禄，必定趋之。酒店人可记之。

088　打虎将李忠

众所周知，梁山上绰号叫"虎"和"大虫"的有十位，但是真正打虎的有两位：一位是行者武松，一位是黑旋风李逵。最有意思的是，有位绰号叫"打虎将"的，却没有打过虎，而是一个江湖卖艺卖膏药的，他就是李忠。

李忠祖贯濠州定远（今安徽滁州下辖县）人氏。有诗赞曰："头尖骨脸似蛇形，枪棒林中独擅名。打虎将军心胆大，李忠祖是霸陵生。"

李忠是水浒英雄中露脸较早的一位，在书中第三回中，史进和鲁达惺惺惜惺惺，两人走在约酒吃饭的街上：

只见一簇众人围住白地上。史进道："兄长，我们看一看。"分开人众看时，中间里一个人，仗着十来条杆棒，地上摊着十数个膏药，一盘子盛着，插把纸标儿在上面，却原来是江湖上使枪棒卖药的。史进看了，却认的他，原来是教史进开手的师父，叫做打虎将李忠。史进就人丛中叫道："师父，多时不见。"李忠道："贤弟如何到这里？"鲁提辖道："既是史大郎的师父，同和俺去吃三杯。"李忠道："待小子卖了膏药，讨了回钱，一同和提辖去。"鲁达道："谁奈烦等你，去便同去。"李忠道："小人的衣饭，无计奈何。提辖先行，小人便寻将来。贤弟，你和提辖先行一步。"鲁达焦躁，把那看的人一推一交，便骂道："这厮们挟着屁眼撒开，不去的洒家便打。"众人见是鲁提辖，一哄都走了。李忠见鲁达凶猛，敢怒而不敢言。只得陪笑道："好急性的人。"当下收拾了行头药囊，寄顿了枪棒。

短短的一段文字描述，交代了李忠的处境：

第一，生存压力大，生活窘迫，若非如此，谁愿意抛头露面，街头卖艺。

第二，有点本事，毕竟也是九纹龙史进的启蒙老师。如果没有本领，在街头使枪弄棒也是吃不开的。

第三，为人谦逊，虽说一日为师终生为父，但是面对曾经的徒弟却称之为兄弟，其中的滋味也是酸酸的。

第四，能屈能伸，面对鲁达驱赶观众的行为，敢怒而不敢言，还要陪笑。好一个看透世故之人，毕竟鲁达是官。

第五，有经商风险意识，他卖的是外敷风险系数小的膏药，对人体无大害，减少了医疗责任纠纷。

以上充分说明，打虎将李忠是一个为人处世小心谨慎之人，毕竟自己是一个流落江湖，四处讨生活之人，腰杆如何能挺起来呢？

李忠跟随二人去一家酒店吃饭，遇到了哭哭啼啼的金翠莲父女，鲁达得知二人被镇关西胁迫，于是要打抱不平，并资助金家父女提前跑路。于是他资助了五两，史进给了十两，而李忠默默地从口袋中摸出了二两银子。鲁达见少，便说："也是个不爽利的人。"罢了将银子丢还给了李忠。

好多人看到这儿，大多认为李忠小气吝啬，其实不然。作为一个江湖艺人，可以说吃了上顿没下顿，那时的二两银子相当于现在的一千出头的人民币了，能拿出二两银子已经是足够慷慨的了。当然，跟富二代史进和薪水丰厚的鲁达相比，相形见绌。就像救灾捐款，富豪明星捐一千万元可能会引人关注，而很少人去关注那些本身工资很低，却能拿出自己一个月工资去捐助的人。一千万元对富豪明星来讲，可能是九牛一毛，而穷人的一个月工资可能是全家人的生活来源。所以，在行善这个事情上，没有高低贵贱、多重少寡之分，愿意掏钱捐助或者借款给需要的人都是值得尊敬的。

后来鲁达拳打恶霸镇关西后跑路，在二龙山当了寨主。李忠也离开渭州，继续流落江湖。路过桃花山时，与小霸王周通不打不相识，李忠打败了周通，坐了桃花山第一把交椅。后来呼延灼攻打梁山失败，途经桃花山，李忠因手下偷走了呼延灼的御赐踢雪乌骓马，引得呼延灼青州借兵攻打桃花山，李忠、周通请二龙山鲁智深、杨志、武松相助，并与白虎山孔明、孔亮一起归顺了梁山。最终李忠被封为步军将校第八名，是梁山第八十六条好汉，星号地僻星。

在征讨方腊随军攻打大将庞万春驻守的昱岭关时，关上突然箭如雨下，李忠与史进、石秀、陈达、杨春、薛永没有躲过这般箭矢，全部当场毙命。

作为草根的李忠，就像我们四处漂泊讨生活的酒店人，到处卖艺而不是靠颜值生活，心地善良有爱，面对有难之人愿意慷慨解囊；有时候面对富二代、高傲的官吏，纵有万般反感、万般无奈，也能始终保持笑脸，为了生存，其中的酸甜苦辣只有自己知。

089 小霸王周通

提起霸王,第一个想起来的就是项羽。项羽堪称中国历史上最强的武将之一,古人对其有"羽之神勇,千古无二"的评价。

而梁山上号称小霸王的周通,武功与其相比,简直就是一个笑话。

周通,山东青州人,就因外表酷似项羽,人称"小霸王"。有诗为证:"身着团花宫锦袄,手持走水绿沉枪。面阔体强身似虎,尽道周通小霸王。"

一直百思不得其解的是:作为秦末之人的项羽,北宋的人是如何判断出周通长得像项羽呢?那时候可是没有相机可留影,即使有画像,真的能保存那么久吗?可见,周通的绰号绝非是长相问题,倒有可能是因为其比较强势、霸道或者有霸王的行为风范而已。

周通出道就在桃花山落草为王,干一些打家劫舍的土匪勾当。一天,周通下山剪径时遇到了江湖卖艺卖膏药的打虎将李忠,二人交战。即使有众喽啰做帮手,周通也敌不过一个卖膏药的。可见,周通的霸王称呼有多水。但有一点,周通做得不错,胸怀宽阔,打不过就认怂,留李忠在桃花山做了大哥,自己成了二弟。

英雄本"色",古今有之。周通在山下的桃花庄见到了刘太公的女儿,一见钟情,"撇下二十两金子,一匹红锦为定礼",要强娶她上山作压寨夫人。刘太公嫌周通是个强盗,门不当户不对,对这门亲事不满意,但又无可奈何。恰巧最有侠义心肠的花和尚鲁智深在桃花庄投宿,于是和刘太公串通一气,假扮新娘子,在洞房里把周通揍了一顿。周通逃回桃花山找大哥李忠帮忙报仇。不过,还未交手,李忠一听声音很熟,通名报姓,哎哟,原来是老朋友,于是化干戈为玉帛。

李忠请鲁智深、刘太公一起上桃花山解决周通抢亲之事。周通得知揍他的鲁智深时，翻身便拜。鲁智深告知周通：刘太公只有这个女儿，将来靠她养老送终，承继香火，建议周通把这门婚事放弃了，再选一个好的。

看周通的回答："并听大哥言语，兄弟再不敢登门。"十分干脆！鲁智深还不放心，说："大丈夫作事，却休要翻悔！"周通直接折箭为誓。

这一段的描述，让我们看到周通的可贵可敬之处。他知道刘太公的不悦、不愿（至于刘小姐心里怎么想，是否愿意嫁给周通，就不得而知了），既然父母不愿意，周通就不强人所难了；他卖面子给鲁智深，哥哥出面调解，不能因女色伤了兄弟的情谊；他豁达，宁愿自己重新再觅压寨夫人，把对刘小姐的爱压在心底，也不让刘太公伤心，让兄弟们失望。可见其性直，通情达理，对女色是色而不淫，此乃真豪杰、大丈夫也！这一点，称其为小霸王，也不为过。

后来呼延灼征讨梁山兵败，逃往青州途中，桃花山喽啰盗去了他的御赐踢雪乌骓马。呼延灼借青州慕容知府二千马军，攻打桃花山。周通、李忠向二龙山鲁智深、杨志、武松求救，鲁智深念起当年周通给他的面子及侠义心肠，义不容辞地下山援助。后来三山聚义打青州，众虎同心归水泊。周通上梁山，最终被封为马军小彪将兼远探出哨头领第十六名，排梁山好汉第八十七位，星号地空星。

受招安后，随宋江、卢俊义征战四方。征讨方腊时，随卢俊义攻打独松关，探路时不提防被冲出来的敌将厉天闰一刀斩于马下。尸骨葬于独松关上。后被追封为义节郎。

通情达理、听得劝、遵守自己的诺言、唯能而尊，这样的小霸王，值得酒店人效仿、尊重。

090 金钱豹子汤隆

有句成语是这样说的：管中窥豹，可见一斑。意思是，从竹管的小孔里看豹，只看到豹身上的一块斑纹。比喻只看到事物的一部分，指所见不全面或略有所得。另外一个事实就是，豹子身上是有斑纹的。如果人的身上有斑纹，是不是可以把他形容成豹子呢？

梁山有个好汉，因为世代以打造军器为生，打铁时火花溅身，乃至浑身皮肤尽是烫痕伤疤，故人们送他绰号：金钱豹子，此人就是汤隆。这个绰号对于汤隆来说真的是名副其实，再恰当不过了。在汤隆身上不仅有豹子的果敢、坚毅，而且还有豹子的诡计多端，狡猾心机。

地孤星金钱豹子汤隆，系出军门。关于汤隆的出身，《水浒传》第五十四回介绍如下：

> 李逵又道："汉子，你通个姓名，教我知道。"那汉道："小人姓汤名隆。父亲原是延安府知寨官来，因为打铁上遭际老种经略相公，帐前叙用。近年父亲在任亡故，小人贪赌，流落在江湖上，因此权在此间打铁度日。入骨好使枪棒，为是自家浑身有麻点，人都叫小人做金钱豹子。"

由此可见，汤隆也算是官二代，因是门里出身，打造兵器的技术还是深得家传。

汤隆是李逵介绍上梁山的。

梁山好汉为救柴进，攻打高唐州，遭高廉魔法阻拦，戴宗、李逵奉命去接公孙胜破解高廉。戴宗先回营复命，李逵和公孙胜到了武冈镇时，李逵帮公孙胜买素食，在驿道边买了一包枣糕，转身时听见路旁有人喝彩，原来汤隆正在耍锤砸石。李逵过去露了两手，汤隆佩服至极，并引李逵到家中。李逵到了汤隆家，看他屋里都是铁砧、铁锤、火炉、钳凿家火。寻思道："这人必是个打铁匠人。山寨里正用得着。何不叫他也去入伙？"于是二人结识。当李逵邀请他入伙梁山时，汤隆当机立断，毫不犹豫地舍家弃业随李逵、公孙胜上了梁山。

汤隆的主要工作是专门负责督管兵器打造。

平时默默无闻做后台工作的汤隆，一直想引起领导重视，展示自己打造兵器的才华，犹如干将莫邪为一生能铸造出一把宝剑而努力。命运的转机都是为有理想的人而准备的。

呼延灼奉命剿匪，用连环马打败梁山人马。汤隆献计说他表哥金枪手徐宁会用钩镰枪法破连环马。但是，谁会打造钩镰枪呢？当然是我，汤隆。汤隆还向吴用献计：徐宁家有一祖传宝甲赛唐猊，可以派人盗甲引诱徐宁上山。由此可见，为了自己，也是为了企业，汤隆心机之深！于是吴用派神偷鼓上蚤时迁到东京徐宁家里蹲守两夜，最终盗了徐宁的宝甲赛唐猊，并把徐宁的一家老小接上了梁山。徐宁无奈之下，上了梁山。遇到这样的老表，徐宁算是倒了大霉。

温馨提醒：有宝贝绝对不能外露，亲戚也不行。

徐宁在梁山做了教头教练钩镰枪法，最终梁山群雄大破连环马，挫败呼延灼的围剿。此役汤隆立了大功，得到了宋江、吴用的赏识。梁山英雄排座次时，汤隆坐上了梁山第八十八把交椅，星号地孤星。汤隆一箭双雕的做法，既展示了自己的才华，又拉了个亲戚做联盟，从此奠定了自己在梁山集团的地位。

汤隆入伙梁山的投名状含金量不小。

汤隆最高光的时刻是跟随宋江参加对方腊的征讨。汤隆用自己打造的钩镰枪，一枪把庞万春从马上挑了下来，活捉了这个手上沾满了梁山好汉鲜血的刽子手。可知道，庞万春与梁山群雄交手，两战单挑射死史进、欧鹏，群杀了石秀、陈达、杨春、李忠、薛永、张青共计八人。谁能想到，号称小养由基的庞万春却被一个打铁匠挑落，最后被割腹挖心。汤隆在这场战役中光芒四射，为自己的人生写下了最为浓墨重彩的一笔。后来的战斗中，汤隆不幸身负重伤，由于安道全没有随军出征，最终不治身亡。

汤隆的一生有以下两首诗可赞：

  金钱豹子讳汤隆，军械行中名气弘。
  归义梁山造武器，降服鞭将荐徐宁。

时迁盗走唐猊甲，枪将曲身看弟情。

打造钩镰奇械具，连环马队遇钩兵。

铜筋铁骨身躯健，炉冶钳锤每用功。

原是延安知寨后，金钱豹子是汤隆。

  汤隆作为一名普通的铁匠，不放过任何一个改变命运的机会。凭借自己的聪明与智慧，巧妙地结识李逵，认集团一把手最死忠的兄弟做大哥（相当于拥抱了一棵大树）；用自己的手艺打造出旷世兵器钩镰枪；拉自己的表哥徐宁为其在梁山集团站队；在该露脸的时候挑落了梁山仇人庞万春。

  汤隆的粗中有细、富有心机、步步为营、做事干净利索、不拖泥带水，以及认准了人和事敢于舍家弃业的劲头，值得我们酒店人借鉴！

091 鬼脸儿杜兴

喜欢玩红木家私或手串的朋友，非常追捧一种把件："鬼脸儿"，亦称"鬼面"。

其实，"鬼脸儿"就是树疖！从主干上分出去的枝杈，我们把枝杈砍掉，在主干上会看见，一圈一圈的疖痕，当在一个木疖中又包含了几个小木疖的时候，即成了人们常说的"鬼脸儿"，也有人称为"狸斑"。由于黄花梨的木质优良，其树疖经过打磨加工后，会非常光滑平整。所以黄花梨木的鬼脸尤为受追捧，曾经有一个时期被炒作得非常厉害。这"鬼脸儿"大部分都出现在平面上，比如：桌、椅、箱、柜或者大的雕件、摆件上，很少出现我们的手串上。如果你拥有天然的精致的黄花梨木鬼脸手串，恭喜您，可以作为一件贴心小宝贝随身携带。

所以，鬼脸儿称呼虽不好听但很难遇，犹如被称为鬼脸儿的杜兴。

杜兴，祖贯是中山府人氏，因为他面颜生得粗莽，因此人都叫他"鬼脸儿"。如何粗莽呢？"阔脸方腮，眼鲜耳大，貌丑形粗"。

长得丑不是错，大不了哼唱：我很丑，可是我很温柔。但是年轻时的杜兴性情刚烈，熟知枪棒，一点也不温柔。

杜兴在蓟州同别人合伙做生意，不知因何故，失手打死了自己的合伙人。看看，丑人也暴力。杜兴因此入狱，可能自己长相怪异，引起了押狱（监狱长）杨雄的关注。杨雄也是位只爱武艺不爱美人的主。有一天发现罪人杜兴是个熟知枪棒的人，兴趣相投，于是在一个月夜风高的夜晚，杨雄把杜兴给偷偷地放了。杨雄成为杜兴生命中第一个贵人。出狱后的杜兴，感慨万千，仿佛一夜间看透生死，性格大变，不再刚烈，只求平平安安地找个生计度过余生。

幸运的杜兴在独龙岗李家庄遇到了他一生中的第二个贵人——大富豪扑天雕李应。

人和人在一起靠的是看对眼，是缘分。

杜兴深得李应信任，做了李家庄大总管。李应对他信任到什么程度呢？"每日拨万论千，尽托付杜兴身上"。可见信任之深。后来杨雄杀妻，同石秀、时迁投奔梁山，途经祝家庄，因时迁偷吃了报晓的公鸡被捉，引发了一场大的名义上营救兄弟时迁，实际上是抢劫粮草财富的战争：宋江三打祝家庄。杨雄为救时迁，在祝家庄的同盟庄之一李家庄里见到了做大管家的杜兴。故友相见，寒暄话旧不提，先提如何救兄弟。面对恩公的要求，杜兴甘愿两肋插刀。已经不再莽撞的杜兴请自己的老大李应出手相救，觉得不过是一个偷鸡的毛贼，怎么说祝家庄应该给个面子。可惜，杜兴、李应都想错了。不但人没有要来，李应反而被祝彪暗箭所伤，同盟关系至此破裂。祝彪犯了一个"小不忍则乱大谋"的错误。杨雄无奈求助梁山，宋江下山攻打祝家庄，杜兴变成了无间道，间接助攻梁山，为宋江打破祝家庄立下了功劳。

可是，宋江却干了什么呢？

打下祝家庄后，宋江设计派人假扮知府捉拿李应、杜兴，却又派人半路把李应、杜兴救上梁山。目的很明显：祝、扈、李三庄的财产一锅端。杜兴不得已跟了主人李应上了梁山。梁山英雄排座次时，杜兴排行梁山第八十九位，星号地全星。

杜兴上梁山并没有得到重用，当然，他自身能力也有限。杜兴的工作是和朱贵担任南山酒店迎宾使。从管一个大庄子到管理一个小酒店，对杜兴来讲是三个蚂蚁腿炒一盘——小菜一碟。

悠闲自得的杜兴也许在无聊时对着青山绿水会怒吼：我很丑，可是我有音乐和美酒。

心态平和的人运气都不会太差。

梁山群雄受招安后，领旨征讨方腊，一百零八将最后就存下三十二人，折损三分之二多。而李应、杜兴主仆却侥幸活了下来。杜兴被封为武奕郎。不过，杜最终跟随李应辞官回到独龙岗李家庄，重操经商致富大业而善终。

演绎了一曲：你若不离不弃，我就贫富相依。

受到磨难不可怕，及时调整心性，再丑的人也会有贵人相助，把握机会，同样会拥有自己的一片蓝天。

你难道还不如一个鬼脸儿杜兴吗？

092　出林龙邹渊

说起赌,在中国可是源远流长。

追溯人类赌博史,早在旧石器后期便有"碰运气"习惯。中国史前文明中大量运用"抓签"筮卜方式来判断凶吉,包括重大战事均通过卜卦来决定。

东汉许慎《说文》曰:"古乌曹氏始作博,盖夏后之臣也。"由此看来,赌博在中国的夏朝就已出现。

五千年前的伊拉克和印度就有骰子,而且它的足迹遍布希腊、罗马、中东和玛雅古文明社会。

古今中外最流行的赌博,大都是撞数运气类,如单双、骰子、四门方宝,现代公赌的彩票也属于运气类赌博。这种听天由命式的赌博能够大众化原因很简单,它体现了一种"天意"公允和权威,与人类原始意识与宗教观念有关系。其次,这类赌博在程序上简单易懂,不易作弊,适合各种社会人群。

此外,还有娱乐类赌博,运气结合心智较量,如麻将和扑克。据说,麻将就是郑和下西洋时打发海上无聊的时间而发明的。

由于赌博在于验证"天意"和"运气",这使它永远充满魅力。

现代人拍了多部关于赌的电影,诸如《赌神》《赌圣》《赌王》《赌侠》等系列,仿佛精通赌,就可以一夜暴富,很多人都对之趋之若鹜,梁山好汉邹渊就是其中的一位。

关于邹渊,书中介绍说:

  那个为头的姓邹名渊,原是莱州人氏。自小最好赌钱,闲汉出身,为人忠良慷慨,更兼一身好武艺,气性高强,不肯容人,江湖上唤他绰号出林龙。

莱州在今天山东的莱州市。邹渊算是地地道道的山东人。他还有个侄子叫邹润（另文细说），和他年岁一般。由此可见，邹父属于老来又喜得一子，一定是娇宠有加，疏于管教。因为"自小最好赌钱，闲汉出身"。试想，谁家有教养的孩子自小就去赌博，靠赌博做闲汉啊。另外，也说明邹家的家庭环境不好，渴望靠赌博赚钱来养家糊口。赌博免不了争执，学一身武艺在身是必备的。由于来钱容易，出手就会慷慨。看看电影中的赌神、赌侠们就能理解。邹渊就具备了此条件："为人忠良慷慨，更兼一身好武艺。"

邹渊仰仗武艺和性格结交了一些江湖好汉：杨林、邓飞、石勇，还包括开赌场的庄家：孙新、顾大嫂夫妇二人。孙新、顾大嫂有哥哥登州提辖孙立做保护伞，所以开赌场基本没有人敢砸场子。

久在河边走，哪能不湿鞋。

人如果嗜赌，一定是十赌九败，就算你是赌神，也有退隐江湖之日。邹渊也不例外。当赌场没有油水、无法糊口的时候，他带着自己的侄子邹润及二十多个混混，到登云山当"草寇"老大去了。

赌徒邹渊的命运转机来自于所交的朋友：孙新、顾大嫂。为救顾大嫂的表弟解珍、解宝，孙新邀请邹渊叔侄一起劫狱。为朋友两肋插刀，义不容辞，叔侄二人愉快地答应了。你如果说邹渊冲动，那就错了。因为邹渊已经为自己找好了退路，那就是：上梁山。他的江湖哥们杨林、邓飞、石勇，早已发出邀请，相约在梁山大碗喝酒、大块吃肉了。劫狱之后，邹渊一伙又协同宋江三打祝家庄，然后上了梁山。最终邹渊被封为步军将校第十二名，是梁山第九十条好汉，星号地短星。

在南征方腊打歙州时，他同孙立、黄信、邹润和林冲一起杀了方腊手下的武将文封的尚书王寅。算是难得的一次战功。可惜的是，在攻打清溪洞时，邹渊因军中马踏而亡。后被追封为义节郎。

也许从做赌徒的那一刻起，悲惨的结局已经注定。

酒店人还是要谨记：小赌怡情，大赌伤身。

093 独角龙邹润

梁山众多英雄好汉中有很多组合。

如夫妻组合：张青、孙二娘，孙新、顾大嫂，王英、扈三娘。

兄弟组合更多：宋江、宋清，穆弘、穆春，孙立、孙新，孔明、孔亮，解珍、解宝，张横、张顺，童威、童猛，三阮兄弟等。

唯一的叔侄组合就是前登云山的头领邹渊、邹润。

二人原是莱州人氏，邹渊前文已经表过，不再赘述。

我们来说一下邹润。

邹润，是邹渊的侄儿。书中叙述如下：

> 年纪与叔叔仿佛，二人争差不多。身材长大，天生一等异相，脑后一个肉瘤，以此人都唤他做独角龙。那邹润往常但和人争闹，性起来，一头撞去。忽然一日，一头撞折了涧林一株松树，看的人都惊呆了。怎见得？有诗为证：
>
> 脑后天生瘤一个，少年撞折涧边松。
>
> 大头长汉名邹润，壮士人称独角龙。

邹润的绰号独角龙有点意思。传说独角龙乃是天帝的化身之一，拥有奇异的力量。

邹润原本跟随自己的叔叔邹渊在登云山做山大王，手下有心腹二十多人，总共有八九十号人马。虽然是一个比较小的社团，但是在登州当地还是比较出名的。有《西江月》一首，单道他叔侄的好处："厮打场中为首，呼卢队里称雄。天生忠直气如虹，武艺惊人出众。结寨登云台上，英名播满山东。翻江搅海似双龙，岂作池中玩弄？"

叔侄二人与小尉迟孙新交好，为救孙新的表内弟解珍解宝二人，参与了劫狱

行动。劫狱之前,邹渊还替孙新想好了退路。当孙新介绍二人参与劫狱救人给顾大嫂引荐时:

  当时顾大嫂见了,请入后面屋下坐地。却把上件事告诉与他说了,商量劫牢一节。邹渊道:"我那里虽有八九十人,只有二十来个心腹的。明日干了这件事,便是这里安身不得了。我却有个去处,我也有心要去多时。只不知你夫妇二人肯去么?"顾大嫂道:"遮莫甚么去处,都随你去,只要救了我两个兄弟。"邹渊道:"如今梁山泊十分兴旺,宋公明大肯招贤纳士。他手下现有我的三个相识在彼:一个是锦豹子杨林,一个是火眼狻猊邓飞,一个是石将军石勇。都在那里入伙了多时。我们救了你两个兄弟,都一发上梁山泊投奔入伙去,如何?"顾大嫂道:"最好。有一个不去的我便乱枪戳死他!"邹润道:"还有一件。我们倘或得了人,诚恐登州有些军马追来,如之奈何?"

请注意最后邹润说的这句话。从一个貌似粗人的嘴里说出来,是很难得的。邹润首先想到的是劫狱后的具体细节,救了人,如何顺利脱身的问题。从一个侧面来讲,邹润并非是一个经常一时性起撞松树之人,他有缜密的思维,他叔叔邹渊想的是大方向,劫狱后去梁山;而邹润想得更具体,如何顺利地达到最终目的:顺利到梁山。叔侄二人互补,相得益彰,邹润扮演的是军师、参谋的角色,这也是登云山小社团能存在的原因之一吧。后来,还是孙新打消了邹润的顾虑。

  孙新道:"我的亲哥哥见做本州兵马提辖。如今登州只有他一个了得,几番草寇临城,都是他杀散了,到处闻名。我明日自去请他来,要他依允便了。"邹渊道:"只怕他不肯落草。"孙新说道:"我自有良法。"

后来,邹润跟随登州帮顺利加盟梁山,并为攻破祝家庄立下汗马之功。

梁山排座次时,邹润为步军将校第十三名,是梁山第九十一条好汉,星号地角星。

邹润加盟梁山之后,多以副将、偏将的身份南征北战。南征方腊,幸免于死,成为没有战死的二十七员战将之一。

邹润被封为武奕郎,但邹润不愿为官,回登云山去了。

面相奇异之人,内心也很细腻;细腻之人,结局不会差。

故酒店招人切不可以貌取人。

094　旱地忽律朱贵

看过谍战片《潜伏》的，都对孙红雷扮演的角色从事的工作多少有些了解。天天笑眯眯，其实有秘密。依据工作的性质，我们对他的称谓大多如下：间谍、特务、情报员、信息员、无间道……

从古至今，从事情报工作的人员，大多不显山露水，但是都很重要且智商很高，颇有手段。唯一遗憾的是，不到最终的胜利到来，这些人的身份、地位一直都是很尴尬的，比如朱贵。

朱贵，沂州沂水县人，李逵的老乡，梁山的开山元老，也是三朝元老。朱贵的外表是这样的：

> 林冲看那人时，头戴深檐暖帽，身穿貂鼠皮袄，脚着一双獐皮窄靿靴，身材长大，貌相魁宏，双拳骨脸，三丫黄髯，只把头来摸着雪看。

这是冬天的场景，在茫茫雪海中裹貂赏雪，感觉也是酷酷的。

梁山一百一十位将领（含晁盖、王伦）的绰号，只有朱贵的绰号"旱地忽律"比较耐人寻味，不是一目了然。"忽律"是音译外来词，是宋朝契丹语，不是原生态汉语。"忽律"契丹语里是对"鳄鱼"的称呼。有一件事情，我不太明白，鳄鱼大多生活在热带，契丹在中国北部，怎么会见到鳄鱼呢？如果见不到鳄鱼，又怎么会有鳄鱼一词的发音"忽律"呢？所以，把"忽律"理解成"四脚蛇"更符合实际。"忽律"指一种有剧毒的四脚蛇，它生性喜食乌龟，将猎物吃剩一个空壳后钻入其中，冒充乌龟，有人不知捡起后，它便发出夺命一击，直接致人死命。作为一种善于伪装的可怕动物，"旱地忽律"这个绰号，相当贴切人物身份。这和朱贵的工作性质很相像，朱贵的具体工作是什么呢？

请看他对林冲的自我介绍：

> 小人是王头领手下耳目。小人姓朱名贵，原是沂州沂水县人氏。山寨里

教小弟在此间开酒店为名，专一探听往来客商经过。但有财帛者，便去山寨里报知。但是孤单客人到此，无财帛的放他过去；有财帛的来到这里，轻则蒙汗药麻翻，重则登时结果，将精肉片为耙子，肥肉煎油点灯。

由此可见，朱贵的酒店是梁山的情报站和披着酒店外衣的黑店。伪装的就像钻进龟壳里的有毒四脚蛇，外表憨态可掬像人畜无害的乌龟，其实暗藏杀机。

工作之外的朱贵对朋友绝非四脚蛇一般，而是真诚、直爽、仗义执言、不畏权势。

林冲上梁山，王伦不肯接纳。

王伦起来说道："柴大官人举荐将教头来敝寨入伙，争奈小寨粮食缺少，屋宇不整，人力寡薄，恐日后误了足下，亦不好看。略有些薄礼，望乞笑留，寻个大寨安身歇马，切勿见怪。"林冲道："三位头领容复：小人千里投名，万里投主，凭托柴大官人面皮，径投大寨入伙。林冲虽然不才，望赐收录，当以一死向前，并无诡诈，实为平生之幸。不为银两赍发而来，乞头领照察。"王伦道："我这里是个小去处，如何安着得你。休怪，休怪！"朱贵见了，便谏道："哥哥在上，莫怪小弟多言。山寨中粮食虽少，近村远镇，可以去借。山场水泊，木植广有，便要盖千间房屋却也无妨。这位是柴大官人力举荐来的人，如何教他别处去？抑且柴大官人自来与山上有恩，日后得知不纳此人，须不好看。这位又是有本事的人，他必然来出气力。"

作为山寨的末位头领，敢直接揭穿老大的伪善画皮，让王伦哑口无言，那是需要勇气的。

作为酒店人的朱贵，除了做好本职工作（送人上山）以外，还敢直言公司的人事制度之不当之处，这比那些事不关己高高挂起的酒店人强了多倍。

三朝元老的朱贵的地位虽不高（坐梁山第九十二把交椅），但是出镜率高，功劳不小。除了接待林冲以外，晁盖七星，清风寨、清风山的大批好汉，徐宁、雷横上梁山也是朱贵接待的，甚至他后来的直属上级戴宗也被他用蒙汗药拿下过，芒砀山樊瑞三人想攻打梁山的消息也是朱贵提供的。

可以说，朱贵的工作性质有点像酒店的传讯部经理、办公室负责接待的主任、人事部负责招徕人才的主管。多种业务集于一身,是个万能型人才。

有句话叫:天妒英才。全能型的人才地囚星旱地忽律朱贵在随军南征方腊时在杭州病死。后被追封为义节郎。

梁山集团杰出的情报工作者、优秀的接待办主任、卓越的人事招聘主管,值得我们琢磨。

095 笑面虎朱富

世人大多皆怕虎，最是恐怖笑面虎。

老虎很凶猛，但是带着笑。如果你被假象迷惑，感觉笑面老虎很萌很可爱，结果请参照动物园老虎伤人事件。

打人不打笑面虎，这就是酒店人要微笑的原因吗？

做人莫做笑面虎，这是告诉酒店人为人处世的准则之一吗？

这人是个笑面虎，说的是这人外貌和善而内心严厉凶狠，和老虎一样凶猛。一个字概括：阴。

梁山好汉有这么一个人。他为人和善，笑口常开，但心思缜密，机智多谋，人送外号笑面虎。他就是朱富。

朱富，沂州（今山东临沂）沂水县人，旱地忽律朱贵的弟弟，也是李逵的同乡。朱富和哥哥朱贵一样，开酒店谋生。开店的地址和所求不同，朱贵的酒店在梁山脚下，是个情报站；朱富在沂水县城西门外，是个谋生点。二人都是笑容可掬，微笑迎客，客人的体验度想必也是不错的。

朱富是一个情商非常高的人，为什么这样讲？

朱富不仅仅开酒店，而且喜欢舞枪弄棒，这个不难理解，在乱世学点本领自保也是必须的。有大智慧的朱富，找了个师傅，谁呢？沂水县里的都头青眼虎李云，他可是都头（县公安局刑警队队长）啊！跟都头学练武艺是假，找一个靠山是真。

如果青眼虎李云的功夫很高，梁山座次排名上就不应该低于自己的徒弟朱富，从这一个层面上可看出朱富的睿智。从古至今，开酒店没有靠山是不可想象的，看看身边那些高端豪华酒店，你了解背后是谁在给它们撑腰吗？

笑面虎朱富

朱富加盟梁山，跟李逵有关。

李逵在一次群雄喝酒时，看到宋太公也上了梁山，跟随宋江大鱼大肉；公孙胜请辞回家探母，忽然大哭，想起了自己的老母，想回家搬老母亲上梁山享福。宋江不放心，就叫李逵同乡朱贵随他下山，以便照应。李逵去请老母，朱贵就住在弟弟朱富店里，时刻关注着李逵的消息。作为朝廷捉拿的杀人犯李逵，忘记了宋江的嘱咐：不得饮酒。

李逵搬母不成反而老母被虎吃，怒杀四虎，被猎户簇拥下山去请赏，结果被假李逵的婆娘认出，告知里正及山下大户曹太公。曹太公领赏心切宴请李逵，用酒灌醉黑旋风，并迅速拨打110（"便叫里正带人飞也似去县里报知"），刑警队长李云就率人快马赶到，准备押送李逵回县局。

朱贵闻讯，焦急万分，准备在押送途中劫救李逵，否则无法回山交差。还是那句话说得好：打仗亲兄弟，上阵父子兵。作为弟弟的朱富决心抛弃酒店，跟随哥哥上山做匪。机智的朱富给哥哥出主意：李云武艺高强，只宜智取，不可强攻，必须这般这般。

两人连夜煮了带蒙汗药的好肉，带着撒了蒙汗药的好酒，在李云押解的途中截住他，给师傅庆贺。作为刑警队队长的李云却不喝酒，实在难得。朱富只得强劝李云吃了几块好肉，酒沾沾嘴唇。等把李云的人马全部用药麻翻以后，兄弟俩救出李逵，砍杀曹太公一众人。之后，朱富劝阻李逵勿杀师父，且不忍师父受到牵连惹官司，就劝李云跟他们一起上梁山。李云左思右想，回去肯定解释不清，自己的徒弟害自己，免不了下大牢，走投无路，只好应允了。

由此可见，朱富这个人不但有情而且有义。舍家弃店帮哥哥救人是有情；不忍师父无端受自己连累，竭力补救，争取皆大欢喜，这叫有义。

朱富上梁山后，先是跟穆春一起负责管收山寨钱粮（财务部），后来这一摊全部移交蒋敬，他又跟宋清一块负责安排酒宴（宴会部），最后负责监造供应酒醋（出品部），这就是餐饮全才的朱富。

如果在今天，朱富也是一位优秀的酒店管理或技术人才。

梁山排座次时，朱富坐第九十三把交椅，星号地藏星。

南征方腊时，朱贵等人因传染瘟疫病倒在杭州城，朱富跟穆春留下看护他们，结果亲自照顾哥哥的朱富也被传染了，哥俩一起病故于杭州城。

瘟疫猛于虎，哪怕你是笑面虎。

096　铁臂膊蔡福

曾经有人戏说，人这一辈子不经历三件事，人生是不完美的。一是上大学。未经历大学校园的熏陶和风花雪月是遗憾的。二是当兵。未经历军营的锤炼和风吹雨打等诸般考验，难成大气候。三是蹲监狱。监狱的磨难，更是让人难以忘怀。其实，前两件事，大多是向往的，第三件，估计没有人愿意去尝试。因为自古至今，监狱多黑暗，谁都不愿意去，有时候真的是被逼的，比如：梁山二当家卢俊义。

北京大名府大富豪卢俊义被老婆贾氏戴了绿帽子，第三者是他的管家李固。李固和贾氏的苟且之事被卢俊义的心腹燕青发现并告知卢，卢不信，并怒斥。结果，贾氏和李固设计陷害卢俊义，举报卢勾结梁山，通匪。于是，卢俊义遭到政府逮捕关入监狱。

卢俊义的监狱长蔡福兄弟两个，弟弟叫蔡庆。

花开两朵，各表一枝。

蔡福，北京土居人士。官居大名府两院押狱兼行刑刽子，两院是不是指的法院和检察院，不得而知。蔡福因手段高强，人呼他为铁臂膊。此绰号概因他经常作为刽子手杀人，臂膊肌肉发达如铁吧。

卢俊义被屈打成招，投进监狱第一天，蔡福正常上下班，回家休息，出监狱门碰到燕青。燕青被李固赶出家门，身无分文，化得半罐子剩饭要送去卢俊义充饥，祈求蔡福同意。颇有善心的蔡福没有刁难，放行。

蔡福行至监狱门拐角处，遇到等候已久的一茶博士。茶博士，不是对茶有多深的研究，而是茶馆的伙计。茶博士告知蔡福说，茶馆有人等。蔡福到了茶馆见到了卢俊义的管家李固，真是天上掉个大富贵，有人送大礼。

最毒莫过妇人心。贾氏为了长期偷情及霸占财富，与管家李固商议，要出钱贿赂蔡福，让其在监狱里偷偷干掉卢俊义。先是拿出五十两蒜条金，后又增加五十两，只求结果卢俊义性命。官场老油子蔡福怎么会轻易答应："李固，你割猫儿尾拌猫儿饭。北京有名恁地一个卢员外，只直得这一百两金子？你若要我倒地他，不是我诈你，只把五百两金子与我！"话里意思很明白：你吞了偌大个卢氏财团，一百两金子就想打发我？当老蔡收了五百两蒜条金，沾沾自喜时，接下来自己懵圈了。柴进直接带了一千两黄金要老蔡保护卢俊义，否则破城，哼哼！"如是留得卢员外性命在世，佛眼相看，不忘大德；但有半点儿差错，兵临城下，将至濠边，无贤无愚，无老无幼，打破城池，尽皆斩首！"刚觉得踩了牛屎运的蔡福，顿时又心凉半截，想拒绝是不可能的，那是直接找死的节奏啊！善念占据上风的蔡福，最终答应了柴进。

蔡福就用梁山这笔钱来运作行贿，向梁中书（省长）和负责本案的张孔目（检察长）那里买了卢俊义一个无期徒刑，发配边疆。无耻的李固拿着老板的工资，上了老板的老婆，霸占了老板的钱财，还继续用钱对老板赶尽杀绝——准备在发配途中，收买押送人员继续对卢俊义下手。

燕青途中杀了职业押解梁山好汉的官差：董超、薛霸（残害过林冲），但逃亡途中，元气大伤的卢俊义再次被捕。梁中书大怒，宣布卢死刑，立即执行。拼命三郎石秀号称梁山好汉全体，其实是自己孤身一人劫法场，要救卢俊义，结果卢俊义和石秀被捉。

虽然失败告终，却吓坏了梁中书，他怕梁山不按牌理出牌，立即执行改为缓期执行，将石秀、卢俊义两人再次关入大牢。蔡福在狱中继续照顾卢、石二人。"把他两个做一处牢里关着，每日好酒好肉，与他两个吃，因此不曾吃苦，倒将养得好了。"

后来，梁山打破大名府，攻陷北京城，为了泄愤，开始了屠城行动。除了奸夫李固、淫妇贾氏，无辜的老百姓也被杀了不少。这时候，我们的监狱长蔡福站了出来，找到柴进。

蔡福道："大官人可救一城百姓，休教残害。"柴进见说，便去寻军师吴用。比及柴进寻着吴用，急传下号令去，休教杀害良民时，城中将及损伤一半。

由此可见，蔡福虽有贪婪的一面，也有大善的一面。

蔡福兄弟随后上了梁山，专管梁山杀人行刑的事情，几乎是荒废了自己的职业。

梁山英雄排座次时，蔡福排梁山泊好汉第九十四位，星号地平星。在征讨方腊攻打清溪州时，蔡福受重伤，医治不痊身死。后被追封为义节郎。

作为一个基层又有一定便利的小人物，生存不易。

有小便宜可占，也有大风险并存。精明和圆滑也是立足的根本吧。正义和善良只要不完全泯灭，关键的时刻，也许是救命的稻草。

097　一枝花蔡庆

夜话一枝花蔡庆之前,我们先来欣赏一段元曲。

南吕·一枝花·不服老
关汉卿

攀出墙朵朵花,折临路枝枝柳;花攀红蕊嫩,柳折翠条柔。浪子风流。凭着我折柳攀花手,直煞得花残柳败休。半生来折柳攀花,一世里眠花卧柳。

此曲描述了一个逍遥公子的浪子生活,令人艳羡。

北京大名府两院押狱铁臂膊蔡福的弟弟叫蔡庆。蔡庆是大名府专管牢狱的小押狱,也是个有名的刽子手。"生来爱带一枝花,河北人氏顺口都叫他做一枝花"。

行为决定心理。

如果现在遇到爱戴一枝花的男人,基本可以确定比较骚情,有点变态嫌疑。事实上,蔡庆却是一位浓眉大眼的"职业杀手"。

梁山群雄中喜欢带花的男人不止蔡庆一个。浪子燕青相貌出众,百伶百俐,"腰间斜插名人扇,鬓畔常簪四季花",是个"风月丛中第一名"的浪子班头。蓟州两院押狱兼行刑刽子出身的病关索杨雄,"鬓边爱插翠芙蓉",不爱女人爱武艺的粗人一枚。穷光蛋短命二郎阮小五"斜戴一顶破头巾,鬓边插朵石榴花,披着一领旧布衫"。

由此可见,在北宋,男人爱戴花这习惯,跟性情风流、出身贫富无关,应该是当时的一种时尚。这种时尚也许是延续到元朝,才有了元朝文艺大咖关汉卿的著名曲牌名:一枝花。

梁山人物中,还有一个有趣的现象:如果是兄弟两个,大多都是老大比较牛，唱主角，老二跑龙套。比如，宋江、宋清，穆弘、穆春，孙立、孙新，蔡福、蔡庆。只有一个例外，武大、武二，武二哥武松就牛得很了。

在营救卢俊义的过程中，露脸的都是蔡福，其实蔡庆在其中起到了非常关键的作用。

蔡福收了柴进的一千两黄金，并听了柴进的恐吓，吓坏了，回家与蔡庆商议对策，蔡庆之谋略令人叹服。书中描写如下：

蔡福听罢，吓的一身冷汗，半晌答应不的……

蔡福得了这个消息，摆拨不下。思量半晌，回到牢中，把上项的事，却对兄弟说了一遍。蔡庆道："哥哥平生最会决断，量这些小事，有何难哉！常言道：'杀人须见血，救人须救彻。'既然有一千两金子在此，我和你替他上下使用。梁中书、张孔目都是好利之徒，接了贿赂，必然周全卢俊义性命。葫芦提配将出去。救的救不的，自有他梁山泊好汉，俺们干的事便了也。"蔡福道："兄弟这一论，正合我意。你且把卢员外安顿好处，牢中早晚把些好酒食将息他，传个消息与他。"蔡福、蔡庆两个商议定了，暗地里把金子买上告下，关节已定。

次日，李固不见动静，前来蔡福家催并。蔡庆回说："我们正要下手结果他，中书相公不肯，已有人分付要留他性命。你自去上面使用，嘱付下来，我这里何难。"

从蔡庆的这番言行，可以看出他遇到事情有思路，做事有方法，对上级了解很清楚，深谙官场之道，当然吞金不吐骨头，八面玲珑，各方都有说辞，进退有路。怪不得蔡福遇事情要跟弟弟蔡庆商量，蔡庆是哥哥蔡福的参谋长啊。

有诗描述蔡庆："鬼头刀快手中抓，帽上斜插一朵花。饕餮生涯常饮血，蒙冤多少被君杀。"这样的一个官场小吏，心机之深，职场之人可以借鉴。

蔡庆上了梁山，重操旧业，做了梁山行刑刽子手，排梁山好汉第九十五位，星号地损星。

征方腊期间，经历那么多场腥风血雨的恶战，一枝花蔡庆却能全身而退，彰显出蔡庆的圆滑之功。回京后虽被封为武奕郎，但蔡庆跟随关胜仍回北京为民，可以说看透了世事，凸显了小人物的大智慧。

还是以元朝孙叔顺的一曲《南吕·一枝花·休官》来结束此文吧！

不恋蜗角名，岂问蝇头利？世情看冷暖，人面逐高低。闲是闲非，僻掉的都伶俐，百年身图画里。本待要快活逍遥，情愿待休官罢职。

看似浪荡、附庸风雅之人，谁能想到结局如此圆满！

098 催命判官李立

本文开篇，先不谈《水浒传》，从《西游记》中的一个故事开始。

全本《西游记》第九回至第十一回说：

唐朝高人袁守诚卜卦奇准，渔夫常带一条鱼作为卦钱占卜如何才能捕捉更多鱼虾。

泾河龙王为减少自己的鱼虾蟹鳖被捕捉，变化成人占卜次日天气，欲使袁守诚预卜落空，赶出长安，便私改降雨时辰、雨量点数，又以所占失准捣毁袁守诚卦铺。

袁守诚断言龙王因违玉帝敕旨将被唐丞相魏徵处斩，并让龙王向唐太宗求生路。

太宗梦龙王求情，许之，命魏徵入朝随侍下棋，使其不能斩龙。

魏徵在下棋打盹做梦期间，斩了泾河龙王。泾河龙王要唐王还命，整得唐王日夜不得安宁，最后重病而亡。在他死前，魏徵奏道："陛下宽心，臣有一事，管保陛下长生。"太宗道："病势已入膏肓，命将危矣，如何保得？"徵云道："臣有书一封，进与陛下，捎去到冥司，付酆都判官崔珏。"太宗道："崔珏是谁？"徵云道："崔珏乃是太上先皇帝驾前之臣，先受兹州令，后升礼部侍郎。再日与臣八拜为交，相知甚厚。他如今已死，现在阴司做掌生死文簿的酆都判官，梦中常与臣相会。此去若将此书付与他，他念微臣薄分，必然放陛下回来。管教魂魄还阳世，定取龙颜转帝都。"

李世民死后来到酆都阴司，崔珏跪拜路旁相迎。崔珏告知唐王，已经看了魏徵的信："魏人曹前日梦斩老龙一事，臣已早知，甚是夸奖不尽。又蒙他早晚看顾臣的子孙，今日既有书来，陛下宽心，微臣管送陛下还阳，重登玉阙"。进了"幽冥地府鬼门关"接受十殿阎王审查时，十王要看生死簿，审查李世民阳寿是

· 243 ·

否已终。崔判急转司房,将天下王国国王天禄总簿,先逐一检阅。只见南赡部洲大唐太宗皇帝注定贞观一十三年。崔判官吃了一惊,急取浓墨大笔,将"一"字添了两画,才将簿子呈上。阎王看后问:"陛下登基多少年了?"太宗道:"朕即位,今一十三年了。"阎王道:"陛下宽心勿虑,还有二十年阳寿。此一来已是对案明白,请返本还阳。"就这样,崔判官亲自把李世民送还了阳间,让他又多坐了二十年皇位。

故事中的崔珏,生前为官清正,据说能"昼理阳间事,夜断阴府冤,发摘人鬼,胜似神明"。死后当了阎罗王的首席判官,主管阴律司,赏善罚恶,管人生死,权冠古今,是驰名阴曹地府的头号人物。他左手执生死簿、右手拿勾魂笔,专门执行为善者添寿、让恶者归阴的任务。平常我们所说的判官大抵说的就是崔判官,主抓生死。

对梁山好汉李立的描述如下:"赤色虬须乱撒,红丝虎眼睁圆。揭岭杀人魔祟,鄷都催命判官。"因为李立在没有上梁山之前,在揭阳岭经营一家黑店,常用蒙汗药麻倒客人,继而谋财害命,故人称催命判官。他和混江龙李俊同霸揭阳岭,但并非亲兄弟,两人与揭阳镇的穆弘穆春兄弟、浔阳江的张横张顺兄弟合称揭阳三霸。

宋江刺配江州时,途经揭阳岭,李俊听闻消息,便在岭下等候,准备结识名扬山东的大咖,但却与宋江错过。宋江与两个公人因饥渴在李立的酒店里喝酒吃肉,李立让其先付钱,并看到宋江包裹沉重,料想金银不少,于是用蒙汗药麻翻三人,拉到人肉作坊,放到剥人凳上,等火家归来开剥。

出门在外,财不外露,宋江犯一大忌。

李俊等不到宋江,便返回岭上寻找李立喝酒。谈起生意,方知李立捉得三个行货。二人查看包裹中的公文袋才知是宋江。李立调了解药将宋江救醒后,提议让宋江留在揭阳岭,却被宋江婉言拒绝。后来宋江在江州题"反诗",遭黄文炳告发,与戴宗被判斩首。梁山群雄与揭阳镇三霸一行二十九人便在白龙庙聚会,救宋江、戴宗,大闹无为军后,李立随宋江入伙梁山。

李立上山后,日常工作就是在山南、山北开酒店,负责接引上山好汉、探听飞报军情,属于戴宗的信息处管辖。梁山英雄排座次时,李立排第九十六位,星号地奴星。

吴用智取大名府时，调拨八路兵马。李立隶属第六队，与曹正一同担任李逵的副将。梁山受招安后，李立随宋江南征北战，先后征讨辽国、河北田虎、淮西王庆、江南方腊，但并无突出战绩，属于跑龙套的角色。

唯一的一次露脸是，在征讨方腊时，李立随孙新、顾大嫂由小路摸上独松关，在关上放火，惊走贼军，并与汤隆合擒守将蒋印。但是，在胜利之前的清溪之战中，李立身受重伤，医治不痊而死。后被追封为义节郎。

李立生前绰号为催命判官，死后估计也是归真正的判官来左右阴间命运。作为梁山中开酒店谋生的诸多好汉之一，李立的行径可不是我们酒店人效仿的。

虽然我们地位不高，规规矩矩地开店做生意才是王道。

099 青眼虎李云

青眼虎李云有可能是北欧或者俄罗斯人后裔。

原因是他"面阔眉浓须鬓赤,双睛碧绿似番人。沂水县中青眼虎,豪杰都头是李云"。

眼睛碧绿之人大多分布在欧洲,俄罗斯东部和内蒙古东北部据说也有一些人眼睛碧绿。李云不仅眼睛碧绿,而且两鬓头发、胡须竟然是红色,其血统有混血的嫌疑,说其是个混血儿也不无道理。

梁山上非纯正汉人,疑似混血的也不少,比如:赤发鬼刘唐、紫髯伯皇甫端、铁笛仙马麟。

李云出道时任沂水县都头,行者二郎武松做过清河县的都头,二人职务相同。

都头是个什么东东?都头是捕快的头头,专管治安的,相当于治安大队队长。不过,北宋的都头可不是编制内的官员。

古代官吏不同,官是拿朝廷俸禄的,吃皇粮,相当于现在的公务员。吏,是官员私人聘请的,拿私人雇佣工资,不吃皇粮,编外人员,合同制临时工,最多是个事业编制,比如协警。官是随着升迁、贬谪流动的,作为"空降"的官,往往要依赖本地的吏,才可以开展工作,这里有相互依存的关系;而吏则仗着地头蛇的优势,可以创建许多的编外收入,"罚款不开票,吃拿加卡要",也是肥差。比如,郓城县步兵都头雷横就敢轻易拿晁盖给的银两,为此还跟刘唐干了一架。

能做都头,也非平庸之辈,能靠能力吃饭,绝不靠颜值。

李云就有一身好本事,打斗起来三五十人近不得身。李云由吏转匪,成为社团头目,皆拜自己徒弟所赐。他的徒弟是个开酒店的小老板——笑面虎朱富。

我们都知道了,朱富有个哥哥叫旱地忽律朱贵,是梁山的资深社团头目,三朝元老。李逵回乡接母不成母被虎吃，怒杀山中四虎，被请到大户曹太公家中饮酒，却遭到李鬼媳妇的指证，以致"草寇"身份泄露。曹太公设计灌醉李逵，用绳索将他绑住，并命人通报县衙。知县便命都头李云带三十个士兵前去押解李逵。

朱贵作为李逵下山的监管人，得到了消息，找弟弟朱富帮忙。果然是血缘关系近过江湖情谊，打仗亲兄弟，师傅先撇清。朱富设计陷害了师傅李云。兄弟二人在半路等候李云，假称为李云贺喜，用掺了蒙汗药的酒肉麻翻李云等人，将李逵救走。朱富良心未泯，担心李云因此获罪，有意请他一同上梁山入伙。他知道李云醒后必会追赶，便与李逵在路边等候。李云果然追来，挺朴刀与李逵交战，打斗五七回合不分胜败，最终被朱富隔开。朱富对李云晓以利害，请他同上梁山。李云知道回去也要吃官司，被逼同意到梁山落草。自此李云告别治安大队长的岗位，加入了社团组织。

梁山英雄排座次时，李云排第九十七位，星号地察星。李云竟比徒弟朱富的排名还低四位，更匪夷所思的是，堂堂治安大队长竟然被安排担任掌管监造诸事头领，负责起造修葺房舍，演绎了一出从治安大队长到包工头的悲壮转身之故事。

三败高俅时，李云随水军作战，并与汤隆、杜兴一同斩杀长史王瑾、船匠叶春。

梁山受招安后，李云随宋江南征北战，先后征讨辽国、河北田虎、淮西王庆、江南方腊，常与汤隆一同监造攻城器具。注意，又换身份了，兵械工程师，成万能工了。

征讨方腊时，李云随卢俊义破歙州，入城时正撞见突围的尚书王寅。他上前步战，却被王寅纵马踏死。死后和大多就义的地煞兄弟们一样被追封为义节郎。

李云的人生是丰富多彩的，身份转换得很快，但是每一次都是被动的。就像我们个别酒店人，很难左右自己的角色。不过，李云倒很坦然，适应能力很快，毕竟，生存和立足才是根本。

事在人为有时候也会转变成事逼人为。活着就要忍辱负重，哪怕老大看不起你。（宋江安排的排名，徒弟朱富比师傅李云高四位；岗位安排更是风马牛不相及。）

可以说，李云的心态和心胸是酒店人的榜样。

100 没面目焦挺

奥运会受万众瞩目。为了推广和提高金牌数量,日本一直致力于把他们的国技纳入奥运会比赛项目。

日本的国技就是相扑。

相扑是一种类似摔跤、以脚力为主要形式的徒手格斗之道。

据日本《相扑之始》一书说,日本的相扑最早出现于公元前二十三年,当时是民间用来占卜丰歉,向神祈祷、聆听神旨的祭神仪式。经过两千多年的发展,逐渐成为日本的一种民族竞技。南北朝时期,日本引进汉字时,将这种格斗称为"相扑"。相扑比赛中,两名仅系兜裆布的力士进行徒手格斗,当一方将另一方摔倒在地,或者是把对方推出比赛现场,那他就是胜利者。所以,我们见到的相扑高手大多膘肥体壮,体重惊人。

相扑是日本的国粹运动,之所以进不了奥运的殿堂,原因是国际奥委会认为所有的奥运竞赛项目都应该男女平等,但相扑在日本却是男性专属的运动,女性根本无法参加。不过,为了能够让相扑进奥运,日本相扑界最近也向女性开放相扑比赛。其实,相扑在中国秦汉时期已经出现,当时叫角抵、角力或素舞,南北朝到南宋时期改叫相扑。而女子相扑最早出现在中国。在北宋,女子相扑在当时堪称京城开封的一绝,是最能吸引看客眼球的一项娱乐表演。宋仁宗就因为爱好女子相扑,而被司马光上书《论上元令妇人相扑状》劝谏。什么运动如果当朝老大喜欢,民间学习参与之人就会多,就像宋徽宗喜欢蹴鞠。

北宋时期,河北中山府有一相扑世家,姓焦。祖传三代以相扑为生,相扑三十六路擒拿手纵横江湖。

到焦氏孙子辈,出个人物叫焦挺。可惜,焦挺没赶上好时候。宋朝四代皇帝宋仁宗喜欢相扑,主要是女子;到八代宋徽宗时改喜欢"蹴鞠"(足球雏形)了,结果就是高俅露脸了，而且还凭此做了国防部长。如果没人待见，好比空学了一身擒龙技却无处施展。焦挺性格比较冲，到处投亲靠友，却无人收留，可以说是混得六亲不认，只得流落江湖，山东、河北送他绰号：没面目。

后来，焦挺听说枯树山丧门神鲍旭人不错，欲去投奔，在路上遇到了个识货的，而且不打不相识，他就是黑旋风李逵。凌州团练使单廷珪、魏定国受蔡京推荐，准备征讨梁山泊，关胜想在半路拦截或攻打凌州让二人投降，宋江命他率宣赞、郝思文领兵征讨。李逵想去，宋江不准，于是偷跑下山准备立功。一路吃霸王餐，并砍死了欲投奔梁山的韩伯龙。

行不得一日，正走之间，官道旁边只见走过一条大汉，直上直下相李逵。李逵见那人看他，便道："你那厮看老爷怎地？"那汉便答道："你是谁的老爷？"李逵便抢将入来。那汉子手起一拳，打个塔墩。李逵寻思："这汉子倒使得好拳！"坐在地下，仰着脸问道："你这汉子姓甚名谁？"那汉道："老爷没姓，要厮打便和你厮打。你敢起来？"李逵大怒，正待跳将起来，被那汉子肋罗里只一脚，踢了一交。李逵叫道："赢他不得！"扒将起来便走。

由此可见，李逵的霸道，看看他就要跟人家干架，但是焦挺也不是瓢茬，属于好斗之人，并且功夫相当好，两招就打得李逵认栽，好汉不吃眼前亏，拔腿就跑，也是个孬种。梁山上能把李逵打服的不过三人：燕青、焦挺、张顺（水里）。可见，焦挺在单打独斗方面的修为极高，有独行侠客的气质。

后来焦挺得知挨揍的是梁山黑旋风李逵时，纳头便拜。李逵看他比较犀利，便招纳他到梁山入伙，焦挺欣然同意。李逵的胸怀还是值得赞的。二人前往枯树山，结识丧门神鲍旭，并在山下救了宣赞、郝思文，后协同关胜一同夺取了凌州。

梁山排座次时，焦挺排第九十八位，星号地恶星，职司为步军将校。两赢童贯时，焦挺在九宫八卦阵中守护中军帅字旗。梁山受招安后，焦挺随宋江南征北战，颇有战功。征讨辽国时，焦挺随鲁智深攻破太乙混天象阵中的太阳阵。征讨田虎时，焦挺与杨雄等人攻入威胜城晋王宫，使得伪太子田定闻变自刎。征讨王庆时，焦挺参与南丰之战，斩杀淮西军先锋刘以敬、上官义。在随宋江征方腊时，第一仗攻打润州，他就在乱军中被敌箭射中，又被马踏而死，同时死亡的还有宋万和陶宗旺，成为一百零八将中第一批死亡的将领之一。后被追封为义节郎。

焦挺的本领还是值得赞的，但由于自己的性格决定了他难以出彩。从他的绰号及梁山排位可见一斑。

一个人只有本事还不够，千万不要混得六亲不认，除非你不求人，要知道独行侠的日子很寂寞、很孤独。

101 石将军石勇

每个穷人家的孩子小时候都有个梦想：长大以后，能够做大官，光宗耀祖，做个将军什么的。可惜，大多人的梦想仅仅是梦想，实现将军梦的概率极小。不过，混个将军的绰号，过过嘴瘾也是极爽的。就好比石勇。

请看石勇的出场白：

> 小人姓石名勇，原是大名府人氏。日常只靠放赌为生，本乡起小人一异名，唤做石将军。为因赌博上一拳打死了个人，逃走在柴大官人庄上。

再看他的出场秀：

> 裹一顶猪嘴头巾，脑后两个太原府金不换扭丝铜环。上穿一领皂绸衫，腰系一条白搭膊；下面腿绷护膝，八答麻鞋。桌子边倚着根短棒，横头上放着个衣包。那人生得八尺来长，淡黄骨查脸，一双鲜眼，没根髭髯。

由此可推出石勇绰号来历：家穷，好赌，性格暴躁，一言不合就动手打人。家乡人惹不起，只有进行"语言贿赂"，给他戴个高帽，称呼他"石将军"。就像某市要求公务员只能相互称呼"同志"，不要称呼职务级别，不能搞"语言贿赂"，副职喊成正职，似有异曲同工之处。但是石勇对"石将军"这个称呼很受用，到处拿此炫耀，扬扬自得，甚是可笑，其实是心里的不自信，爱慕虚荣在作祟。

石勇虽然很穷，但很有心机，又很会伪装。自己在赌场打死了人，直接逃跑，找了一个庇护伞，那就是柴进。小旋风柴进依仗祖传的"丹书铁券"，庇佑了很多犯罪分子。就像电影《和平饭店》中演的一样，进了饭店，就安全了。河北沧州横海郡柴家庄就是司法真空，来这里，安全。现在的话来说，柴进属于严重涉黑。

石勇在柴进庄上白吃白喝四个多月，估计觉得不好意思，就想投奔第二个人——仗义疏财的宋江。石勇的脸皮像石头一样厚，不认识人家，有难就想去麻烦人家，人家跟你很熟吗？那时候，没有网络，不知道当时宋江已经犯事，"为事在逃"。石勇到了宋家村宋江家，见到了宋江的弟弟宋清。宋清很客气地说，三哥在白虎山孔太公庄上，你要结识他，就去找他，顺便帮我捎封家书。

其实，宋清的意思很清晰了，一个惹事的哥哥就够心塞了，你个杀人逃犯，就别给我宋家添乱了，赶快走吧。于是，石勇在宋家中住了一夜，第二天带着给宋江的信就继续跑路江湖了。

某天，一家酒店，石勇独自一人占个为数不多的大座头吃酒。谱摆得真大！一般情况下，一个人最多用个小座头即可。宋江、燕顺从对影山下来，欲往梁山行，也路过这家酒店。宋江人多，小座头坐不下。

宋江便叫酒保过来，说道："我的伴当人多，我两个借你里面坐一坐。你叫那个客人移换那付大座头与我伴当们坐地饮酒。"酒保应道："小人理会得。"宋江与燕顺里面坐了，先叫酒保打酒来："大碗先与伴当一人三碗，有肉便买些来与他众人吃，却来我这里斟酒。"酒保又见伴当们都立满在垆边。酒保却去看着那个公人模样的客人道："有劳上下，那借这付大座头与里面两个官人的伴当坐一坐。"那汉嗔怪呼他做"上下"，便焦躁道："也有个先来后到！甚么官人的伴当要换座头！老爷不换！"燕顺听了，对宋江道："你看他无礼么？"宋江道："由他便了，你也和他一般见识。"却把燕顺按住了。

只见那汉转头看了宋江、燕顺冷笑。酒保又陪小心道："上下，周全小人的买卖，换一换有何妨？"那汉大怒，拍着桌子道："你这鸟男女好不识人！欺负老爷独自一个，要换座头。便是赵官家，老爷也鳖鸟不换！高则声，大脖子拳不认得你！"酒保道："小人又不曾说甚么。"那汉喝道："量你这厮敢说甚么！"

做酒店的人如果遇到这样刁蛮、不讲情理的客人，估计心里面已经问候了他先人上百遍。生意不好，大桌不设最低消费，随你坐。生意好了，配合一下酒店，调换个位置，没准店家赠送个小菜什么的，也是可能的。而石勇就是一个这么惹人嫌的主，不但不配合，还装横。不过，如果酒保知道他的绰号，称呼他一声"石将军"而不是"上下"，结果会不会好一点呢？

燕顺听了，那里忍耐得住，便说道："兀那汉子，你也鸟强！不换便罢，没可得鸟吓他。"那汉便跳起来，绰了短棒在手里，便应道："我自骂他，要你多管！老爷天下只让得两个人，其余的都把来做脚底下的泥！"燕顺焦躁，便提起板凳，却待要打将去。

燕顺此刻的表现，就有侠客的风范了，整个梁山群雄中，除了鲁智深堪称大侠，燕顺绝对是梁山第二侠。路见不平，为弱者出头，为酒保出气，燕大侠够意思。作为酒店人读到此节，心中暖暖的。

宋江因见那人出语不俗，横身在里面劝解："且都不要闹。我且请问你，你天下只让的那两个人？"那汉道："我说与你，惊得你呆了！"宋江道："愿闻那两个好汉大名。"那汉道："一个是沧州横海郡柴世宗的子孙唤做小旋风柴进柴大官人。"宋江暗暗的点头。又问："那一个是谁？"那汉道："这一个又奢遮，是郓城县押司山东及时雨呼保义宋公明。"宋江看了燕顺暗笑。燕顺早把板凳放下了。那汉又道："老爷只除了这两个，便是大宋皇帝，也不怕他！"

石勇此时的言论就有点扯虎皮当大旗，给自己脸上贴金了。就像当今有些人，遇到大人物、名流，即使与人家是一面之交，甚至只是神交，也要装作熟得跟一奶同胞一样，无非是给自己装个面子。

其实，人家哪里记得你是哪根葱啊！不过，能让别人高度崇拜，甚至超过最大的大哥，当事人心中一定乐开花，宋江也不例外。

宋江听了大喜，向前拖住道："有缘千里来相会，无缘对面不相逢！只我便是黑三郎宋江。"那汉相了一面，便拜道："天幸使小弟得遇哥哥，争些儿错过，空去孔太公那里走一遭。"

此时的石勇，转变之快，绝对是一个出色的演员，《演员自我修养》一定是读了上百遍。接下来，石勇呈上宋清家书，宋江回家，让燕顺带石勇上梁山。

石勇凭借送一封家书，上了梁山，并最终做了梁山泊步军将校第十七名，排梁山英雄第九十九位，星号地丑星。不长胡子的男人，地丑星也符合他的气质。捎带一封信给自己带来了大碗喝酒、大口吃肉的快乐生活，石勇的确是大赚特赚了。

把别人嘱托的事情用心做好，不漫不经心，的确会给你带来好运，职场上更应该如此。用心做事的人，运气不会差。想一想，假如石勇把宋清的家书不当回事，弄丢了，结果会怎样？

不过，作为一个武功平平、社会底层的小混混，石勇上梁山后，也的确没有什么大表现。上山初期看守酒店，打仗时期跑龙套，基本没有任何功绩和建树。

跟宋江南征方腊攻歙州时，石勇为救青眼虎李云，被方腊手下尚书王寅一枪刺死，救人而死，也算荣光。

自己一拳打死别人，又被别人一枪刺死，这也许就是命运轮回。

石勇跟大多数牺牲的梁山兄弟一样，被朝廷追封为烈士——义节郎。

石勇这一辈子也算值了！

102　小尉迟孙新

孙氏哥俩，哥哥孙立、弟弟孙新，祖是琼州人氏，军官子孙。二人均长得一表人才，身长力壮，都善使鞭枪，江湖都把兄弟二人比作唐朝开国猛将尉迟恭。哥哥脸黄，人称病尉迟；二弟孙新，人称小尉迟。

尉迟恭，又称胡敬德，唐朝大将，其面如黑炭，一生戎马倥偬，驰骋疆场，屡立战功，与秦琼并称为中国两位传统门神。

兄弟二人有尉迟的称呼，可见功夫不一般。

哥哥孙立在军中位居提辖，因调来登州驻扎，弟弟孙新也携家带口跟随。

花开两朵，各表一枝。

书中说小尉迟孙新的功夫："全学得他哥哥的本事，使得几路好鞭枪。"可以说哥哥是亦兄亦师。

虽然如此，兄弟二人却性格迥然，朋友圈不交集。孙立热心仕途，官场得意。孙新热衷江湖纵横，喜欢结交黑道上的朋友，比如登云山邹渊、邹润叔侄。从理论上来讲，孙立军中做提辖，孙新依仗哥哥的地位，军中混个一官半职，排长班长啥的，应该也不难，可他却没有，而是跟老婆一起开了个夫妻店，前面卖酒肉，后台开赌场。

哥哥是军官，朋友是"草寇"，自己的老婆母大虫顾大嫂也是一个狠角色，可以说孙新在登州地界，黑白两道全吃得开。

《水浒传》中写孙新：

军班才俊子，眉目有神威。

鞭起乌龙见，枪来玉蟒飞。

胸藏鸿鹄志，家有虎狼妻。

到处人钦敬，孙新小尉迟。

有了保护伞的庇佑，开个地下赌场是很容易的事情。书中有云：

>乐和入进店内，看着顾大嫂唱个喏道："此间姓孙么？"顾大嫂慌忙答道："便是。足下却要沽酒？却要买肉？如要赌钱，后面请坐。"

吃喝赌一条龙，孙新的日子很是滋润。

好日子的破冰从亲戚开始。梁山集团最大的亲戚网就是登州帮。见书云：

>那一个小牢子把他两个带在牢里来。见没人，那小节级便道："你两个认得我么？我是你哥哥的妻舅。"解珍道："我只亲弟兄两个，别无那个哥哥。"那小牢子道："你两个须是孙提辖的兄弟？"解珍道："孙提辖是我姑舅哥哥。我不曾与你相会，足下莫非是乐和舅？"那小节级道："正是……"

>解珍道："你不说起孙提辖则休，你既说起他来，只央你寄一个信。"乐和道："你却教我寄信与谁？"解珍道："我有个房分姐姐，是我爷面上的，却与孙提辖兄弟为妻，见在东门外十里牌住。原来是我姑娘的女儿，叫做母大虫顾大嫂，开张酒店，家里又杀牛开赌。我那姐姐有三二十人近他不得。姐夫孙新这等本事也输与他。只有那个姐姐和我弟兄两个最好。孙新、孙立的姑娘，却是我母亲，以此他两个又是我姑舅哥哥。央烦你暗地寄个信与他，把我的事说知，姐姐必然自来救我。"

>……

>孙新道："便是那叔侄两个最好赌的邹渊、邹润，如今见在登云山台峪聚众打劫，他和我最好。若得他两个相帮助，此事便成。"

关系网大致如下：孙立、孙新的姑姑是解珍、解宝的母亲，四人是姑表兄弟；母大虫顾大嫂的母亲是解珍、解宝的姑姑，三人是姑表姐弟；顾大嫂是孙新的老婆；乐和的姐夫是孙立，也就是说乐和是孙立的小舅子；孙新的两个好友邹渊、邹润，是亲叔侄。

这关系够让人懵圈的吧。正是这种亲戚加朋友的圈子，打破了各自原有的生活。

解珍、解宝因争抢一只死老虎邀功被毛太公陷害入狱，乐和求姐夫的弟弟孙新解救。孙新与顾大嫂联络邹渊、邹润等一些好汉，并成功地策反了孙立一起造反。一行人劫了大牢，救出解家兄弟，杀了毛太公。之后又与梁山人马一起，打败祝家庄，投奔了梁山。

上梁山后，孙新在梁山和顾大嫂主持酒店事务，迎来送往，打探消息，属于梁山集团信息中心主任戴宗的下属。梁山英雄排座次时，孙新坐梁山第一百把交椅，星号地数星。一百，意味着圆满，看重亲情的孙新结局的确圆满。

受招安后，孙新夫妇参与了征辽和讨方腊，夫妻二人全身而退，活命归来，运气相当不错。孙新被封为武奕郎，进入了吃皇粮的队伍。

《水浒后传》里说，孙新追随李俊去了海外，李俊暹罗国封王后，孙新被封为宣尉使。

孙新的故事告诉我们：亲戚朋友圈，有时候可成就大事，有时候也成为累赘，关键是你如何看待亲情、友情和事业的关系，孰轻孰重，决定你人生的走向。

103　母大虫顾大嫂

小尉迟出门买卤菜，病尉迟有交代："卖菜的女人是老虎，遇见了千万要躲开！"走过了一村又一寨，小尉迟暗思揣："为什么老虎不吃人，模样还挺可爱？"病尉迟悄悄告诉弟弟：这样的老虎最呀最厉害！小尉迟吓得连声说："哥哥呀呀呀呀呀，坏坏坏，老虎已闯进我的心里来心里来！"

不错，开酒店卖卤牛肉的母大虫顾大嫂，真的闯进小尉迟孙新的心里来，二人成为结发夫妻，开了夫妻店。

顾大嫂，这个称呼很奇怪。她到底叫什么名字，不详。书中竟然连闺名也没有介绍，只知道她姓顾。如果随夫称呼，孙新排行老二，应该称呼她为顾二嫂或者孙二嫂。顾大嫂的由来有点莫名其妙，难道她嫁给孙新之前，曾经嫁过一个排行老大之人？抑或是她的行为像大姐大，嫁人之后改称大嫂？请大家自行脑补。

第二种可能性很大，她的行为配得上大嫂的称呼。

每个女孩花季之年都想成为大哥的女人，可是就有人不小心成为女人的大哥，说的就是母大虫顾大嫂。

顾大嫂是开酒店的，老板娘级别。现在的漂亮 MM 都喜欢开酒店。酒店地址就在登州城东门外，应该是位置不错。顾大嫂酒店经营两大板块：前面卖酒卖肉，后厅开设赌坊。

赌坊是一个是非之地，龙蛇混杂。即使如此，估计闹事地痞也不敢在顾大嫂酒店滋事。

原因有三：军中有人，她大伯哥孙立是登州提辖；黑道有友，登云山强盗头目邹渊、邹润是她老公的哥们；最后一条，她自己就是高手。解珍、解宝曾说："我那姐姐，有三二十人近他不得。姐夫孙新这等本事也输与他。"不需要前两点，只需最后一条，足够镇场子。

母大虫的称号不是白给的。这个豪气,有点像范爷:我就是豪门。但是顾大嫂的形象却是酱紫滴:

> 眉粗眼大,胖面肥腰。插一头异样钗环,露两臂时兴钏镯。红裙六幅,浑如五月榴花;翠领数层,染就三春杨柳。有时怒起,提井栏便打老公头;忽地心焦,拿石碓敲翻庄客腿。生来不会拈针线,正是山中母大虫。

画面是不是很美?

尤其是:有时怒起,提井栏便打老公头。可怜的小新新,是不是有种灰太狼经常挨红太郎平底锅揍的感觉。也许,小尉迟孙新就是喜欢这样的媳妇。爱情说不清楚,灰太狼为什么会喜欢红太郎。

女汉子的性子大多比较倔强、暴躁,但亲情味比较浓。顾大嫂的两个表弟解家的珍珍、宝宝打虎被陷害入狱,求乐和给她捎口信,并自信顾大嫂"必然自来救我"。果然不出二解所料,当她听完乐和的口信后,她是"一片声叫起苦来",这是着急,接着叫伙计"快去寻得二哥家来说话",这个"快"字可见她风风火火的泼辣劲,写出了她心急,更体现出顾大嫂对亲情的看重。孙新回来,夫妻二人商议决定劫狱救人,顾大嫂马上提出:"我和你今夜便去!"性格急躁跃然纸上。

最后二人联合了登云山邹氏叔侄,逼宫大伯哥孙立一起劫狱,投奔了梁山。

顾大嫂的逼宫戏演得好。

去请孙立之前,再三吩咐伙计:"只说我病重临危,有几句紧要的话,须是便来,只有几番相见嘱付。"孙立夫妇进屋看病人,"病人"顾大嫂却带着邹氏叔侄从外面进来,直言:"我害些救兄弟的病!""救甚么兄弟?""伯伯,你不要推聋妆哑!你在城中岂不知道他两个是我兄弟?偏不是你的兄弟?""今日事急,只得直言拜禀"。当孙立说"待我从长计议,慢慢地商量"时,她斩钉截铁地表示:"既是伯伯不肯去时,即便先送姆姆前行,我们自去下手。"

态度坚决,义无反顾。

为救自己表兄弟,她放弃了自己倾心打造的酒店,可以说倾家荡产,毅然决定上梁山落草,成为朝廷的通缉犯。这种魄力,就是男人也没有几个能做出来。她图什么呢?她什么也不图。她讲的就是"义气"和亲情。

在投奔梁山后，顾大嫂又以孙立女眷的身份打入祝家庄内，是宋朝版的《潜伏》，出色地扮演了"翠花"一角，和梁山其他好汉一起，里应外合攻破了祝家庄。

顾大嫂上梁山后与丈夫孙新开酒店，重操旧业，是梁山第一百零一条好汉。在南征方腊时，机智的顾大嫂全身而归，成为唯一幸存的女英雄。后被封为东源县君。

酒店中的女总瓢把子有时候比男人的运气会好些，毕竟心思缜密，机智温暖。

看看酒店中那些女汉子的英姿，有时候我们男人也会汗颜。

104 菜园子张青

天净沙二首

（一）

白菜萝卜冬瓜，

茄子豆角菜花，

大树十字坡下。

夕阳西下，

种菜人急回家。

（二）

光明寺院凶杀，

种菜凶手跑啦，

坡下劫道被打。

桃花运来，

入赘抱个夜叉。

以上是本人胡诌的两首小令天净沙。说的是梁山好汉菜园子张青的出身来历。

张青，孟州（今河南孟县南）人，菜农，因菜种得鲜亮，人送绰号：菜园子。

张青原在老家孟州的一座寺庙——光明寺给和尚种菜。张青也算是农民出身，可以说是梁山上除了九尾龟陶宗旺之外，第二个青年农民。年轻人大多性格比较暴躁，当然也包括青年农民张青。

张青因为一点小事和寺庙的僧人发生点摩擦，估计无外乎是菜种得好坏之类，结果一言不合，"性起把这光明寺僧行杀了，放把火烧做白地。后来也没对头，官司也不来问，小人只在此大树坡下剪径"。

张青这人也是心狠手辣，毁尸灭迹，颇有心机。

性格决定命运，工作的小船说翻就翻。

自己打破自己饭碗的张青，虽会种菜却失去了平台，技能再好，又能如何？为了生存只好步入歪门邪道，干起了拦路抢劫的"事业"。

抢劫也是看人下菜，否则明知干不过人家还要去抢，就是找死。当然，看走眼的结局也不咋地，张青除外。"忽一日，有个老儿挑担子过来。小人欺负他老，抢出去和他厮并。斗了二十余合，被那老儿一匾担打翻。原来那老儿年纪小时专一剪径。"欺老凌弱的张青栽了，遇到硬茬了，遇到抢劫的老油子了。

正可谓：人不可貌相，海水不可斗量。

抢劫也能带来桃花运，张青的运气不是一般的好。"因见小人手脚活便，带小人归去到城里，教了许多本事，又把这个女儿招赘小人做个女婿。"

女婿恶斗老岳父，犹如大水冲了龙王庙，一家不认一家人。

人生就像戏剧，剧情突然就峰回路转了。

天上掉下了个孙妹妹，而且岳父变师傅，张青半夜能笑醒。

本以为张青成家以后能痛改前非，好好过日子，可是近墨者黑，有个靠劫道起家的岳父以及耳闻目睹多年的老婆，怎么能说改就改呢！不但没有改，而且变得更阴，从明面转到地下了，打劫从劫财变成了财命双收了。

城里怎地住得？只得依旧来此间盖些草屋，卖酒为生。实是只等客商过往，有那入眼的，便把些蒙汗药与他吃了，便死。将大块好肉，切做黄牛肉卖，零碎小肉，做馅子包馒头。小人每日也挑些去村里卖，如此度日。

开黑店，发死人财，卖人肉包。卤人肉，不知道味道如何？香港影片《人肉叉烧包》想必受此启发。

但是，张青打劫也有原则，良心未完全泯灭。

小人多曾分付浑家道："三等人不可坏他：第一是云游僧道，他又不曾受用过分了，又是出家的人……第二等是江湖上行院妓女之人，他们是冲州撞府，逢场作戏，陪了多少小心得来的钱物。若还结果了他，那厮们你我相传，去戏台上说得我等江湖上好汉不英雄……第三等是各处犯罪流配的人，中间多有好汉在里头，切不可坏他。"

云游僧道放第一位，可以看出张青对当年一言不合，杀死光明寺僧人的后悔，定此规矩，也是忏悔的一种表现形式。

可惜，张青的老婆孙二娘却不以为然，完全把丈夫的话当作耳旁风。遇到两个僧人：一个侥幸逃过一劫，他就是鲁智深；一个游方头陀着了道，被当作黄牛消化了。（详细故事情节请关注下节：母夜叉孙二娘。）

张青的命运被他老婆打劫的"客户"——犯罪流配的武松改变了。武松为报兄仇，杀了暗恋他的亲嫂子潘金莲及她的情夫西门大官人，被他的上级法外开恩，异地关押，发配孟州服刑。武松由两名差仆押往孟州，路过张青的店吃肉喝酒。武松察觉出孙二娘不怀好意，原以为她要劫财，便佯装被麻醉，谁知她还要劫人，于是出手拿下孙二娘。

恰好此时张青挑一担柴归来，及时化干戈为玉帛。

不打不相识，二人互通姓名后均敬重对方，便结拜为兄弟。张青想乘机杀了两名差仆，为武松换得自由，但武松却以两名差仆待他不错不想连累曾经的同事而不肯，二人便于三天后分别。后来武松在鸳鸯楼报仇杀了人后，在孟州城外林中一间寺庙中因疲劳酣睡，却被张青店里的人当"黄牛"捉去，幸好张青认出是武松，及时救了他。数天后，武松被通缉得很紧，张青和孙二娘便把他伪装成六游头陀的模样，并推荐他上了二龙山投靠鲁智深和杨志。武松便拿了推荐信离开十字坡，加入了二龙山的队伍。鲁智深和武松的救命恩人张青后来也和孙二娘一起上了二龙山。

三山聚义打青州时，二龙山众头领加入梁山泊。上梁山后，张青参与多场战役，立了不少小功。

梁山英雄排座次时，张青坐上第一百零二把交椅，星号地刑星，司职打探声息、邀接来宾头领并负责管理西山酒店。征方腊歙州一役，神箭手庞万春射死了欧鹏，率军掩杀，宋江军败退，张青在乱军中战死。后追封为义节郎。

如果不是年轻，如果能忍，如果不冲动，张青也许会成为一个出色的菜农，不会走上一条不归路，也许这就是冲动的惩罚。

人，总要为自己的行为埋单。

张青的事业转型不值得提倡，虽然过程很精彩，但结局是意料之中的。

本分的生活也是人生一种选择，但是你要耐得住寂寞。

恒星虽然亮度不足，但是永恒；流星虽然璀璨，瞬间即逝。选择，决定了你的命运。

105　母夜叉孙二娘

刚敲出孙二娘三个字时，无端地想起正流行的民宿来。

因为民宿文化的始作俑者就是老板娘文化，虽然现在经过多方演绎和改良，大多民宿已经脱离了最初的本质，走起了纯商业的旅游运作模式，但是老板娘文化在某些民宿发源地还是存在的，比如宝岛台湾。

平心而论，某些企业，老板娘的本领甚至高过老板。

比如十字坡酒店的老板娘——母夜叉孙二娘。

提起孙二娘的身世，可以说：宝宝身世苦啊！

孙二娘自幼丧母，跟随父亲长大。

孙父绰号"山夜叉"，工作专一剪径，什么意思呢？靠打劫为生。

一个女孩家在这种单亲家庭里长大，秉承了父亲的性格和作风，江湖男人气比较浓，就连别人给她的绰号——母夜叉都沿袭了父亲的绰号。

一个女孩子家这种身世，到了出阁的年龄是比较苦恼的，谁家敢上门提亲哪！

幸好，他的父亲半道上给她捡了一个夫君，原来种菜的张青。

孙父教了张青武艺，二人成了师兄妹抑或是师姐弟，在相互学习武功的日子里产生感情也是必然的，这样的身份结为夫妻，水到渠成。

孙父去世后，二人在孟州道岭前十字坡大树下开了一家酒店，并可以歇息，有吃有住，这也算民宿的雏形吧。

但是，酒店经营什么呢？

很有特色，其他酒店基本上吃不到，可以说是独家经营：人肉包子。"大树十字坡，客人谁敢那里过？肥的切做馒头馅，瘦的却把去填河。"孙二娘不忘祖传职业，剪径谋财害命，并充分利用打劫的到手资源进行二次利用，胖子当作黄牛肉卖，瘦人当作水牛肉卖，碎肉做肉馅，卖人肉包子。

老婆这样干，老公不过问吗？作为老板娘强势的企业，老公的话可以忽略不计，尽管张青给她定了"三不杀"的基本原则（详见104菜园子张青）。

正可谓：不听老公言，吃亏在眼前。

彪悍的女汉子，不仅被人家调戏，还险些出大事。

因为她遇到了武松。

武松杀嫂报兄仇，被发配孟州异地服刑，途经十字坡大酒店。看到的情景是：

> 早望见一个酒店，门前窗槛边坐着一个妇人，露出绿纱衫儿来，头上黄烘烘的插着一头钗环，鬓边插着些野花。见武松同两个公人来到门前，那妇人便走起身来迎接。下面系一条鲜红生绢裙，搽一脸胭脂铅粉，敞开胸脯，露出桃红纱主腰，上面一色金钮。见那妇人如何？
>
> 眉横杀气，眼露凶光。辘轴般蠢坌腰肢，棒槌似桑皮手脚。厚铺着一层腻粉，遮掩顽皮；浓搽就两晕胭脂，直侵乱发。红裙内斑斓裹肚，黄发边皎洁金钗。钏镯牢笼魔女臂，红衫照映夜叉精。

见到如此衣着艳丽，妖冶风骚，敞胸露怀的女子，哪个男子不蠢蠢欲动？如果再主动迎客，怎能挪得动脚步离开。

> 当时那妇人倚门迎接，说道："客官，歇脚了去。本家有好酒好肉，要点心时，好大馒头。"

都露胸了，还好大馒头。

两个公人和武松入到里面，一副柏木桌凳座头上。

柏木桌凳？放到现在那是相当值钱的桌椅哦。

琐碎不表，我们来看看闷骚男武松是如何调戏孙二娘的。

孙二娘上了酒肉馒头后。

> 武松取一个拍开看了，叫道："酒家，这馒头是人肉的？是狗肉的？"那妇人嘻嘻笑道："客官休要取笑。清平世界，荡荡乾坤，那里有人肉的馒头、狗肉的滋味？自来我家馒头，积祖是黄牛的。"武松道："我从来走江湖上，多听得人说道：'大树十字坡，客人谁敢那里过？肥的切做馒头馅，瘦的却

把去填河。'"那妇人道:"客官那得这话!这是你自捏出来的。"武松道:"我见这馒头馅内有几根毛,一象人小便处的毛一般,以此疑忌。"武松又问道:"娘子,你家丈夫却怎地不见?"那妇人道:"我的丈夫出外做客未回。"武松道:"恁地时,你独自一个须冷落。"

看到此处对话,笔者对打虎英雄武松的看法直接毁三观。

一个正经的客人是不会如此用话撩妹的,对女子说出"小便处的毛一般",从最初的称呼酒家到娘子,再到"你独自一个须冷落",充分说明武松摆明了是想撩妹,吃饭喝酒倒是其次。

这也说明,每一个正常男子,见到风骚女子话就明显的多。通过打虎英雄武松的表现印证四个字:英雄本色。

如果武松戏耍的是一弱女子也罢了,母夜叉如何受得了这样的侮辱。

  那妇人笑着寻思道:"这贼配军却不是作死,倒来戏弄老娘!正是灯蛾扑火,惹焰烧身。不是我来寻你。我且先对付那厮!"

接下来就是上蒙汗药酒了,当然机智的武松骗过了孙二娘,装晕,意图让孙二娘亲自来剥他。

  那妇人一头说,一面先脱去了绿纱衫儿,解下了红绢裙子,赤膊着便来把武松轻轻提将起来。武松就势抱住那妇人,把两只手一拘,拘将拢来,当胸前搂住。却把两只腿望那妇人下半截只一挟,压在妇人身上。那妇人杀猪也似叫将起来。

好吧,武二哥,I 服了 YOU,说什么不近女色,说什么不喜欢自己嫂子,碰到孙二娘,你的行为如何解释?为嘛搂人家的胸?为嘛压人家的腿?光天化日,朗朗乾坤,你想做甚?

人家孙二娘主动撩你了吗?人家是母夜叉不是母老虎,你打虎英雄何时变成打夜叉英雄了?

正要发生男子喜欢看的剧情时,SORRY,人家老公回来了。

接下来的故事不表了,不打不相识,武松和孙二娘的老公张青结为兄弟,孙二娘变成武松的嫂子。

相信武二哥,落寞的时候一定会念叨:最好吃的莫过饺子,最好看的莫过嫂子。

不过，武松这个嫂子对他真不错，为了结义小叔子武松，她舍弃自己的酒店，带着老公上二龙山落草，最终同归梁山。

孙二娘坐梁山第一百零三把交椅，星号地壮星。和丈夫张青一起担任梁山驻西山酒店迎宾使兼消息头领，迎来送往，打探消息。

后来随宋江征讨方腊攻打清溪县时，孙二娘被杜微飞刀打中，阵亡。后被追封为旌德郡君。

作为老板娘做黑店生意，胆子也是贼大了。现在的酒店创业老板娘也是越来越多，可以靠颜值或才华吸引客户，若是走其他门道，还是免了罢，毕竟久在河边走，怎能不湿鞋。

106 活闪婆王定六

曾经美女最爱说的一句话：我要瘦成一道闪电，照亮所有的胖子。

结果却是：本来准备瘦成一道闪电，亮瞎你们的眼，结果却胖成了坚果墙，挡住了你们的视线。

闪电有多瘦，谁也不知道。但是闪电的速度，也就是光的速度，学过物理的人应该知道。好吧，是需要脑补的时候了。

真空中的光速是一个重要的物理常量，国际公认值为 $c=299792458$ 米/秒。

You know? Ok.

形容人跑得快，也用闪电，比如牙买加选手博尔特，在伦敦奥运会以9秒63的成绩打破百米奥运纪录夺冠，就被誉为"黑色闪电"。

梁山好汉中也有个人有类似的称呼，他就是活闪婆王定六。有诗赞曰：

蚱蜢头尖光眼目，鹭鸶瘦腿全无肉。

路遥行走疾如飞，扬子江边王定六。

王定六在家中排行第六，因为走跳得快，人人都唤作活闪婆王定六。走跳得快，估计有点类似110米栏，会快走，而且还要跳，参照刘翔。活闪婆的绰号就有闪电的意思了。因为在江淮一代"活闪"即"霍闪"，就是闪电的意思。而王定六就生活在扬子江边，金陵附近。婆，理论上是名女子，但六哥是个爷们。不过，扬子江霸主扬子鳄有个别称：猪婆龙。扬子鳄的体形细小，动作敏捷，与王定六比较相似，故王定六的绰号"活闪婆"就说得过去了，当然，通俗一点就是：闪电鳄鱼。王定六的快全靠自己身形灵巧，与神行太保戴宗依靠法术——甲马不同。

王定六"平生只好赴水使棒，多曾投师，不得传受，权在江边卖酒度日"。由此可见，王定六是一个有梦想的人，想学本领，可惜没高人传授。梦想还要照进现实，生存更重要。六哥只好在江边开个酒吧，挣几个江边游客的钱，卖酒度日。

直到有一天深夜，一位不速之客闯进他的酒吧。

宋江率军攻打北京城救卢俊义未果，背部鏊了一样赤肿起来，晁盖托梦说江南地灵星可治。张顺识得建康府安道全，带一百两蒜条金去请神医。不料在渡江时中了梢公张旺的暗算，被扔进扬子江，银两也被全部劫去。他仗着高超的水性，从江里逃脱，到了王定六的酒店中。

王父一眼看出，问道："你莫不是江中被人劫了，跳水逃命的么？"

二人在聊天中得知张顺从山东来。

老丈道："你从山东来，曾经梁山泊道？"

张顺道："正从那里经过。"

老丈道："他山上宋头领不劫来往客人，又不杀害人性命，只是替天行道。"

张顺道："宋头领专以忠义为主，不害良民，只怪滥官污吏。"

老丈道："老汉听得说，宋江这伙端的仁义，只是救贫济老，那里似我这里草贼。若得他来这里，百姓都快活，不吃这伙滥官污吏薅恼。"

张顺听罢，道："公公不要吃惊，小人便是浪里白跳张顺……"

老丈道："你既是那里好汉，我叫儿子出来和你相见。"

王定六的父亲，知道儿子的梦想，想学本领，成为一名好汉，时刻惦记在心上，处处为他留意。

因为他知道：梦想能否实现，关键是看跟谁在一起共事。

梁山那么多本领高强之人，如果能让儿子跟随他们，儿子平生只好赴水使棒的梦想基本就实现了。

当得知张顺的身份之后，果断让儿子出来与张顺结识。

王定六得知张顺被劫，便主动要求为其报仇，并邀请张顺多住几日。

张顺道："感承哥哥好意。我为兄长宋公明，恨不得一日奔回寨里。只等天明便入城去，请了安太医回来相会。"王定六把自己衣裳都与张顺换了，杀鸡置酒相待，不在话下。

次日天晴雪消，把十数两银子与张顺，且教入建康府来。

素昧平生，初次见面，王定六就拿出衣裳与十数两银子给张顺，再次说明王定六为人坦诚，不设防，也想通过张顺实现自己的梦想。

可万一张顺是个骗子呢？

幸好，王氏父子眼光不错，张顺没有辜负信任。

张顺请出安道全后，又在王定六的协助下杀死张旺，报了江中之仇。王定六便带着父亲，抛弃酒店，随张顺上了梁山。

梁山排座次时，王定六排第一百零四位，星号地劣星，与催命判官李立一同担任梁山驻北山酒店迎宾使兼消息头领。

王定六上梁山后，本领应该有所长进，随宋江南征北战立了不少功劳，苦劳也不少。

攻打东平府时，王定六与郁保四去劝降守将董平，却被董平各打二十讯棍，赶出城外。

征讨辽国时，王定六曾随水军作战，后辅佐赵安抚，留守檀州。

征讨田虎时，王定六随琼英诈取威胜城，并与郁保四等人将田豹、田彪解送到襄垣。

征讨王庆时，王定六随军攻破山南州，乱军中活捉守将段二。

南丰之战中又杀死伪统军毕先。

厉害了我的六哥。

可惜的是征讨方腊时，王定六随卢俊义打宣州，夺取城门时被药箭射中而亡。后被追封为义节郎。

人，要有梦想，并想尽办法去实现自己的梦想。

王定六平生只好赴水使棒，多曾投师，不得传受，这种梦想受挫的煎熬，逼着他选择一条人生不归路。

人为了梦想都在赌，万一功成名就了呢？

假如王定六没有战死，最终封官晋爵了呢？

人终究一死，但王定六为了梦想而死，值得肯定。

107　险道神郁保四

每一次的奥运会开幕式，各国代表团的旗手都是最引人注目的，因为他们扛的不是旗，扛的是传说。

我们来看一下从 1984 年至 2016 年奥运会开幕式中国代表团的旗手。

1984 年洛杉矶奥运会，男篮中锋王立彬，身高 2.02 米。

1988 年汉城奥运会，男篮中锋宋涛，身高 2.08 米。

1992 年巴塞罗那奥运会，男篮中锋宋力刚，身高 2 米。

1996 年亚特兰大奥运会，男篮大前锋刘玉栋，身高 1.98 米。

2000 年悉尼奥运会，男篮大前锋刘玉栋，身高 1.98 米。

2004 年雅典奥运会，男篮中锋小巨人姚明，身高 2.26 米。

2008 年北京奥运会，男篮中锋小巨人姚明，身高 2.26 米。

2012 年伦敦奥运会，男篮中锋易建联，身高 2.13 米。

2016 年里约奥运会，花剑选手雷声，身高 1.93 米。

纵观这么多旗手，他们有一个共同特点：高！实在是高！中国人自古至今都喜欢高人做旗手，仿佛只有这样方能展现我泱泱大国的风采。比如：专一把捧帅字旗的梁山好汉郁保四，身长一丈，注意是用的长不是高。

一丈是多长？大家自行脑补一下。

宋朝：1 丈 =10 尺，1 尺 =30.7 厘米（又说 1 尺 =23.3 厘米）。

郁保四身长一丈，按第一种说法约 307 厘米，即 3.07 米，姚明才 2.26 米。不过，郁保四的身高有待商榷，小说中的人物都带有夸张成分。据多方查证，第二种说法郁保四约 2.33 米，跟姚明不相上下，这才靠谱。

郁保四，青州（今山东省益都县）人，强盗出身，身长一丈，腰阔数围，人称险道神。

107 险道神郁保四

有诗赞曰：

不好资财惟好义，貌似金刚离古寺。

身长唤做险道神，此是青州郁保四。

郁保四在青州地界就是个地头蛇，手下积聚二百多个小弟，也算是个人物。

梁山段景住和杨林、石勇在北方买了二百多匹好马，回来时在青州被险道神郁保四给盯上了，郁保四就组织二百多人给抢去了，然后作为厚礼解送往凌州西南的曾头市。

不仅如此，杨林、石勇给冲击得都散了，只有金毛犬段景柱像猎狗一样跑回梁山报信。

梁山与曾头市有血海深仇，第二任总经理晁盖不久前曾因为一匹马征讨曾头市，却被曾头市的习武教师史文恭用毒箭射中而死，代理总经理宋江还沉浸在"悲痛"之中，今又听闻有人劫夺战马，给曾头市进贡，不禁大怒，便亲自率大军攻打曾头市。

宋江兵分五路，几经交战，曾头市损兵折将，无奈，曾长官只得求和。宋江索要被劫马匹及郁保四，可怜的郁保四被当作停战协议的砝码给送过来了。估计此时的郁保四心里的阴影面积犹如大草原一样，心中连声咒骂曾长官。

就好比职场，有人提着重礼谋求靠山或高升，收礼者欣然收下，结果有人举报，抵不住压力，不但礼物退回，送礼的也被当作罪魁祸首给交了出来，你说送礼的什么心情。

谁让你郁保四木匠戴枷锁呢？

四海漂泊的人，每人都想停靠一个繁华的码头。但是不能只看表面的繁花似锦，码头选择不对，即使你带再多的"投名状"，也不会成为人家的不可或缺的核心，当需要你去顶雷或堵枪眼的时候，你马上就会成为顶雷的或堵枪眼的人选。

宋江、吴用审时度势，决定采用无间道计划，先是派时迁、李逵等五人到曾头市为人质，然后劝降郁保四。

暗地里叫出郁保四来，用好言抚恤他，十分恩义相待。说道："你若肯建这场功劳，山寨里也教你做个头领。夺马之仇，折箭为誓，一齐都罢。你若不从，曾头市破在旦夕。任从你心。"郁保四听言，情愿投拜，从命帐下。

吴用授计与郁保四道："你只做私逃还寨，与史文恭说道：'我和曾升去宋江寨中讲和，打听得真实了。如今宋江大意，只要赚这匹千里马，实无心讲和。若还与了他，必然翻变。如今听得青州、凌州两路救兵到了，十分心慌。正好乘势用计，不可有误。'他若信从了，我自有处置。"

此时的郁保四没有退路，好心巴结求助的人原来是个大坑，突然自己得罪的人宽宏大量扔了条绳子救他出来，还许诺给他个头领，好酒好肉分享。江湖人都有对比，自此，郁保四死心塌地地效忠宋江。

郁保四回曾头市，自称是私自逃回，按吴用教的如此这般说了一遍，曾长官对此深信不疑，让史文恭率人前去劫寨。宋江则趁曾头市空虚，在郁保四、时迁等人的里应外合下，攻破曾头市。最终，曾长官自缢而死，史文恭等人全部被杀。

郁保四上了梁山，攻打东平府时，郁保四因认识守将董平，与王定六一同前去劝降，却被董平各打二十讯棍，赶出城外。虽然如此，说明郁保四人脉还行，可惜不是对等的人脉，级别层次不够，别人不但不把他当棵葱，还羞辱了他。

认识多少人是很好，多少人认可你才重要。

不要以为你认识的人很牛，就给你面子，做事之前，先掂量一下自己的重量；否则，遇到那些没有修养的"董平"，羞辱了自己还连累了别人，得不偿失。

梁山排座次时，郁保四排第一百零五位，星号地健星，担任掌管监造诸事头领，负责把捧帅字旗。两赢童贯时，郁保四在九宫八卦阵中居于中军，负责把守"替天行道"杏黄旗。屡屡受挫的郁保四终于在梁山上找到了自己的位置：我就是为这个旗手而生的。

征讨田虎时，宋江被乔道清以妖术困于昭德城外，麾下仅剩郁保四等七人，而且郁保四虽身中两箭，仍牢牢捧着帅字旗，紧随宋江左右。敌军见帅旗未倒，也不敢胡乱上前。

这时候，凸显了郁保四的优良品质：士为知己者死。

征讨方腊时，郁保四随军攻打清溪县，被杜微用飞刀杀死。

后追封为义节郎。

从强盗到国家认可的烈士；从不被重视的交易砝码到被人认可，郁保四用生命告诉我们：谁才是你值得追随的人。

108　白日鼠白胜

老鼠，作为曾经的"四害"之一，估计没有多少人喜欢，"过街老鼠，人人喊打"，可见在当今老鼠的地位是多差。

美国电影艺术家沃特·迪斯尼于1928年创造了智勇双全、仗义"鼠"才的"米老鼠"卡通形象以后，老鼠才变得可爱了一些。

其实，在中国传统文化中，鼠在人们心目中的地位并不像自然界中"人人喊打"的鼠那样，相反，人们对鼠还深怀敬佩之意。

在十二生肖中，鼠排首位，十二生肖配十二地支，故称子鼠。

古历中子鼠预示着一个轮回的开始。

古人祈求生命繁衍、子孙兴旺，因鼠繁殖力强，便在新婚夫妻的窗上贴上"老鼠上灯台""老鼠偷油"等题材的剪纸，这也是敬奉子鼠的一种表现。

人们还认为鼠性通灵，仁义智慧，能预知吉凶灾祸。

如《广异记》云："崔巍，其宅有鼠，数百头于庭中，两足行，口中作呱呱声，家人无少长，尽出现，其屋轰然而塌。"

说的是一个叫崔巍的家里，出现了数百只老鼠在院里，而且是两脚站立行走，口中还发出呱呱的声音，家里老少全都从屋里出来看稀奇，随后房子坍塌。

相当于老鼠救了他们一家。

现在，人们常用"比老鼠还精"来形容某人精明、机灵。

老鼠大多是夜行，白天出没的"白日鼠"是不是更聪明呢？

梁山上有个小角色白胜，他的绰号就是"白日鼠"。

白胜的出现是从晁盖嘴里说出来的：

　　黄泥冈东十里路，地名安乐村，有一个闲汉，叫做白日鼠白胜，也曾来投奔我，我曾赍助他盘缠。

这句话说明白胜平时游手好闲，家境不好。

这样的人很容易被金钱利诱。

当朝太师蔡京过寿，女婿梁中书搜刮金银珠宝作为生辰贺礼派杨志押送回京，消息被刘唐、公孙胜获悉，联络晁盖劫取。

晁盖召集吴用、阮氏三兄弟并刘唐、公孙胜七人在郓城县东溪村晁盖家中聚义协商如何行事。

公孙胜说，运送生辰纲的人马将经过黄泥冈的大路，晁盖便想起了白胜家就在那里，吴用说可以将之作为打劫的窝点。

此前晁盖梦见北斗七星坠在屋脊上，斗柄上另有一颗小星，化道白光去了。当时聚义的人数刚好七人，因此正应了"七星聚义"，白光对应白胜。

在晁盖的利诱下，白胜参与了智劫生辰纲的大案，并扮演了一个非常重要的角色，而且演出很成功。

杨志等人经过黄泥冈时，众人又累又渴，然而老江湖杨志以该地会有强人出没，不准他们休息，且态度简单粗暴，引起了下属的强烈不满。正在争执之时，他们发现一群"卖枣客商"在对面歇息，杨志便放松了警惕，与众人一起坐下休整。

这时候，主角出现了！

只见远远地一个汉子，挑着一付担桶，唱上冈子来，唱道：

"赤日炎炎似火烧，野田禾稻半枯焦。

农夫心内如汤煮，公子王孙把扇摇。"

那汉子口里唱着，走上冈子来，松林里头歇下担桶，坐地乘凉。众军看见了，便问那汉子道："你桶里是甚么东西？"那汉子应道："是白酒。"众军道："挑往那里去？"那汉子道："挑出村里卖。"众军道："多少钱一桶？"那汉子道："五贯足钱。"众军商量道："我们又热又渴，何不买些吃？也解暑气。"

杨志以提防蒙汗药为由喝止，不让下属购买饮用。

那挑酒的汉子看着杨志冷笑道："你这客官好不晓事，早是我不卖与你吃，却说出这般没气力的话来。"

接下来那七个"贩枣客商"假装要买酒，白胜假装不愿卖，配合演了一出好戏，杨志等人上当，中了计，喝下了蒙汗药酒，丢了生辰纲，逼得杨志上二龙山落草。

中计过程，书中有交代：

> 却怎地用药？原来挑上冈子时，两桶都是好酒，七个人先吃了一桶，刘唐揭起桶盖，又兜了半瓢吃，故意要他们看着，只是叫人死心塌地。次后，吴用去松林里取出药来，抖在瓢里，只做走来饶他酒吃，把瓢去兜时，药已搅在酒里，假意兜半瓢吃，那白胜劈手夺来，倾在桶里。

在这个过程中，白胜起到了至关重要的作用，为晁盖等七人成功打劫生辰纲立下汗马功劳。当晁盖七人用车装走金银财宝时，白胜仅仅分了一包金银，而且还没有享受到金银带来的实惠，就被抓走，挨了多次皮肉之苦。

白胜夫妇被抓后，府尹对其施以酷刑，又说官府已经知道事情与晁盖有关，白胜打熬不过，只得招认自己和晁盖参与了此事，但说不认得另外六人。后来郓城县押司宋江在官府捉拿晁盖之前，向晁盖报信，又有朱仝、雷横的配合，使得晁盖等人得以逃出。但是有两个庄客仍然被捉拿，并供出了吴用等六人的大致情况。于是府尹又把白胜拿出拷打，白胜没法，只能把七人姓名、绰号以及三阮的住处都说出。

白胜还落了个叛徒的名声。

上梁山后的晁盖提出要将他救出来，吴用便派人买通牢里的人，白胜方才脱身上了梁山。

在梁山上，白胜虽然地位不显著，却参与了很多行动。大聚义时排名一百零六位，星号为地耗星，担任走报机密步军头领。

南征方腊攻打独松关时，白胜与时迁一起捉住了独松关守将卫亨。打到杭州时，杭州瘟疫横行，白胜与其他五员将领一同病倒，后来病故。后被朝廷追封为义节郎。

出门在外，酒不要乱喝。

利益诱惑，且不可盲从。

109 鼓上蚤时迁

故跖之徒问于跖曰:"盗亦有道乎?"跖曰:"何适而无有道邪!夫妄意室中之藏,圣也;入先,勇也;出后,义也;知可否,知也;分均,仁也。五者不备而能成大盗者,天下未之有也。"

——《庄子·外篇·胠箧第十》

大意为:盗跖的门徒请教跖:"师傅您说,强盗是不是也有自己的道(规矩、法度)呢?"跖回答说:"哪儿能没有道呢!揣度某家中有无或有多少、有什么样的财宝,这叫圣明;行盗时抢先入室,甘冒风险,这叫勇敢;得手后撤离,走在后边,负责断后,这是讲义气的表现;知道可做不可做,这叫智慧;有了赃物,分配平均,这叫仁德。没有这五条修养而想成为有头有脸的大强盗,普天下是找不着这样的例子的。"

君见否?有这么一个人,盗贼出身,却被尊为"贼神菩萨",很多地方还建有庙宇,对他加以供奉。他就是鼓上蚤时迁。有诗赞曰:

骨软身躯健,眉浓眼目鲜。

形容如怪族,行步似飞仙。

夜静穿墙过,更深绕屋悬。

偷营高手客,鼓上蚤时迁。

时迁是高唐州人氏,以偷盗为业,善飞檐走壁,人称鼓上蚤。请注意:蚤不是跳蚤的蚤。蚤,是指鼓边上起固定鼓皮作用的铜钉,取其身小而善于钻入的意思。

时迁曾在蓟州府吃官司,被蓟州两院押狱杨雄救下。

杨雄的老婆潘巧云劈腿淫僧裴如海,给杨雄戴了绿帽子。杨雄伙同义弟石秀在翠屏山杀死潘巧云后,欲投奔梁山入伙。

时迁当时正在山中盗墓，恰好目击全部过程，便趁机现身，要求同上梁山。

如果时迁文化水平高，写出时迁版《盗墓笔记》，不知道是否好看。

三人途经祝家庄时，因时迁偷吃店家报晓公鸡，发生争执，石秀又放火烧毁客店，惹怒了祝家庄。三人逃跑时误入埋伏，时迁被祝家庄庄客用挠钩活捉。

杨雄、石秀通过扑天雕李应索要时迁不果，赶赴梁山求援。宋江三次用兵，终于在孙立的卧底帮助下，攻破祝家庄。时迁被救出，便随宋江等人上了梁山。之后宋江让他去帮助石勇，经营北山酒店。

一个人有特殊技能，如果没有大平台支撑和展现，将是非常可惜的。时迁就是为大场面而生的，他在梁山上立下无数功勋。

呼延灼指挥连环甲马征讨梁山，令梁山军队陷入苦战。汤隆推荐表兄徐宁，称他的钩镰枪可破连环马，并供出徐宁有家传之宝"雁翎砌就圈金甲"，爱逾性命。军师吴用便让时迁前往东京，到徐宁家中盗宝甲，以此诱徐宁上山。

时迁的特殊技能在此展现得淋漓尽致。

时迁先到徐宁家附近踩点，而后经过望风、隐藏、潜伏、换位、吹灯、盗甲、口技等一系列步骤，神不知鬼不觉地盗出宝甲。他将宝甲交给前来接应的戴宗后，又配合汤隆，成功地将徐宁赚上梁山。徐宁向梁山军传授钩镰枪法，果然大破连环马。

时迁首功一件。

攻打大名府时，时迁潜入城中为内应，并一针见血地指出孔明、孔亮兄弟伪装乞丐的漏洞。而后，他躲进翠云楼，按约定放火为号，指引梁山军发起总攻。

夜打曾头市时，时迁奉命查探敌情，将曾头市备细摸得一清二楚。宋江假意与曾头市谈和，时迁又与李逵等人到曾头市作人质，被关押在法华寺中。他爬上钟楼，撞钟为号，与梁山军里应外合，攻破曾头市。

如此大功，却在梁山排座次时，仅排第一百零七位，星号地贼星，倒数第二位好汉，与铁叫子乐和、金毛犬段景住、白日鼠白胜一同担任军中走报机密步军头领。

当功劳与地位严重倒挂之时，你选择怎么办？找领导闹情绪，摆功劳，找平衡，还是消极怠工？职业经理人请看过来，时迁怎么做的？

三败高俅时，时迁又与段景住潜入济州，烧毁济州城楼与城西草料场。

征讨辽国时，时迁与石秀潜入蓟州城，藏身于宝严寺。他在塔上、佛殿、山门连放三把大火，只烧得城中百姓"家家老幼慌忙，户户儿啼女哭，大小逃生"。

征讨田虎时，时迁与石秀扮作北军，混入盖州城为内应，并放火烧毁草料场。

征讨方腊时，时迁等随孙新、顾大嫂由小路摸上独松关，在关上放火，并与白胜合擒守将卫亨。卢俊义大战昱岭关时，他又独自摸上昱岭关，先放火，后放炮，并虚张声势，惊扰敌军，吓得守将庞万春等人"魂不附体，只管跌脚"，使得卢俊义顺利夺取关口。

平定方腊后，时迁随军班师，屯驻杭州时患搅肠痧而死。

绞肠痧，又称干霍乱，因饮食不洁或感受瘴气，秽浊闭塞肠胃所致，症状："欲吐不吐，欲泻不泻，心腹大痛。"

想不到，招安后，为国家立了无数功勋，在返程授奖之时却死于疾病，不得不令人扼腕叹息。

时迁同大多数兄弟一样被追封为义节郎。

时迁的功劳和地位是严重不匹配的，大概是因为出身所致。头顶上小偷的标签影响了他的地位，但是却没有掩盖他的光环。水浒一百零八将七十二地煞星之中，能让人推崇并熟知的，除了时迁，真的没有其他人。

从另一个角度来看，小偷这个标签还是不要被贴上，毕竟为人所不齿，即使你费尽九牛二虎之力刷白，也是事倍功半。

但是，时迁对待功劳和地位的态度还是值得我们学习和肯定的。

110　金毛犬段景住

金毛犬，对于爱狗人士来讲，是不陌生的。金毛犬最早是一种寻回猎犬，游泳的续航力极佳，现在大多作为导盲犬与宠物狗。金毛犬在犬类智商排行榜上排名第四，比较讨人喜欢。

梁山上有个好汉段景住，绰号就叫金毛犬。

宋江同众好汉在芒砀山收伏混世魔王樊瑞、项充、李衮等三人，回转梁山泊来。

宋江军马已到梁山泊边，却欲过渡，只见芦苇岸边大路上，一个大汉望着宋江便拜。宋江慌忙下马扶住，问道："足下姓发甚名谁？何处人氏？"那汉答道："小人姓段，双名景住。人见小弟赤黄须，都唤小人为金毛犬。祖贯是涿州人氏。平生只靠去北边地面盗马。今春去到枪竿岭北边，盗得一匹好马，雪练也似价白，浑身并无一根杂毛，头至尾长一丈，蹄至脊高八尺。那马又高又大，一日能行千里，北方有名，唤做照夜玉狮子马，乃是大金王子骑坐的，於在枪竿岭下，被小人盗得来。江湖上只闻及时雨大名，无路可见，欲将此马前来进献与头领，权表我进身之意。不期来到凌州西南上曾头市过，被那曾家五虎夺了去。小人称说梁山泊宋公明的，不想那厮多有污秽的言语，小人不敢尽说。逃走得脱，特来告知。"宋江看这人时，虽是骨瘦形粗，却甚生得奇怪。怎见得？有诗为证：

焦黄头发髭须卷，盗马不辞千里远。

强夫姓段涿州人，被人唤作金毛犬。

宋江见了段景住一表非俗。心中暗喜，便道："既然如此，且回到山寨里商议。"带了段景住，一同都下船，到金沙滩上岸。

段景住长相奇特：赤发黄须，骨瘦形粗。梁山上赤发的有刘唐，紫须是皇甫端，段景住和他俩有一拼。

段景住是职业盗马贼，专业突出，与时迁不同。

段景住盗了大金王子的坐骑：照夜玉狮子。想送给宋江作为加盟梁山的投名状："江湖上只闻及时雨大名，无路可见，欲将此马前来进献与头领，权表我进身之意。"

可宋江在梁山是什么角色呢？二把手。老大晁盖还在，你送礼送给二把手，段景住，你到底要闹哪样？可见，名气比位置更能体现人格魅力。不过，段景住送礼送二当家的做法，却间接害死大当家。

既然这匹好马被抢，宋江就安排情报局负责人戴宗去打探相关信息。不三五日，戴宗来报：

那匹千里玉狮子马，见今与教师史文恭骑坐。更有一般堪恨那厮之处，杜撰几句言语，教市上小儿们都唱，道：

"摇动铁环铃，神鬼尽皆惊。铁车并铁锁，上下有尖钉。扫荡梁山清水泊，剿除晁盖上东京。生擒及时雨，活捉智多星。曾家生五虎，天下尽闻名。"

晁盖听了戴宗说罢，心中大怒道："这畜生怎敢如此无礼！我须亲自走一遭。不捉得此辈，誓不回山。"

晁盖的心情本来就不爽，江湖豪杰来梁山，投奔的都是二把手宋江，视老大如同无物，心中郁闷，加上听戴宗一席话：扫荡梁山清水泊，剿除晁盖上东京。生擒及时雨，活捉智多星。宋江、吴用是拿活的，晁盖就要剿除，如何咽得下这口气。

结果，晁盖亲征，被史文恭毒箭射死。

宋江代理梁山寨主后，命段景住与杨林、石勇负责到北地购买马匹。段景住三人采买骏马二百余匹，回程时途经青州，又被当地强人郁保四全数劫去，献给曾头市。

宋江大怒，率军攻破曾头市，夺回马匹，同时报了晁盖被杀之仇。

如果没有段景住送马上山这件事，悲剧也不会上演。梁山排座次时，段景住排到最后一把交椅也是理所当然，星号比较对应绰号：地狗星。

段景住与铁叫子乐和、白日鼠白胜、鼓上蚤时迁一同担任军中走报机密步军头领。

三败高俅时，段景住与时迁潜入济州，烧毁济州城楼与城西草料场。

征讨辽国时，宋江因段景住熟悉北路，便让他引领军马前进，并询问附近州县情况。段景住知道前方是辽国要隘檀州，并有潞水环绕，便向宋江提出建议，认为应等水军到来，然后水陆并进。宋江采纳了他的建议，最终夺取檀州。

征讨田虎时，段景住扮作北军，随琼英诈取威胜城。他与乐和一同夺取南门，并在城头竖起宋军旗号。

征讨方腊时，段景住随水军作战，打算由海路攻至杭州城下，结果在驶入钱塘江时被大风打破座船。他因不识水性，落海后溺水而死。后被追封为义节郎。

求职送礼有技巧，景住却把老二找。

绕过老大去行事，公司职位怎能好？

后　记

——坚持源自情怀

历经七载有余，利用工作之余，夜伴孤灯，断断续续书写的《夜话酒店水浒》终于成册付印，感慨不已。

2011年，开始在网络上书写酒店见解小文，至今已有近百万文字，涉及面极广，但对于四大名著之一的《水浒全传》的研究与融入酒店管理，有情怀所致，更多的是朋友的鼓励，今日付印，亦是如此。

酒店管理，无外乎三要点：人，财，物。而人的管理，却是首要。

初始，在网上写了几篇四大名著中关于人力资源管理、团队建设的小文，涉及了宋江、刘备。后来再次翻阅儿时最爱的《水浒全传》时发现，《水浒全传》简直就是一本团队建设的百科全书，梁山一百单八将，出身、性格、能力，各不相同，为什么能聚在一起，发挥出这么强的战斗力？联想到酒店管理中面对的问题，不禁想探讨一下人才管理的问题，于是《夜话酒店水浒》诞生了！

《夜话酒店水浒》写了一百一十个梁山人物，除了大家熟知的一百零八将，我特意加上了王伦、晁盖。虽然二人并没有入选三十六天罡七十二地煞，但是二人对梁山团队的建设起了奠基人的作用，尽管二人结局不同。书中从每个人物的出身、故事、结局、感悟下笔，用现代的语言进行了阐释，规避并演绎了一些生涩难懂的文字及段落，力争通俗易懂，如果能起到普及古典名著文化传播的作用，那对我本人来讲再欣慰不过。

本人之所以把书名定为《夜话酒店水浒》，其含义有两点：一是，我本

后 记

人是一位在酒店业沉浸二十余年的职业经理人，做酒店管理经营是我主业，书中融合了很多对酒店人的建议、感悟。二是，书稿的形成大多是在工作之余的夜间完成的。

书名虽然是《夜话酒店水浒》，但是里面涉及了文学古诗、人生格言、市井百态、三教九流、工作感悟，非酒店从业者亦可从中有收获。书中参考借鉴了个别大咖对水浒人物的评价。当然，对个别人物、事情出现英雄所见略同，也是常事。

书中每个人物都是独立的章节，符合现代人的阅读习惯，每天茶余饭后读一篇，也是件有意思的事情。

由于本人学识有限，书中难免有疏漏之处，敬请广大读者怀着包容的心态来看待、阅读。再次感谢大家的支持！

黄鹏岳

2018年3月18日